读客文化

聊聊考古那些事儿

许宏

河南文艺出版社
·郑州·

图书在版编目（CIP）数据

聊聊考古那些事儿/许宏著. -- 郑州：河南文艺
出版社，2022.6（2023.7重印）
ISBN 978-7-5559-1336-8

Ⅰ.①聊… Ⅱ.①许… Ⅲ.①考古学家－访问记－中
国 Ⅳ.① K825.81

中国版本图书馆 CIP 数据核字 (2022) 第 047573 号

聊聊考古那些事儿

著　　者	许　宏
责任编辑	陈　静
责任校对	殷现堂
特约编辑	刘芷绮　赵芳葳　沈　骏
策　　划	读客文化
联合策划	陈　静
版　　权	读客文化
封面设计	温海英
出版发行	河南文艺出版社
印　　刷	河北中科印刷科技发展有限公司
开　　本	890mm × 1270mm 1/32
印　　张	13.5
字　　数	300 千
版　　次	2022 年 6 月第 1 版　2023 年 7 月第 2 次印刷
定　　价	68.00 元

如有印刷、装订质量问题，请致电 010-87681002（免费更换，邮寄到付）

考古队长自述

　　我叫许宏，还有一个别称是"@考古人许宏"。我是二里头考古队的队长。

我是1999年当这个队长的。那一年之前，从本科、硕士、博士直至大学讲师，我学考古、干考古总共将近20年了。而当时的二里头遗址已经发掘了有40年。我是第三任队长，属于第三代领导集体。

　　说到我们考古队，大概有十个人。首先是我和手下的两个兵，被叫作研究人员，现在还被称为"干部"，因为我们是从北京来的，吃皇粮的。这三个人下面还有六七个技师。他们不是研究历史的，更注重基础层面的工作，有一些人水平很高，甚至说身怀绝技，许多活儿比如钻探发掘、辨土认土，都由他们来完成。

　　我们的出土物大部分是破碎的。比如说陶片，技师们负责找陶片，合并同类项，把它们粘在一起，然后逐步进行复原。大量的复原器都是他们一点一点地修出来的，以便用于考古研究。除此之外，绘图、摄影、写记录等也是他们的工作。这是我们考古队的第二梯队。

　　还有第三梯队，就是民工。一旦开始发掘，我们会从当地的村里雇用村民，作为体力劳动者。当时的农村还比较有活力，年轻人大都在村里，可以聘到壮劳力，甚至还有一些辍学的小姑娘。如此一来，我们的大学生跟小女民工就可能会发生恋情。你想啊，比较偏僻村庄的年轻人，憧憬和向往着外面的世界，突然间来了一帮大学生，整天在这个很小的探方里面工作，又正值青春年华，难免擦出点火花。所以圈子里流传着一个故事：一个考古专业的毕业生写了本小说，名叫《油菜花，黄了》，是说每当油菜花黄了的时候，考古队开拔，恋情也就结束了。

　　早些年的故事听起来总让人唏嘘感叹，现在却没有这个担忧了。请大家看看我们三个梯队的合影，这是考古队现在的一张"全家福"，聘的民工都是大婶、大妈加大爷，要发生点什么也就不可能了，所以尽可放心。

▌2019年春季，二里头工作队"全家福"，远处是建设中的遗址博物馆

　　要说到我们的工作呢，考古人做田野讲究三把刷子：一调查，二钻探，三发掘。我们的调查是"地毯式的、全覆盖式的踏查"，大家排成一排，隔上一段站一个人，每个人手持一部对讲机，拎着一个编织袋，随时把陶片、石器之类的往袋子里放。

　　一遇到断崖剖面我们会非常兴奋，原本说考古人就是破译无字地书的，我们也能从剖面上搞清地下的信息。这样一来会给人一种感觉：形迹可疑。经常有老乡见了就问，你们到底是干吗的？神秘兮兮的。时间一长，队员们干脆编了顺口溜自我调侃："远看像逃难的，近看像要饭的，仔细一问是社科院的，原来是文物调查勘探的。"

　　我们最拿手的绝活儿叫辨土、认土。比如说墓葬里的土是五花土，一旦打出这种土，就能判断这是个墓；宫殿建筑或者城墙的土是夯土，因为当时夯过，非常结实；广场或路面上踩踏过像千层饼那样的土叫路土；而垃圾坑里的土，含有草木灰，实际上古人粪便也都在里面，不过现在早已干化了。基本上在一个地方干过一段时间后，一看就能辨识它是什么土，以及什么时候的土，是商代的土，还是汉代

二里头遗址中心区钻探　　　　考古绝活儿：辨土、认土

的土。大家都知道郭沫若先生是大学问家，也有人说他是考古学家。但在考古圈却不认他是考古学家，只认他是历史学家。因为他不认土，不知道钻探发掘。

我们最得心应手的一个利器是洛阳铲。这把铲子是钻探用的，用上好的钢打制而成。这个半圆形的铲头是洛阳盗墓贼发明的，现在却为考古人所用。说一句不谦虚的话，到目前为止，全球范围内任何高精尖的钻探仪器设备通通没法替代它。从这个意义上讲，洛阳铲实在是一项极有中国特色的发明。

这个铲头是钢的，套上木杆长度可达两米，一般情况下够用了。若再加上竹竿，最多可到四五米。如果四五米还没打到底的话，再在竿上拴绳，利用自由落体原理，可以往下打十几米。熟练的工人往下一扔，"啪"一家伙，拿绳一揽，就能带上土来。如果是五花土，就应该是墓葬，那就挖——盗墓贼就是这么干的。现在我们仍然用这样的技术来破译无字地书。

说起中国的考古发现，很多是无心插柳柳成荫，大部分是由农民和施工队发现的，最著名的例子就是秦始皇陵兵马俑。但也有例外，比如说我所在的二里头遗址，它就是前辈老先生为了寻找夏王朝的文化，在梳理古典文献的记载中，凭借线索摸到了豫西晋南这一带，还真就找到了这么大的遗址。

在这个遗址上，出土了无数可以被称为"超级国宝"或"中国之最"的东西。我给大家讲一个故事。

2002年春天，我们在宫殿区发掘，一个年轻队友跑过来悄悄跟我说：许老师，出铜器了。我一听赶紧跑过去，是一个刚露头的铜铃。我意识到这应该是一座贵族的墓葬，墓里除了铜器之外，后来还发掘出玉器、绿松石器、漆器、海贝项链等一百多件器物。虽然露出这么一点来，但民工们已经知道这事儿。于是我当即决定抓紧时间清理，而且从现在直到清理完毕，需要全天候地盯守，防止被盗。当时考古队还是兵强马壮，我手下有三个队友、四个技师、九个本硕实习生，大家轮班盯防。我们还把考古队的大屁股吉普车的车灯打开，隔一会儿就冲着那个黑魆魆的墓穴照一照，严防死守；又从邻村借来一条大狼狗，以壮我们的声势。这样，上半夜还挺浪漫的，男生说说笑笑数着星星，空气中飘荡着晚春时节的麦香。但到了下半夜就比较难受了，4月份的时候还有温差，得穿大衣。然而大家仍然斗志昂扬，戏称我们在给二里头贵族"守夜"。

清理工作越往下做，就会发现越多的绿松石片。我们当时也没感到太多意外，二里头很早就出过嵌绿松石铜牌饰这样的东西。但这个墓比较特殊，整个绿松石片的分布范围达到70厘米，从这个墓主人的肩部一直到胯部。

一般的铜牌饰长度只有15—20厘米，在墓主人的腰部或胸部。但这件没有铜托，绿松石片原来是粘嵌在有机质（木头或皮革）上的，待有机质腐烂之后只剩下这些片了。这样一来不要说用竹签剔这些碎片，就是用嘴一吹都有可能使它移位。如果扰动太多，恐怕这个东西就保不住了。

考古学本来可以说是研究物的，但是我们更强调，考古学与其说是研究物的，不如说是研究物背后的"context"，也就是它的背景关系。比如第一次参加考古的学生，见到这些小绿松石片，他若见一片抠一片，把2000多片绿松石片抠出来，以为文物一件都不少，可他却忽略了"context"，也就是用松石片镶嵌的那个东西。这就是考古和文物收藏最大的差别。

因此，我意识到这种清理方式不可行，清得越细，越不利于文物保护和以后的复原。况且多日连续熬夜守候，队员们也都非常疲惫。加上文物在工地上多待一天，就会多增加一分危险，所以我紧急跟在北京的我们社科院考古所科技中心联系，技师建议整体起取，放回室内清理。

▌清理绿松石龙形器　　▌绿松石龙首特写

费了九牛二虎之力把这件宝贝套箱，"请"回了驻地，又运到北京，仔细清理后，它的真面目才显露出来。我们以前做过种种想象，待它完全清理出来之后才觉得，以往的一切想象都黯然失色。它居然是一条大龙！保存得那样好，你站在正上方俯视它，它的身子和尾巴好像在游动；你若是逼近它，它那双白玉镶嵌的大眼睛好像也在瞪着你，催你读出它的身份来。我们的专家管它叫"超级国宝"，确实如此。

大家总是会问：许老师，你当队长这段时间有这么多收获，最令你激动的发现是什么？一般记者朋友都会替我回答，应该就是那个绿松石龙吧，因为它太有名了。但我说还不是，我最得意的是中国最早的城市主干道网和中国最早的宫城（也就是当时的"紫禁城"），这是在我手里发现的。因为我个人是做城市考古的，在考古界，我自称是做"不动产"的。宫城城墙、道路、宫殿建筑、四合院这些东西是我的强项，所以说搞清不动产的布局，是我最大的梦想。

我先翻前辈留下的纸质发黄的工作记录，寻找蛛丝马迹。先生们在1976年已经探出现在宫城东面有条大道，200米长，以后就没下文了。我非常兴奋，意识到这个道路非常关键，很有可能就是解开二里头宫殿区布局的一把钥匙，决定继续追探。在这个过程中，有一天一个村民跟我说："许队长，我家地里的小麦长得不好，你看看是怎么回事。"哎哟，我这心里一喜，因为大家都知道，小麦长得不好很有可能是由于地下有比较密实的东西，渗水不畅，导致它结构异常。而在考古遗迹里面，最有可能的就是宫殿建筑或者城墙。因为它是用夯具夯的，比较坚硬，有时候在航片上都能看出城墙的走向。我当时非常兴奋，觉得很有可能是夯土建筑或城墙，结果让技工一钻探，那是条路，就是现在宫城北边这条东西向的路。这也让我们兴奋不已。大家知道路在踩踏之后像千层饼似的，也不容易渗水。这是一个很好的线索，我们就顺藤摸瓜往东探，结果跟前辈探出来的那条大道垂直交接上了。

就这样，中国最早的大十字路口发现了。而后我们接着追探那条南北向的大道，一下子探出了700米，路宽10多米，一些地方达到20米。我们队友开玩笑说，这已经达到了现代道路四车道的标准，它是具有王气的，只有王都才有这么宽的道路，就像只有北京才有长安街一样。

在很短的时间内，我们乘胜追击把这个井字形的大道搞清楚了。而它围起来的空间，就是中国最早的"紫禁城"所在。

说起来，中国最早的宫城的发现也很有意思。我有一本小书叫《最早的中国》，那里面有一节叫作《"想"出来的宫城》。著名考古学家苏秉琦教授说过一段话：在考古工作中，你只有想到什么你才能挖到什么。当时做学生的我还不理解，但在以后的工作实践中，我深感这句话的内涵太深刻了。我接手二里头时已经挖了40年，我的前辈们一直想找城墙却没有找到，有朋友说许宏太幸运了，实际上我是有一整套思考的。我在做博士论文时，梳理过中国早期城市发展过程，意识到在早

▌ 远眺二里头考古遗址公园中的井字形大道与宫殿基址

期城市里，外围大的城圈是可有可无的。二里头到现在为止，还没有发现一个大的城圈。它的有无完全取决于当时的防御需要，跟政治、军事形势有很大关系。但我坚信作为统治中心、王室重地的宫殿区，不应该是开放的，因为政治性决策本身就有封闭性和独占性。

凭着这样的信念，我推想二里头宫殿区应该也有防御设施。我顺着这个思路，按照胡适先生"大胆假设，小心求证"的方法去探索。前辈们已经发现的大道，西边是2号宫殿，宫殿的东墙外是大路，再之外就不是宫殿区了，只有一些小房子。大路与2号宫殿的东墙，应该就是宫殿区的东缘，这是可以肯定的，它们之间不可能再有城墙或者壕沟。因此，如果有宫城城墙的话，2号宫殿的东墙应该是利用宫城东墙建的，和它们应该在一条线上。

那么，我就安排把2号宫殿的东北面揭开，果然2号宫殿的东墙继续向北延伸开去。我们又把2号宫殿的东南角揭开，进一步扩大面积，它又往南延伸开去了。于是到了2003年5月下旬，我记得非常清楚，这条墙已经确认300多米了。后来我们又找到了宫城东北角。就这样，在我40岁生日的前夕，中国最早的宫城也就是"紫禁城"的发现，是我收到的最厚重的礼物。

到了第二年，我们又乘胜追击，把四面墙都找到了，确认中国最早的宫城超过10万平方米。它建于距今3700年左右，别看它的面积只有现在明清紫禁城的1/7，但它是以后所有中国古代宫城的鼻祖。

我们说了半天绿松石龙和宫城城墙，这些都是统治者用的，他们处于社会结构的金字塔塔尖，所以很重要。但实际上考古人也关心普通百姓的生活起居，一些生活细节，比如他们吃什么、用什么、扔什么。从某种意义上来说，考古学就是一门关于垃圾的学问。我们的发掘对象往往都是废墟和垃圾堆，但是我们能从其中探出许多宝物来。

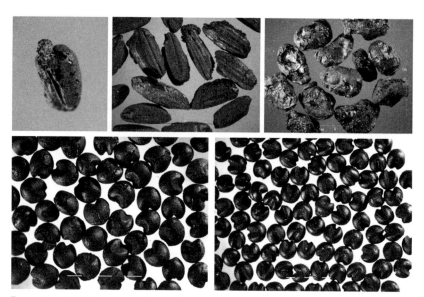

二里头出土的五谷：小麦、稻米、黍、粟、大豆（从左至右，从上至下）

比如把垃圾坑里的土和地层里面的土，通过浮选的方式使粮食等碳化了的植物颗粒浮上来。我们从中知道，二里头时代已经五谷齐备了。

到明年，二里头遗址的发现与发掘就是第55个年头了，也是我作为二里头考古队队长的第15个年头。二里头都邑总共300万平方米，我们这几代人却只发掘了4万多平方米，也就是1%多一点，绝对的冰山一角，然而却已经有许多重要发现了。考古工作就跟愚公移山一样，这么一个都邑遗址是需要几代人、十几代人，甚至更多代的考古人踏踏实实、一步一个脚印地做出来的。考古人就是凭着这个劲儿，用我太太的话来说，这考古人都是一根筋，一生只干一件事儿。但一定要有这样的劲儿，才能把这件事做好。

几年之前，我在《最早的中国》一书中介绍了关于二里头的中国之最，它在中国文明史上开创新纪元的历史地位。但我更想说的是，与其说几代人的探索解决了什么问题，不如说提出了更多新的问题，它引导我们进一步探索，最大限度地迫近历史真实。

我们说考古学是研究人的学问，人之前的不归考古管。但光是人的历史至少就有两三百万年了。如果把这两三百万年假设为24小时的话，那么到半夜11点57分之后，才进入有文字的历史。中国的文字出现得更晚，还不到2分钟。而这之外的漫长人类发展史，要想搞清它的过程，复原它的轨迹，回答诸如我们是谁、我们是怎么来的这类问题，只能依靠考古学了。

▌在"一席"演讲

想起著名小说家张承志先生的一段话，他也是我们考古专业毕业的。他说，"仿佛这个满身泥土的学科有一句严厉的门规：或者当个特殊技术工人告终，或者攀缘为思想家。"在这条路上，探索没有止境，我们还在前行。我们企图透物见人，透过那些冷冰冰的遗物，窥探它们背后的古人，探知他们的行为甚至思想。也正因如此，我们坚信还会有更多精彩的故事可以拿出来跟大家分享。

2013年12月8日，于上海当代艺术博物馆

系"一席"演讲

目录

1　考古人许宏

7 中国与世界　历史与当下

考古人许宏

考古首先是满足人类好奇心，其次是安顿身心

——与《十三邀》许知远对谈

许知远：这是中国第一个大十字路口吗？站在两条不起眼的黄土路的交叉口上，我心生疑惑，四周枯草丛生。

2017年，与许知远（左）站在中国第一个大十字路口上

在一个冬日，我前往河南二里头，拜访许宏。他是中国社科院考古所的考古队队长，也是目前中国最著名的考古学家之一。在学术界，他以直率著称，对于扑朔迷离的中国历史，他总说，可考的中原王朝的起始时间只能有3700年左右；对于公众，他则是一个热忱的考古学推广者，参加各式论坛，开设微博，写作晓畅的读物，一心将冷僻的考古学带入更广泛的智识生活中。

他也试图回答困扰几代人的问题：最早的中国出现在哪儿？中国何以成为中国？中国考古学，产生于一个对西方倍感焦虑的时代，学人们用西方的方法，来追溯自己的过去，也想证明中国的漫长历史。

许宏带我在挖掘现场参观，看当地村民熟练地挖掘，想象那个早已沉寂的昔日王国的日常生活。他酒量甚佳，记忆力惊人，背诵滇池大观楼上的天下第一长联，一气呵成，一字不差。

◎ 考古是一个不断试错的过程，它必须有想象力

许知远： 你最初看到这些器物的时候，会有新奇感吗？

许宏： 说起来最初不是冲着考古专业来的，当年我是想成为文学青年。

许知远： 你应该是1980年上的大学吧？17岁的许宏想成为什么样的文学青年？写什么样的文学作品？读什么样的书？

许宏： 那是一个文学的时代，几大文学杂志都看。张贤亮、刘心武之类的作家作品，读了大量的闲书。现在真的已经舍不得花时间来

读什么虚构作品了，即便是有点时间，也更愿意阅读非虚构的传记。现在看来文学还是属于青年。中学的时候跟几个同学还搞过一个文学小组，真是有作家梦。我当年考试还考得挺好，所以有点狂妄，报志愿的时候，好多老师希望我能报得务实一点，我的第一志愿居然报了北大中文系，人大、复旦、南开、吉大让我从第二志愿到第五志愿都报上了。非第一志愿人家当然不要，招生的时候只有山东大学给我打电话，说我们想要你，能不能去？当时管招生的老师说，你要来我们就给你安排进考古专业，考古专业很抢手。后来我进去之后才知道，山东大学历史系招生20个人，报考古专业的竟然有七八十人。

趵突泉
1980

▍1980年秋入学
不久，就去游
了趵突泉

许知远：为什么当时考古会这么热？你为什么选考古？

许宏：真的没有考虑这个问题，可能是从众心理，本来不一定想去的，但是七八十人竞争20个指标就想去了。

许知远：最早在哪儿学习？

许宏：我是山东大学毕业的，最早是在山东济南，等最后毕业实习是在山西侯马，太好的一个地方，冥冥中跟我今后的专攻密切相关。毕业实习是个分水岭，有的同学是彻底干伤了，有的就成为铁杆考古人，我就是属于后者。刚开始怀有的是文学梦，被分到历史系考古专业后，我也问过老师能不能改行，当时是不成的。

许知远：所以你是一个非常勉强的、意外的考古学家。

许宏：许多考古学家都是这样的。邹衡先生以前是学法律的，我的导师徐苹芳教授其实是学新闻的。当时我的考虑就是既然学不了别的，只能按照这个方向走，是金子总会闪光的，所以就逼着自己学，逼着自己钻。到了1983年的侯马实习，我就已经成为一个铁杆考古人了，好多同学巴不得实习少点，但是我回校报考研究生后，又跟一个老师坐火车回到了侯马，在冰天雪地的时候，又接了一个探方，每天骑着自行车往返，就那么干下来了。

许知远：20世纪80年代初的中国，尤其大学校园里是一个非常活跃和开放的地方，整个中国社会好像从一个寒冬中突然复苏，到了春天的感觉。当时山东大学对于年轻人来讲是什么感觉？

许宏：非常活跃。当时学考古摄影，我们根本买不起相机，学校有考古摄影课，就发相机让我们出去拍照。我记得很清楚，校园里面搞行为艺术，后来被学校保卫处勒令停止了。

许知远：什么行为艺术？

许宏：大概是在一个小树林里，都是男生艺术家，大长头发半裸体那种造型，非常新奇。校园里面的氛围也比较活跃，像学生会竞选这样的活动，让整个食堂门口非常热闹。那个时候像歌里唱的一样，有种"在希望的田野上"的感觉，没有世纪末情绪。所以我们这代60后还是幸运的，拥有严冬过后的一个春天。说到考古这一块，当年最终选这个专业也是因为我们圈内有一种说法，叫"上了贼船，躲进避风港"——考古虽然非常辛苦，也许还很枯燥，但因为是研究几千年之前的事，所以没有太多敏感的东西。我觉得自己现在还是受益于这个专业，有了一种看问题的大历史视角。

■ 在山东大学校门口

许知远：20世纪80年代初的考古学是一个什么状况呢？

许宏：这个非常有意思。现在我是中国考古学学科大转型的鼓吹者，这个问题到现在还没有形成共识。有的学者认为，我们仍然生活在我们的大师所开创、建构的一个时代。我们当然还生活在李济（被称为"中国考古之父"）的时代，生活在张光直的时代，这后面还凭着一股惯性。我们提倡中国考古学现在处于大的转型期，就是基于这样的考虑。此前中国考古学做的主要就是分期和谱系建构，搞清楚一个地区的文化面貌，首先要通过这些盆盆罐罐，建构文化史的分期和谱系框架。没有现在大家公认的二里头一到四期这样一个框架的话，二里头考古队的第三代根本不可能有什么大的突破。这是第一个阶段。我们一些学者提出或者认可，中国考古学学科的这个变化发生在20世纪90年代前后。现在看来，从那个时候就开始解放思想，中国考古学已经开始从以文化史为主的考古学转向社会考古学。

20世纪自50年代以来，我们一直强调中原中心论、单线进化论，到我上大学的80年代初期，正好是从苏秉琦先生他们开始，各地的考古工作突飞猛进，一些比较重要的遗迹，如良渚文化、红山文化等开始被发现了。在思考这些的前提下，苏秉琦先生提出了区系类型理论，把整个广袤的东亚大陆分成6个大的区系，这些大的区系各自有其演变脉络。苏先生用了一个最通俗易懂的形容词叫"满天星斗"，这给了当时的中国考古学界以震撼，转变了我们以前中原中心的认识，各地开始建立区系类型。这个工作进展到90年代，开始逐渐转向社会考古学这个新的阶段。

傅斯年先生，1921年摄于英国伦敦

许知远：对于十七八岁的年轻人来说，考古学的历史、李济和苏秉琦先生都是同时涌现在你面前的，这其中还包括西方的传统，面对这样的复杂性，考古怎么就慢慢散发出它的魅力了呢？

许宏：这个说起来也是考古学史上比较有意思的一件事。当时我们可以读到第一代考古学大师的著作，张光直当时读得到，史语所的很多东西当时少见，后来逐渐也能看到。现在回顾起来，中国考古学的诞生应该就是应人们当时的一种内在需求。我说它是前沿性学科，为什么？我们都知道，顾颉刚先生、胡适先生等掀起了疑古思潮，胡适先生甚至说过"东周以上无史"，尽管有疑古过甚之嫌，但是疑古派从科学理性的角度，扫清了考古学诞生的障碍。傅斯年先生说，我们就是一群不读书的人，我们是"上穷碧落下黄泉，动手动脚找东西"。那个时候考古学不是象牙塔的学科，中国最早的政府主导的系统发掘，是要回答我是谁、中国是怎么来的、中国人是怎么来的这样一些大问题。后来兵荒马乱，殷墟发掘了十几年，随着日本侵略就中断了，1940年代发掘品转移到首都南京，又移到重庆等地，整个学科基本还谈不上往深了发展。

从20世纪50年代到70年代这第一个30年，我觉得基本上就是考古学者开始踏踏实实地从田野入手的时期，不管出现怎样的政治风潮，我们顶多是把语录印成黑体。我们的前辈花了大量的精力，要解读无字地书，就需要一套解读的语言符号系统，他们在这方面花的功夫是很大的。在大陆留下来的、正儿八经地留学海外且深得考古学精华的先生为数不多，其他大多是50年代文物考古短期培训班出来的。黄河水库发掘，大规模会战，参与者最初完全不懂，培训几天之后就开始挖，真是白手起家，不断探索。所以说前30年我们跟公众的沟通和接触基本中断，为了解读无字地书，我们一度成了象牙塔学科。我从一个严谨、保守的考古学者，逐渐变得愿意做一些公众考古的事，是跟后来整个社会风潮和学科发展紧密相关的。

许知远：你刚才说考古学在中国诞生的时候，那一代先驱的出现实际上跟整个中国的危机意识有特别大的关系，包括对西方的焦虑感、对自己历史的焦虑感。在你80年代上大学的时候，中国也有新一轮的危机意识吗？有呼应或者共鸣吗？

许宏：那个时候正好是一个节点，可以把中国考古分为前30年和后30年。我们开始上大学的时候，没过两年就有国外的东西进来了，而前30年的考古基本上是中国本土的探索，是孤立的，和国外学界基本脱节。80年代，伴随整个社会的躁动和活力，我们把传统考古学、新考古学、过程主义考古学、后过程主义考古学这些东西囫囵吞枣地努力吸收。现在看来，不管我对这些东西懂与不懂，我觉得都给了我极大的给养，有助于我以前和现在的发展。

许知远：说说你去侯马的感觉吧。那里变成分水岭了，有人逃离考古了，有人坚定地留下来了。你去了发掘现场之后，是什么让你更坚定地做这件事情？一个很年轻的心灵，见到一个昔日的城池，一个2000多年前的世界，到底是什么感觉？

许宏：不喜欢考古的人要问他们自己不喜欢的原因，多种多样。喜欢的人是为什么？对我个人来说，首先是发现之美，这种对未知的好奇心。考古学不是让你一看就看到头的学科，而是从上而下地寻觅，总会有惊喜。大家对考古感兴趣，很大程度上不就是因为它满足了我们人类的好奇心吗？

再一个就是思辨之美。我们一直自诩，别人也这样说，考古学是文科中的理工科。有人开玩笑说文学"有一分材料说十分话"，历史学"有一分材料说五分话"，考古学"有一分材料说一分话"。但考古学家还必须有想象力，否则你就是一个无味的学者。"大胆假设，小心求证"，这是胡适先生说的。想去求证，想象力不丰富肯定不行。

许知远：你什么时候清晰地意识到考古学需要很强的想象力？

许宏：我意识到这点还是比较晚的。那个时候这个观点还有争议，我们的前辈、资深学者和权威，还是谆谆教诲我们，考古学是实证的科学。但是现在我在博客、微博里面已经开始讲想象力了，有点冒天下之大不韪了。

考古学是一门解释的学问，是经验型学科，更多的是推论和假说，这些是验证不了的。我们能证明什么？能证明的是凭着经验得出的判断，这种判断实证起来问题不大，但也有误判的时候。考古学本身就是一个试错的过程，比如那个圜底罐是做什么用的？我们说是煮水的、熬粥的，可以根据内壁的残留物分析出来，但大量的东西是实证不出来的，二里头是夏还是商？没有像甲骨文那样的文书材料出土，我们能实证吗？显然不能，因为它们都是属于推论和假说层面的。想象力应该是必需的吧，有一些推论和假说通过科技手段就落实了，有一些永远都是个秘密。我觉得这恰恰是考古学的魅力所在。

◎ 我们只能是为年轻人铺路的过渡一代

许知远：1984年后你留校当辅导员、教师，是一种什么样的状态？从一个学生到一个青年教师，那时候的学术追求是什么？

许宏：这个很有意思。那个时候我带的学生一般比我小不了几岁，正常小两三岁，最大的比我还大一岁。我当时头发理得很短，很有朝气，完全混淆于学生之间，而且我住在校园内的筒子楼单身宿舍里，跟同学们关系非常密切，经常一起聊天，开小型座谈会。当时的感觉是我们的考古学今后要占领文献史学和考古学的接合部，要拯救中国上古史，那时考古学一派日新月异，经常有一种新发现就改写、颠覆我们以前的认知。我到现在还记得那种激情和使命感。但是成为一个考古学界老兵后，就会因为看到整个学科的不足而有痛感，意识到我们需要上升到大历史的层面，逐渐建构考古学的认知框架。

在筒子楼住了好多年　　山东大学任辅导员的"青椒岁月"

　　许知远：作为那么一个朝气蓬勃的年轻教师，那时候你心中有没有一个特别理想的考古学偶像或者范式人物？

　　许宏：当然有了。实际上当时的老师都是偶像，不超越老师，我们存在的意义就谈不上。张光直先生、邹衡先生、我的导师徐苹芳先生，都非常人所能望其项背。他们是我非常尊敬的前辈，是学术史上重要的人物。有学者说得很好，每一代学者的研究都是后人的靶子，但是这恰恰彰显了这一代学者的价值和意义。

　　许知远：作为杰出的考古学家，他们身上有什么特质是跟其他学科的研究者所不同的？

　　许宏：这个我也想过，但没想清楚。这些老师很多根本不是从一开始就学考古的，都是意外成为的。而现在看来，我们做的可能是一个事倍功半的事业。如果我们把这工夫花在学外语、法律、经济上，业绩可能不比这个差，但我们把大量的时间花在非学术上，花在跟地方领导官员、企业家、农民的交涉中，扯皮、拍桌子、交朋友、喝酒、处理危机公关，把我们磨炼得三头六臂、灰头土脸的。这种接地气的学科需要有更多的付出，不用说抛家舍子，不用说孩子特别小没有办法，要问我们是怎么过来的，就是三个字：习惯了。

许知远： 有没有国外的考古学家是你当时的偶像？

许宏： 说句实在话，还是语言的限制，我也没有长期在欧美留学的经历。但是学界应该是面向未来、面向世界的，我深切地意识到我们60后就是给年轻人搭桥铺路，只能是过渡的一代。考古学本来就是舶来品，我们只能是呼吁，至于如何进一步跟国际接轨，进一步把外面的东西本土化、中国化，这是需要我们思考的。刚才我说的学科转型，一方面是人家几十年之前已经这么做了，另一方面是中国考古学发展到这个阶段，大量吸收外面的营养，在我们内部生发出的一种学术需求。

许知远： 20世纪80年代，在这个行业里面有没有特别标志性的人物，像诗歌界的北岛或者说哲学界的李泽厚这样的人？

许宏： 你一说北岛，就能看出我们这个学科是研究古老时代的学科、尊老敬老的学科，我们的代表人物是苏秉琦先生。北岛成名的时候30岁出头，苏秉琦先生70多岁还是中国考古学界的旗手。当时的中国考古学会相当于考古学界的常委会，我30多岁时根本就没有资格参加。

许知远： 但是这个学科是由30多岁的年轻人在中国奠定的。

许宏： 可以这么说，思想是这样的。但是后来越发感觉不可能，你如果在那个时候有特别张狂之气，就不可能在这个学科混了，真的是有这样一种感觉。现在年轻的学者有许多自己的独立思考，但是他

"追星"不问年庚。没想到30多年后能与偶像北岛先生（左）畅叙人生，2022年4月摄于北京

们没有话语权，我们应该给他们开路，而不是有意无意地限制、束缚他们。按我的归纳总结就是迎接"学科断奶期"。以前是不用年轻人自己想的，有一个领袖式的人物，是你尊敬的师长在引导你。现在的时代我管它叫"后大家时代"，进入社会考古的新阶段，相当于从西周一统王朝变到春秋战国的分裂状态，领头羊没有了，大家有点不适应，怅然若失，但是这种学科发展方向的多元化不是一个非常好的趋势吗？不光是考古学科，整个学术界的学术权威都在丧失。

我自己想做到理想中的中立客观，但是"公知"和"理中客"都被污名化了，甚至连"启蒙"也被污名化了。如果启蒙是高高在上的话，我也不愿意接受，但我从一个偏于保守、封闭的学者，转向面向公众的学者，不正是在做新时期的启蒙工作吗？我觉得其中能够彰显出我们的价值和意义。学界和社会的未来在年轻人手中，所以我不在意当代人怎么看。这个就是学者的立场，立言应该是第一位的，这些东西都应该留给历史。——今天又说多了。

许知远：你当了几年教师之后又重新去读研究生，这个选择是怎么发生的？

许宏：是自然而然的。那个时代，辅导员的全称叫政治辅导员，当时我的顶头上司是副书记，他说许宏留在党总支好好干吧，别回考古教研室了。我说对不起，我还是想回去搞我的考古、教我的考古。4年下来，从21周岁到25周岁，我这样一边当着辅导员，一边读着在职硕士研究生，没耽误工龄、教龄。辅导员刚当完，我马上申请去国家文物局考古领队培训班受训，两个季度后结业时大家都哭了，非常非常艰苦，但是也经受了当时国家最高水平的业务培训，成为当时最年轻的拿到田野考古发掘领队资格的人。

▌ **得之不易的资格证书**

许知远：是怎么训练的？

许宏：他们开玩笑，晚上大铁门一关，那个基地整个就像牢房一样。白天发掘，晚上上课；一个人两个探方，教官非常严厉，你做错了什么都及时指出，严格按照国家文物局颁发的田野考古操作规程来。20多个人，每届一定要有3个不及格的。从山沟里到汽车站很远，中间不准回去。当时正好放映电影《红高粱》，我们几个年轻人学电影里面剃了光头，吼着"妹妹你大胆地往前走"，就是那样宣泄着青春的躁动。这种班肯定不会给你找好挖的地方挖，4米乘4米的一个探方，2米多深，到最后33个灰坑（即垃圾坑）相互叠压。铁杆考古人必须经历过这个。

回到学校，带学生考古实习，领队老师说："许宏，你来给同学们讲田野考古吧。"我给他们讲的是最新的田野考古操作规程，那时候科技手段不足，我按当时的规程教学生：探方里边的东西，除了土什么都要。现在，"除了土什么都要"的观念已经被彻底抛弃了，当时的人吃什么，植被怎样，都在土里边呢，土里蕴含了很多的信息。你看考古学的发展一直是日新月异的，所以没有谁敢说自己已经站在学科前列了。我们只能是做一个开放的人，知道学科和自身的不足，知道得出的结论具有相对性。

总体上看，政治——像意识形态、口号这些东西是短期的，经济是一个中期甚至长期的东西，是基础性的，但文化是超长期甚至永久性的。所以文化是底蕴，而比较自我安慰的是我正是研究文化的。如果你用长时段的历史观察，你对有些东西就会很释然，不会把一些具体的、离得太近的东西看得太重了。

许知远：你1992年到中国社科院读书，当时的环境、气氛，不论

是学术还是社会的，给你什么感觉？

许宏：这个太有益处了，还是环境造人。我要是在济南，就只敢写山东，因为其他地区的不太熟悉。那个时候，山东大学里的好多资料都不齐，但是在北京，我的眼界和视野进一步开阔了。大家都来自五湖四海、各行各业、三教九流，让我有种"海阔凭鱼跃，天高任鸟飞"的感觉。我的导师徐苹芳先生是中国考古学大家，我在他身上学到了很多东西，比如精神上的大气，视野、历史观的融会贯通。他宽容平和，没有限制、束缚我的思考。

▌ 2003年，与导师徐苹芳先生（左）在台北

许知远：我问一个庸俗的问题，怎么判定这些器物值多少钱呢？

许宏： 你看我们背后的器物架，从来没有类似的器物在潘家园市场出现过，这些东西按理说不怕偷，盗墓的只盗值钱的。说实话我真的不懂鉴宝，我只见过真的，没见过假的；只知道历史价值，不知道市场价值。潘家园市场大门冲哪儿开，我真的不知道。隔行如隔山，真是这样。这种事说起来有意思，女儿上幼儿园的时候，老师让家长填表，一看是考古学家，说有一个朋友收藏古董，能不能给看看？我说我真的不懂。硬着头皮去见了一面，人家就说，你怎么骑自行车来的？你挖掘的时候揣走两件，一套房子不就有了，这个世界上还有你这样的人吗？他很敬佩我，当然也可能是鄙夷。

在考古学界，监守自盗的事非常少，人活得纯净。考古界的老先生就是这样，从李济先生他们开始就自己不收藏文物，这是整个考古界一个不成文的规矩。

◎ 透物见人是考古学的最高境界

许知远：你第一次来二里头是1996年？

许宏： 我1996年博士毕业，由于是搞先秦城市考古的，就被分配到考古所夏商周考古研究室。1997年先是到了离这儿几公里的偃师商城，干了两年半，然后前任老队长退休，1999年我就被任命为二里头考古队队长。在此之前，80年代我在山东大学当助教的时候来过二里头，那时怎么也没想到我这一生居然能到这个地方来，一待就是这么些年，而且二里头跟我的名字完全连在一起了。

■ 博士毕业

许知远： 第一次对它的印象是什么？

许宏： 二里头在我们圈里是大名鼎鼎的考古圣地。毕竟是学考古的，当时看着这些器物，有一种朝圣的感觉。

许知远： 1996年是夏商周断代工程开始的时候？

许宏： 对，就在那个时候。包括偃师商城的发掘，都是夏商周断代工程的一个组成部分。在偃师商城时我负责1000多平方米的发

掘面积，手下有两个技师、一二十个民工，现在等于是多年的媳妇熬成婆。

许知远：那个时候，这个工程的兴起跟时代的气氛、其他国家文明的发现有很直接的关系吧？

许宏：对。夏商周断代工程的起因是当时的一个国务委员到埃及卢克索去，看到大量的石刻文字、文书材料，帝王的纪年非常清楚。他说埃及能搞得那么清楚，我们为什么不能？还是要争口气，希望投入些人力、物力，毕其功于一役。

许知远：那是什么样的心情？考古发现一个高潮接一个高潮？

许宏：真的是一个高潮接一个高潮。接手二里头的时候我36岁，发现最早的宫城那一年正闹"非典"，我40岁。伴随着"非典"这种突如其来的、让整个国家措手不及的大事件，中国最早的宫城发掘出来了。那个时候我们要出去考古调查，只能把队里北京牌照的吉普车跟兄弟队的换一下，换成河南牌照的车，这样才能畅通无阻，否则的话村子都进不去，严防死守。

许知远：最早的应该是2003年发现宫城的墙，那一刻的细节、场景是怎么样的？怎么意识到这是一个重大的发现？

许宏：这个太有意思了。《最早的中国》里面有一节叫《"想"出来的宫城》，"想"加了一个引号。做博士论文的时候，我把上下3000年的中国古代城址一直到后来城市的发展都捋了一遍，后来提出了"大都无城"的观点，就是庞大的都邑往往都没有外郭城。伴随着中国最早的广域王权国家和处于上升期的帝国的发展，从二里头到东汉，整个中国古代历史处于上升阶段，外城圈可有可无，但是内城或是宫城必须有，因为老百姓不能随便到王室禁地去溜达。

这样一个信念使得我顺藤摸瓜，先在老先生留下的发黄的底册上，发现了他们已经探出了200米的宫殿区东边的一条南北向大道，然后又有老乡告诉我，他家那块地里的麦子长得不好，我以为是发现宫殿建筑了，没想到发现的是一条东西向的路，这样一来，中国历史上第一个大十字路口就被我们找到了。路的外边是中小型的建筑，路的里边是2号宫殿这样的大院子，其间已经不可能再有墙和壕沟了，合理推测，2号宫殿的东墙就应该是宫城的东墙。我们在老先生已经挖过的2号宫殿的东北角和东南角，发现2号宫殿东墙都向外延伸了，就这样，300多米长的宫城东墙和宫城东北角被发现了。"想"出来的宫城，我就是这样想到的。

二里头宫城城墙发掘，由此发现中国最早的"紫禁城"

　　我曾经听过苏秉琦先生的课，唯一记住的就是苏先生半闭着眼睛说：考古这个活儿，就是你想到什么才能遇到什么。我当时想这不是唯心主义吗？当时这真的是一个学生接受不了的。但是后来随着自己的实践经验增长，就痛感这句话的哲学意味太深刻了。你要对做的东西有预期，像我们手底下挖的那个房基，如果没有房子的概念，它就是一个坑、几个洞、一道墙。机遇属于有准备者，你得有一定的知识储备，带着这些问题，才能有所发现。二里头宫城的发现，何尝不是对这种见解作的一个注脚呢？

　　许知远：二里头这个王朝延续的时间到底有多长呢？
　　许宏：不长。以前认为400年左右，随着碳–14技术的精确化，二里头的年代越测越短、越测越晚，现在看来是200多年，存在于公元前1700多年到公元前1500多年。因为文献记载中的夏王朝是四五百年，所以如果把文献当中的夏跟这个比附，它只能是夏的晚期。

许知远：可以推测出大概的人口数量吗？

许宏：好几位学者从不同角度来推，基本上是落实在2—3万人，至少可以说是2万人以上，而现在在二里头遗址上的这几个村的人口总数基本上是1.4万多人，就是说那时比现在的人口密度还要大一些，因为毕竟是都邑。

许知远：会有一天再做更深的挖掘，能显示、描述出二里头人的日常生活吗？

许宏：能。如果只是文献的话，那就是帝王将相、才子佳人这样的东西，即便进入文献非常丰富的历史时期，好多古人日常的生产、生活细节也没有被写出来。考古学成果一出来，大大丰富了对民间性内容的认知，类似于人类学。比如说二里头，现在我们在有限的人力和物力的前提下，尽可能地发掘宫殿区，但是我们也开始发掘平民的生活区了。《最早的中国》里面已经谈到，二里头人喜食烧烤，各种猪的和牛的骨头有被烧过的痕迹，这都是我们发掘出来的。

许知远：就是一群二里头人晚上坐在这儿撸串，是吗？

许宏：是这样的。比如说煮菜、蒸菜应该都有了，像蒸锅似的东西我们叫甗，但是炒菜还没有呢。还有骨针、骨簪，骨簪是当时男人、女人用来束头发的。在我们的这个大报告里面，这些东西的内容是比较丰富的。

二里头出土的蒸食器：甑（左），粮食加工器具：刻槽盆

许知远：做了那么长时间的研究，二里头文化里面的哪一个部分，你觉得非常难以理解？

许宏：作为一名考古学者，你肯定要透物见人，我们希望企及的最高境界是透过人的行为判断人的思想。但是人太复杂了，研究者是人，研究对象也是人，更增大了复杂性。我们经常说，考古人最研究不透的是宗教行为，我们只知道这可能是一个祭祀遗存，但他祭祀谁，他的思想意识是什么，这个太难了。

许知远：二里头突然灭亡的原因是什么呢？

许宏：这个就太有意思了。据文献记载，是商把夏灭了，按理说灭国那应该是一片狼藉，捣毁宫殿、墓葬什么的，但是现在据考古发现，二里头没有因战乱或暴力原因而被废弃，反而感觉像中国最早的国家高科技产业基地——二里头铸铜作坊一结束，郑州商城那边一个新的作坊就起来了，这种时间上的对应性，让人觉得它有一点战略转移的性质。可能商人一开始是土包子，像这种宫室建筑，这些动产、不动产，这些礼制，几乎全盘继承了二里头，可能就像是孔子说的"殷因于夏礼，所损益，可知也"。在中国古代史上，一个落后的文化、落后的族群占领中原，成为主人之后，在文化上被中原文化同化，这种事多的是。所以把这些东西串起来，感觉即便是王朝更替，也没有发生过暴力行为，或者是行为偏于平和。所以我说在上古史和考古学领域，大量的东西是不可验证的，许多研究结论只能是推论和假说。这不是历史虚无主义，而是这样的认识应该是常识性的。

而像夏商分界这种争论，在20世纪后半叶蔚然成风，形成了中国考古学上空前未有的文化景观，大家争过来吵过去。夏商周断代工程极大地推动了相关问题的研究，除了稍微宽裕的经费使得我们可以多测数据，用国家之力把每个学科最好的学者召集到一起来，还可以通过交锋争辩，最后给出一个最接近历史真实的推论，但是我觉得只能是最优解而非唯一解。

在应用上，中国国家博物馆《古代中国陈列》展的序厅里面，馆长在开篇序中说到我们不采用夏商周断代工程的结果，还是用以前模糊的说法，但是在对岸的台湾，台北故宫博物院《敬天格物》玉器展的序厅里，用的是夏商周断代工程年表。这是很正常的事，定论根本谈不上，"疑则疑之，不疑则无当代之学问"，书上是这么写的，我一直也在这么说。

◎ **中国从来没有自外于世界**

许知远：有没有一个清晰的夏的存在，真那么重要吗？

许宏：这是最大的问题。夏是中国人一个拂不去的梦，从司马迁开始就有这个情结。我们有丰富的文献以及浓厚的史学传统，我们把这个看得比较重，这个时代又正好是我们想提振民族自信心的时代，两者联系在一起了。二里头一定要有夏才重要，西高穴大墓一定要是曹操墓才重要，基本上就是这样一种心态。

我认为，中国考古学正面临着巨大的转型期，一方面是从文化史转向社会考古学，再就是从民族主义考古学转向面向世界的考古学。对于夏的纠结和执着，感觉上升到学术上的政治正确与不正确了，但是作为二里头考古队的队长，从考古学本位上来讲，我认为二里头是最早的中国，但它是夏还是商，暂时不知道。我是不敢言夏的，不是历史虚无主义，不是否定夏的存在，而是夏是否存在目前还根本无法证明，无法证真或证伪，在像甲骨文那样的东西出来之前，这个问题是不可能解决的。

要谈学术的话，我们就得从材料、逻辑、学理甚至常识来说，至于信念或者情感，我觉得是另外一个问题了。夏代证实之前，我们可以先把它当成一个宝贵的非物质文化遗产，证明之后咱们再把那个"非"字去掉，不行吗？有损于我们的自信心和自豪感吗？

许知远：对，这里面有很多迷思。一方面我们中国人看起来充满了对历史的向往或者尊重，但是另一方面我们在生活中是毫不尊重历史的，你看我们的城市景观、我们周围的一切都是新的，我们看不到任何传统，看不到任何的延续性。

许宏：你说得太对了，真有同感啊。这30年是我们获益的30年，也是文物大破坏的一个时代，越有钱破坏力就可能越大，在这30年里边，2000多个县级以上的城市被整得几乎一模一样。我前几年到广东东部的几个县城考察商文化因素的玉器，那些县城跟我老家辽南的县城几乎是一模一样的。什么是当地的文化名片呢？只有文化遗产才是富有个性的，这是全球化的一个损失。我们眼睁睁地看着好多东西在消亡，同时又耗资亿万来造一些假的，甚至恢复祭祖活动。但这是皮毛上的传承，这些活动我根本不参加，接受不了。

许知远：你会觉得古代中国跟现在的中国之间有很强的连续感、映照感吗？会觉得历史的延续性太强，我们甚至都逃不出古人的布局吗？

许宏：没错，可以这么说。以前人们说中国是从秦汉开始的，现在居然还能追溯到二里头，二里头前面还有它的众多基础，也就是张光直先生所谓的松散的中国互动圈。这是共感，还真是一方水土养一方人，传统的惯性的存在，或许是因为像我们这样的"东亚大盆地"，内部没有自然地理阻隔，几条大河以及支流四通八达，导致了人们类同的文化底蕴、生产和生活习惯、共同的思维方式，包括后来的汉字都有这种凝聚力。这个应该是何以中国、何为中国的一种思考。

我就说难为我们考古人了，我们这种形而下的研究，会逼着人思考这些问题，为什么这些酒器和玉器、这些最重要的东西放在了墓葬里面作为身份地位的象征？为什么青铜这样的最新科技手段不是用来做最新的工具或者神像和面具，解决人与自然、人与神的关系，反而是用来做人们熟知的礼器，通过祭祀来解决人与人之间的关系？这

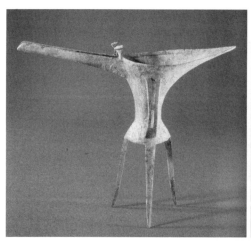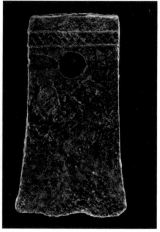

二里头文化青铜爵（左）、青铜钺

种一贯性是源远流长的。整个一部中国古代史，几乎可以说是一部胡化的历史，一拨一拨的人群涌入，他们掌握着最先进的科技，从早期的青铜潮，到后来的游牧，基本上就是这样的一个脉络。在这种情况下，大一统的中央集权一直延续到现在。从长时段来看，它何尝不具有历史合理性呢？贯通起来看，好多东西我觉得就不会太纠结了。

许知远：在这样的地理条件和历史传承下，个人自由会不会弱化？对于一个考古学家来讲，是不是个人意志的重要性会降低？

许宏：对，可以这么说。作为一个学者，我甚至都想用"宿命"这个词，尽管我不太愿意用，但是历史大势总体上的方向应该是可辨的，就是我说的政治是短期的，经济是中长期的，文化是偏于永恒的。大的态势相当于公转，小的还有自转，还有大量的偶然因素，可能导致它稍微脱离轨道，但不能对人的影响、对人的主观能动性做过高的估计。所以从这个意义上讲，我们的心态要放平和，顺其自然吧。

许知远：如果再往前追溯，青铜潮到底是怎么开始、怎么进入中原系统，然后又怎么扩散到更多的地方的？

许宏：这也是整个国际学界一直在探讨的问题。青铜潮基本上是这样一个概念，在新石器时代晚期，最早在地中海东岸，所谓的近东、西亚地区，甚至到中亚的一些区域，最初有所谓纯铜的使用和合金的发明，然后星火燎原，比东亚大陆要早一两千年，以红铜冷锻为主。这之后就是从地中海东岸开始向外辐射，欧亚大陆西部气候得天独厚，而且已经玩了几十万年、上百万年的石头，完全可以驾驭巨石，对金属尤其是铜的认知，也是源于石器工业的发达。东亚大陆是青铜潮的接收端，从中亚、欧亚大草原一直向东来，大体上在距今4000年前后到了新疆一带，距今3700年前后在河西走廊、甘青地区、内蒙古东部至辽西、中原地区这几个点开始普遍化了。这些影响和刺激到了黄河中下游，那里有几千年的用泥巴做模制陶器的传统，青铜冶铸技术一来，跟我们几千年模制陶器的传统相碰撞，再与祭祀祖先的形而上观念相结合，就碰撞出屹立于全球青铜文明之林的、别具一格的中国青铜文明。

要探求这个源头太难了，因为它在复制的过程中会产生变异。文明的传播与其说像流水，不如说像病毒或基因，边复制边变异。有学者认为中国的青铜器有可能是本土起源的，还没有定论。但是越来越多的证据表明，我们的青铜文明乃至整个古代文明，既不是单纯土生土长的，也不是完全外来的，而是外来文化因素的刺激和本土传统的结合，从量变到质变，基本上就是这样一个脉络和发展过程。我个人倾向于这么来解释。

许知远：有趣的是，我们想象一下二里头这么一个王国，突然有一个高科技从外面进来，又正好用既有技术把它本土化，形成了一个非常兴盛的王国，四方都来，移民又增加了。

许宏：说得太对了。稍微订正一点，在青铜冶铸技术过来之前，我们看到的是满天星斗，是不是王国我不大清楚，我们一般叫邦国。二里头之前没有超越一个小流域或者是一个小盆地这样的自然地理单元的政体。那么谁是因、谁是果呢？很有可能就是像张光直先生所推测的，青铜成为关系到国家命脉的重器后，就要寻找制作青铜器的矿料，这成为中原王朝向外扩张的动力。为了找这些东西，要到长江中游去，因为那边铜矿比较多，要到山西去，因为山西中条山有铜矿，除了铜之外还有铅和锡，一个网络开始形成，超越自然地理单元的广域王权国家开始出来了。

从这个意义上讲，可不可以说青铜催生了中国？像二里头这样在东亚大陆从来没有过的、驾驭管理大范围人群的政治架构，究竟是我们独立自主、自力更生、无中生有地发明出来的，还是受到了已经存在的其他区域文明的影响？

▍二里头文化青铜盉（左）、青铜斝

举一个相近的例子，我愿意把二里头和秦王朝作为中国古代文明史的两大历史节点，二里头以前的满天星斗、邦国林立的时代，可以叫无中心的多元的时代，再演变为从二里头一直到西周时期的有中心的多元时代，可以形容为月明星稀。一体一统化的广域王权国家是到了秦汉，中央集权的大帝国才出现，可以形容为皓月凌空。青铜潮深刻地改变了东亚大陆的历史进程，正因为有这样的认识才有了我的那本《最早的中国》。

许知远：所以你很重要的一个感觉就是，整个人类历史是一个高度开放的历史，自我中心式的理解都是非常自我地造出来的东西？

许宏：太对了，中国从来没有自外于世界。我近年来开始读考古学以外的书籍，受到很多的启发。台湾著名学者王明珂先生说世界上绝大部分地区已经不太做自己族群的溯源工作了，而是从更广阔的视角来研究。

直言不讳地说，我们的"中华文明探源工程"，包括我个人做的这种早期中国研究，是一种学术上的寻根问祖，是带着情感来做的。有利的一面是，甲骨文一旦进入民国大学问家的法眼，它就能从此结束在中药铺里被碾成中药的命运，《说文解字》这样的字书成为迅速破译的关键。不利的一面是，我们可能融进了过多的情感，在我们百年以来的探索过程中，救亡图存、民族主义这样的一种情怀和科学理性能不能和谐地契合起来，是一个很大的问题。

◎ 考古是一门贵族的学科，我希望以更超脱的心态来做学问

许知远：你讲到从更世界化的方式看中国的考古，这是不是跟你1994年去日本，接着去很多国外的大学访问有直接的关系？

许宏：这个太有关系了。我没有在欧美留学过，但是深感出国和不出国不可同日而语。我现在做讲座、上课的时候也特别呼吁，年轻学者如果能出去待几年感受一下再回来，肯定会有助于我们对中国考古学的理解。

有出过国的同事回来就比较严厉地抨击中国考古学的封闭，甚至把话说到了这样的地步：如果没有理论支撑，那么我们大量的田野

工作就是一种低层次的重复劳动。这样的提法引起了一些学界前辈的不适，反感海归派质疑我们的传统考古学体系。但我个人觉得，我们现在的学界越来越弥漫着表扬与自我表扬相结合的氛围，缺乏健康的学术批评、学术讨论，过多地考虑学术以外的因素，比如人际关系、学门、师承。目前这是学界的一个常态，下一步该怎么扭转还不太清楚。刚才说了，当代人怎么看我不在意，两三百年之后再看许宏现在的言论和学术研究，还是留给历史评价吧。

许知远：第一代的李济先生也好，傅斯年也好，包括梁思永先生他们，其实在全球学界也是非常靠前的，属于全球考古界的浪潮。怎么看你这代和全球学术考古学浪潮之间的关系呢？

▌ 1935年，傅斯年、伯希和、梁思永（左起）在安阳殷墟（《殷墟发掘照片选辑（1928—1937）》）

许宏：我们只能是处于转折期、过渡期的一代。我相信隔上一段时间一定会出现比较伟大的人物，但是我们这一代还谈不上。特别希望通过我们的努力，能够迎接或者是拥抱一个高峰的到来，真正在学术水平和学术视野上更多地跟国际接轨，融入那个系统。日本研究海外考古的据说有几百人，而我们中国学界研究海外考古的大概在个位数，而真正以外国考古为业的能不能到5个都是问题。

许知远：听你介绍关于墨西哥、埃及、希腊的考古，他们的研究方法对你研究二里头有非常直接的影响吗？

许宏：这太有必要了，我们以前只是通过阅读书籍和聆听教授讲学来了解，还是浅层次的。从这个意义上讲，中国现在对外派出考古队，跟国外的同仁接触，尤其大部分是青年人，我觉得这是一个极好的开端。但是无论是从研究动机、欲求还是从语言上，我觉得还谈不

2019年在埃及考察

上研究。如果那些参与发掘的年轻学者和学生从中学到了东西，以后他们做中国研究的话，肯定会上一个新台阶。我对学术的发展是持乐观态度的。

许知远：我们前面聊到考古学带有公共意识，对你这样一个考古学家来讲，当代人了解古代的世界，了解他们怎么生活、怎么统治、怎么战争、怎么祭祀，这一切为什么那么重要？

许宏：为什么我们要学考古、学历史，为什么对考古和历史感兴趣？我觉得没有必要用"高大上"的词汇来褒扬我们的学科，首先就是满足人类的好奇心，其次就是安顿身心。所谓古今一理，不都是为了解决人类生存和发展的问题吗？顶多是换了时代、换了服装，人性的好多东西是没有变的。我们一直说鉴古知今，实际上人类的忘性是很大的，我们其实在不断地重复过失和错误。在这种情况下，作为一个文化人，如果你把那些大灾大难、大风大浪都了解了，就会看淡个人的小波折。从这个意义上讲，就是安顿身心。

再就是为了做一个有教养的人。人起码应该知道一点文化的东西，如果这个都不追求的话，那考古学真的是没什么用。考古学是一门贵族的学科，饥寒交迫用不着考古，考古是一种高层次的东西，是一种熏陶、一种升华。这有点"老王卖瓜——自卖自夸"了。

许知远：另一个问题就是，对古代事迹的重新发现，一定会给当代的智力生活带来大的变革。比如古希腊对歌德、对席勒、对整个19世纪欧洲都有很大的影响，由此他们开始重新理解自我的生活。但在中国，比如1920年代的考古思潮发生在中国的战乱时期，好像没有掀起巨大的智识浪潮。对二里头或者因为对古代中国的某种发现，使得一

代人忽然之间投身于一种对古典中国的追求之中，整个的审美、知识趣味都发生了很大的改变，也许一定的量变之后会有一个质变，那么由考古学领导智识浪潮的时代会到来吗？

许宏：这方面我是很乐观的。二三十年之前的考古学是一个非常冷的绝学，现在有了考古热，《何以中国》还能卖上几万册，这就是时代和社会的进步。我的这本书不是纯学术书，属于大众考古甚至科普，所以我一直说我是公众考古的践行者，通过这样的方式，我认为是可能产生影响的。

许知远：你的使命感是什么？

许宏：使命感是有的，但是对我来说，我现在处于一种更为超脱的玩学问的心态，不是说我是为了启蒙教化一代新人，真的就是已经脱离了那种爬坡阶段，不是为了稿费、为了职称、为了什么位置，这样可以让我以更加从容的心态来做学问。

所以我希望自己考虑的是，什么是最值得追求的，什么是最值得珍重的。作为中国社会科学院的研究员，我可以申请不坐班，有时间和精力上的相对自由；我做我的远古、上古的学问，有学术思想的相对自由。我现在特别想走郑也夫、李零先生他们那样的路，不以个人名义申请任何项目课题，不受过多的限制和束缚。据说美国做过这样的采访，问那些老年人，最愿意回到人生的哪个阶段。大部分人的回答是回到50岁前后，人生已经脱离了爬坡阶段，但身体还没有衰弱到不能自理。我现在就是这样的心态，我正在享受我的人生。

2017年11月22日，于二里头

许知远

知

远

许知远提供「偏见」
《十三邀》确保遇见

NO.10   ×

宏

十
三
邀 Ⅱ
第二季

02/02   上线

无 剪 良 品

■ 《十三邀》海报

老老实实做人，踏踏实实做学问

——山东大学校友访谈

采访人：老师，您好，首先感谢您接受我们的采访。据我们了解，山东大学考古在1980年代会安排本科生多次实习，您的第一次考古工地实习体验如何？

许宏：看来你们对我的情况是有所了解的。我并不是高考第一志愿就报了考古，所以也并不是最初就希望让考古伴随自己终生的。第一次实习说起来还是比较懵懂的，也还在探索的阶段。

我觉得对于考古专业的同学来说，实习大概是一个分水岭。有的同学彻底失望了，接受不了，离开考古；有的同学就死心塌地地爱上了考古，成为铁杆考古人，本人就是后者中的一员。

对我们来说两次实习是比较幸运的，因为第一次大都是迷迷糊糊的，没有感受到什么东西就过去了。比较遗憾的是，现在绝大部分学校就一次实习的机会，学生往往很难深入掌握田野考古的技能和方法。但如果是两次，在总结经验教训过后，第二次实习你就会心里有数，能上一个台阶。而且我们知道必须参与从考古发掘到资料整理的一个全过程，你才能真切地把握它。

现在看来并不是所有的同学毕业之后都愿意或是能够从事田野工作的。我觉得这一点国外的做法比较好，像西方和日本那样，第一次实习肯定是必须有的，第二次实习可以安排在业余时间，比如暑假。也就是说愿意今后从事田野工作的同学，可以安排再实习或找活儿自己干。如果是不希望今后进一步从事田野工作，比如说想从事文博或者做其他工作的，那么完全可以不再参加田野实习了。

▌ 1986年带学生在周口店实习

采访人：您在山东大学学习工作的12年，也正是山东大学考古乃至全国考古事业快速发展的一个时期。其中，张光直先生1984年在北大、山东大学的讲学是这个时代标志性的事件之一。您对此有哪些印象深刻的回忆？

许宏：正如你们所言，我所在的20世纪80年代初期，也是山东大学开始快速发展的阶段。一方面是改革开放后国家经济的腾飞,另一方面则是思想界的活跃。现在一说到80年代,给人的感觉就是一种心潮澎湃的状态。当年在学校,我们最愿意唱的歌就是《在希望的田野上》。

张光直先生的讲学对中国考古学的发展来说,当然是一个非常重要的契机。除了个人的学问,他更是沟通西方考古学界和中国考古学界的一个纽带,对于促进中国考古的转型起到重要的作用。

但当时我还是比较懵懂的。现在的老师都得是博士毕业才能留校当教师,而我当时是本科毕业后就留校了,先是当了4年政治辅导员,是整个84级历史专业和考古专业90名学生以及档案专业50名学生的总负责人。我跟他们是同龄人,100多号同学有两三位跟我同岁甚至比我大,绝大部分就是比我小两三岁而已。有些同学刚来山东大学还想家,我就得做"思想政治工作"。我记得非常清楚,在公教楼110教室给100多号

▌ 带队郊游,一群同龄人的欢乐

同学开会，请大家递字条，然后我给答疑解惑，就像当时热播的电视剧《编辑部的故事》，剧中人物编的杂志是《人间指南》，我说我当时就像这个编辑部的人似的，给大家讲人生指南。但是请你想一想，21周岁大学毕业，我自己还在成长期。所以我在给他们的毕业纪念册上写的留言是："我是看着你们长大，也和你们一起长大的。"

除了我，还有栾丰实老师、崔大勇老师、杨爱国老师，都是本科毕业就留校的。在这种情况下张光直先生来讲学，我能了解多少？当时至多是在本科阶段，我踏踏实实地学习，后来成为铁杆考古人，特别想做考古，有极强的求知欲，我甚至也已经意识到了当时中国考古的不足。但我们那时候英语不大行，翻译过来的著作也都特别少。所以就觉得张光直先生是一股清风。我记得张先生讲学就在北大和山东大学吧，他能到山东大学来真是太难得了。因为张光直先生讲的那些

▍ 1957年，张光直先生（右）与老师李济在美国麻省剑桥

东西都处于国际前沿。中国刚刚经历了较为封闭的30年，考古学界也基本上处于与国外不来往的状态。在这种情况下，我们跟人家相比是有距离的。我当时就囫囵吞枣、半懂不懂地往脑子里灌，还是比较受震撼的。后来我做夏商周考古，主持二里头遗址的工作，在洛阳盆地做区域系统调查和聚落形态考古，都得益于张光直先生的教诲，包括听讲座和阅读他的著作。

我个人认为中国考古学现在仍与欧美有30年到40年的差距。在理念、方法上，母校的老师达到的高度，我觉得在中国考古学界都是往前排的。并不是所有的大学、考古文博机构都有这样的层次。但从中国考古学总体上看，现在除了经费比较宽裕，在仪器设备上基本跟西方看齐之外，我们在总体的理念和方法上还有很大的距离。当然这可能并不是整个学界的共识，是有争议的。连现在中国考古学是不是处于转型期，学界都有不同意见，就看学术史怎么评价了。这个问题是非常有意思的，这里我就不再展开了。

当时我对张光直先生的讲学就是那样一个模糊朦胧的感觉，但我已经意识到它的价值所在了。其实那些年考虑中国考古学的发展问题，更多的是受益于身边的学者。我跟栾丰实老师住在5号楼的时候，他大量的时间在田野，他和夫人两地分居11年，那是怎样一种坚韧啊。我开玩笑说，那些年栾老师跟他夫人同居的时间还没有跟我同居的时间长。

当有北京来的老师、学长到山东大学时，我们都非常高兴。王迅老师现在是北京大学退休的老教授，当年是邹衡先生带的夏商周考古方向第一位博士，也是中国考古学界的第一位博士。他做的是东夷文化和淮夷文化的考古研究，常来山东查资料、搞调研。赵辉老师也来，他比我大10岁，当年在山东做发掘，后来也是大名鼎鼎的学者，但那个时候还是青年教师。前面提到栾老师经常下田野，王迅老师和赵辉老师就住栾老师那张床。我们都彻夜地聊，聊到下半夜，我才意识到吾道不孤啊！当年在山东，只有跟栾老师等极少数的同仁能够开诚布公地探讨中国考古学的理论方法、未来走向等问题，但是在北京肯定有更多人可以这样交流。所以我就抓住每一次这样的机会，和王迅老师、赵辉老师能够聊到下半夜，和栾丰实老师成为知己，这样一种感觉也就是属于那个时代吧！

采访人：您谈到与同仁们讨论中国考古学的未来，这让我想起前段时间有几篇讨论兖州会议的文章。

许宏：你看这个兖州会议，隔了这么长时间，不同的老师回忆就有不同的意见。一个是记忆的问题，另外一个就是"屁股决定脑袋"。关注点、立场、位置还有学术背景等，决定了不同的人如何看这些问题。但无论如何大家都说，那个时候都很"嫩"。虽然隐隐约约觉得中国考古学要变，不过该怎么变，当时也没搞清楚。我们这个学科有尊老的传统，本来是年轻人特别想放炮，后来老先生一参与，又有了一定的官方色彩，结果就不了了之了。当时也有我们同龄的60后去参会，山东大学就栾老师去了吧，我跟方辉老师那个时候还轮不上。我们就是从那样一个风云激荡的时代、探索的时代，这么一步步走过来的。

采访人：您可以具体谈一谈您在山东大学期间所经历的一些事吗？

许宏：我就接着刚才的话题往下讲吧。关于中国考古学的转型，我跟栾丰实老师等好多老师都在呼吁这样一种趋势。现在仍然在转型中，但转型几乎就是从20世纪80年代开始的吧。我们正好是躬逢其盛，所以说我个人实际上也是时代的产物。那个时段正好也是山东大学考古专业开始走上坡路的时候。一个很大的契机，就是1983年山东大学首次组织出省到山西侯马实习。也就是我们这一班，在马良民、于海广、栾丰实老师带领下头一次出省，一炮打响。无论是国家文物局、北大还是其他兄弟院校的老师，对山东大学师生的评价都很高。我们自己也学了很多，开阔了视野。同时我们这种扎实肯干的劲儿，也使得山东大学考古专业开始走出山东。我也很幸运能参加这样的发掘。

▌ 1983年在山西侯马北坞古城考古工地实习

我刚才说了考古发掘是一个分水岭，喜欢干的和不喜欢干的在此分道扬镳。像我这种铁杆考古人就是那个时候练就的。我当年想考研究生，栾老师要考在职的，我们班还有几位要考，所以我们就请假回山东大学报名。我因为家是东北辽宁的，当时就跟社科院考古所著名的东北考古大家佟柱臣先生联系，想跟他学东北考古，回老家搞考古。佟先生很欣赏我，也就答应了。但遗憾的是当初他没告诉我，东北考古方向的外语语种是日语和俄语，而我学的是英语，没法报名，也就没考成。

按说我们这帮考研的就可以不回山西侯马了，在山东大学接着复习。这时栾老师需要回去收尾，我就自告奋勇地跟着他一起回到了侯马。回去之后，我又接了一个探方，因为地里都已经结霜了，每天得用草袋子把遗迹给盖上，第二天才能继续做。每天骑自行车顺着铁路去工地，就把田野做完了。这个时候已经能显现出铁杆的劲儿了。

采访人：您在本科毕业后为何做出在校任教的决定？是什么留住了您？

许宏：之前已经谈到我们当时的留校跟现在的留校不是一个概念。现在一直读到博士你才能进高校，那时本科毕业就可以留。而那个时候大学生就业，还属于计划分配。可能有些工作位置你觉得不理想，但不管怎么样，你不用自己找，都是国家给你安排好的。所以辽宁省来了两个同学，辽宁就分配了两个名额。而留校也不是自愿的，学校为了自身的发展，肯定是要挑他们认为最合适的学生留校当教师，本人就被选上了。所以这就意味着有外省的同学必须去辽宁省，为此我觉得挺惭愧的。当然后来他们又都回自己老家去了。像你知道的范雪春老师，现在是福建考古大佬，也是我的同班同学。他一开始被分到内蒙古，后来也叶落归根回福建了。毕业分配就是这么个情况。

■ 开饭啦！1986年带学生在山东嘉祥纸坊镇实习，左起徐龙国、王自力、许宏、郑岩、陈根远

因为我祖上是山东的，老家在胶东，后来闯关东才到了辽宁，所以我对山东是有浓重的乡土情结的，甚至我骨子里是认同山东的民俗和为人，而不大接受东北的地域性格的，就像大家对小品演员的那种印象。人家说许宏还是比较实在的人，所以我觉得自己更像山东人。因此我非常愿意服从组织安排，留在山东大学。

毕业之后，我先当了4年辅导员，本来想当两年就回教研室，后来系里说还是把这一届带完吧，这些同学也一直不错。当年系领导是希望我能留在系里进一步做学生工作的，甚至点拨我，说在系里发展比考古教研室的一般教师上升空间大一点。但我还是婉言辞谢了，说我还是想搞学问。所以我是4年之后坚决要求回到考古教研室的。4年时间偏长，"革命工作"不能落下，组织上给安排的工作也不能不干，所以两年之后我就考了在职硕士研究生。到了1987年丁公遗址发掘的时候，我又坚决要求跟栾老师、方老师他们一起带队。等于我做了4年学生辅导员，但没有耽误业务工作。到1988年我把学生送毕业以后，1989年我的硕士学位就拿到了。1988年秋季国家文物局考古领队培训班办第四期，给了山东大学一个名额，我很幸运地被安排去了。我当时二十五六岁，是被国家文物局授予个人田野考古领队资格最年轻的一位。之后1989年秋季第二次带丁公的实习，1991年第三次带丁公的实习，1992年我就到北京来读博士了。

我基本上就是这样一个历程。而在丁公的收获太大了，你们想了解哪方面的东西？

1987年秋，刘敦愿教授（左二）与栾丰实（左三）、许宏（左四）、方辉（左一）在丁公遗址

▎1991年秋在丁公遗址考古工地

采访人： 从本科实习到带队发掘丁公遗址，您有什么新的感受吗？

许宏： 你看我的角色已经变了。以前是学生，现在是带84级、86级和88级的学生去实习。年轻老师有好处，那就是跟同学没有代沟。我们当时还开玩笑，一旦离开田野，到了业余时间，大家打牌，栾老师也打，打升级。因为太枯燥、太寂寞，电视什么的都没有。偶尔去赶集，骑着自行车去20公里远的周村洗澡。一起生活两三个月，"一个锅里搅勺子"，所以考古专业的老师跟同学关系特别密切。当时我带的84级学生，也就比我小一两岁。有的男生跟我握手还会脸上笑着，却暗地里使劲把你的手捏得生疼。我们就是这样相处的。

但是大家都知道，许宏老师在业务上那是丁是丁、卯是卯的。栾老师是我们的领队，也是我的良师益友，我从他身上学到了很多东西。在学术风格上，我跟栾老师非常相像。当时方辉老师和我，算是栾老师的左膀右臂吧。

刚才讲到1988年到1989年山东大学考古教研室派我参加国家文物局第四期考古领队培训班，接受了系统的训练。许多中国著名的考古学家来讲课，他们也是我们的考核委员。因此我从培训班学到的东西是当时国内考古学界最尖端、最前沿的。到1989年第二次丁公实习，栾丰实老师就委托我在下雨干不了活儿的时候，给大家讲田野考古学。

我记得一个有意思的细节是给大家检查图纸。发掘的时候，一个同学负责一个探方，作为这个探方的方长。一个方长一本探方日记，最后写探方记录，用复写纸誊写在底册上，然后一摞图一个档案袋，注明这个探方号和方长。我负责六七个探方，算是片长吧。栾老师总领队，是队长，我们实行三级管理。

因为田野考古是我讲的，所以我负责布置、检查图。你要知道，田野考古领队培训班里讲的一整套东西越来越规范。现在你们学的比那时候还规范，这是中国考古学科整体在进步。当时也没有电脑，大量的具体要求导致我手写的教案有那么一摞纸。

我和他们约定：要是哪个同学的图的问题少于20处的话，我请客，去乡里改善生活。结果根本没有少于20处的。我们白天发掘，晚上、下雨天和工地工作结束后来整理。在丁公早年的工作就是这么做的，说起来还有很多值得回忆的。

采访人： 从规矩方面，您说每位同学都没有低于20处问题的。这个真的非常严格。我们还有最后一个问题，您认为考古学家最需要什么精神，您对考古专业的后辈们有怎样的期待？

许宏： 当时有本苏联小说叫《钢铁是怎样炼成的》，到最后响当当的考古人都必须是这样的，"天将降大任于斯人也，必先苦其心志，劳其筋骨"，你贪图安逸肯定不行。

我是得益于山东大学这样一个氛围的，我非常感激我的母校，塑造了现在的许宏。当然如今的许宏跟当年的许宏是不一样的，连我自己都不认识自己了，比如说学术网红、学术畅销书作家、意见领袖……那个时候我还根本没显示出来这些潜质呢。（笑）那时的我就是一个踏踏实实、中规中矩的考古学后生，但本质上的学术精神没有变。

我是读博士时才到北京的，比较晚。还有朋友说要是早来一点的话，你可能发展得更好。但我对在山东大学12年的生涯——4年本科、8年教师，是无怨无悔的，深知我要感恩这一段的生活。无论是从人生角度还是作为一个学者，是山东大学把我从懵懂的青年培养成现在这样一个合格的考古人。我的硕士导师是山东大学考古专业创始人刘敦愿先生，他是一位口碑极好的老先生，无论是学问还是为人，都是有口皆碑的，我从恩师身上也学到了很多。现在看来，我是一点弯路都没有走的。

▌刘敦愿教授（右二）在为学生讲陶器，右一为许宏

▌ 山东大学12年的学习与工作，终身受益

刚才已谈到我对山东有一种乡土认同感。我认为山东大学的学风，就源于山东人的为人。一方水土养一方人，山东大学培养出的齐鲁大地的学子的风格应该就是敦厚、质朴和好学。你作为南方来的同学，不知道能不能感受到，我个人是从中受益匪浅的。

所以我还是想用我在接受中国考古网采访时说的话送给校友们、师弟师妹们，"老老实实做人，踏踏实实做学问"，这是我的座右铭，也愿意分享给大家。在仰望星空的同时，必须脚踏实地，你才能心想事成。我也想把这句话送给大家。

谢谢各位！

2020年7月30日，山东大学"寻忆山魂"团队采访
成员李铸镔、张世文整理

义无反顾地跟着心灵走

——与北大新生钟芳蓉对谈

▌2020年，与钟芳蓉（右）在彼岸书店

她是来自湖南的留守女孩钟芳蓉。2020年夏天，钟芳蓉以文科676分的成绩报考北京大学考古专业，争议随之而来。她家境贫寒，有人质疑学习考古恐无出路；可在考古圈里，教授们却送书祝福，将她视作"团宠"。各种采访邀约也蜂拥而至。她把自己关在房间里，任由记者们到来和离去。直到今天，钟芳蓉仍是不解的，自己只是选择了喜欢的专业，希望找到心灵的归处，为什么会引起这么多关注。

如今开学已有两个多月，钟芳蓉的热度慢慢减弱，她开始沉浸在学习世界里，观察考古专业究竟是什么样的。《新京报》记者邀约考古人许宏与钟芳蓉来一场对谈。钟芳蓉想得到许宏老师的指点，告知自己未来该往什么方向发展……

许宏：进北大之后有什么感受？

钟芳蓉：我感觉大学和自己想象的不一样，事情特别多。不像高中的时候，老师跟我们说，上大学会比较轻松。

许宏：你们大概是在高中付出了太多的辛苦，所以现在会有点自由的感觉。那你觉得，就学习内容和老师的教学方法而言，高中和大学有什么差别？

钟芳蓉：差别挺大的。高中老师会很详细地讲知识，把题目怎么做都教给我们。大学的老师只会讲大概的内容，需要我们自己在课后寻找答案，他们做的是一种引导。

许宏：对，中学教育可能是一种接近于标准答案式的教育，把知识点记住，按照这个来就可以了。但是大学，尤其是好大学，是在培养人，需要学生有独立思考的能力。授人以鱼不如授人以渔，你真正要学习的，是获得知识的方法。

许宏：进了考古门感觉怎么样，有没有失望？

钟芳蓉：到了大学之后，我们学院组织了一次考古活动，去了周原考古遗址，学长、学姐们在工地里挖掘古墓。我觉得考古专业和我当时想的差不多，甚至比我想象的要好，感觉他们的条件还可以，不是那么艰苦。

许宏：最近一次真正的田野实习要什么时候开始？

钟芳蓉：我们大三开始田野实习，要持续一个学期。我们也一直在讨论说，很多人之后可能会想转专业。

许宏：我觉得你到时候跟着感觉走就可以。你现在是因为喜欢进了这个专业，如果哪一天你有更理想的选择，完全可以义无反顾地按自己的感觉走，跟着心灵走，这是我最想对你说的。

◎ **考古是田野与城市的结合**

钟芳蓉：您是怎么从小县城考出来的？

许宏：这还是个挺有意思的事。我考高中的时候，大学才恢复招生不久。如果高考不恢复的话，每家都必须有一个人上山下乡，我作为家中长子，可能就是我去吧。

高中的时候，我喜欢读文学作品，总是仰望星空，想着怎么能离开县城。我接受不了周围那种缺少文化氛围的感觉。由于考得还不错，所以坚持报北大中文系。但是北大中文系没录取我，山东大学打电话来问：愿不愿意到我们这儿来？你要来的话，来考古学专业。当时我想要复读，但是老师和家长都说不行。我就是这么进的考古专业，一步一步走出来，到最后通过田野实习，成为铁杆考古人。

你呢？咱们两代人可以比较一下。

钟芳蓉： 我是从农村出来的。小学的时候，我们村里一个班有10到20个人，我们那里的学校没有六年级，我得去另外一个学校读六年级。高一的时候，学校组织我们来北京，所以我开始了解北京，像故宫、长城、天坛、清华、北大也都来过。

许宏： 这算是开阔眼界。

钟芳蓉： 是。其实当时我来北京的欲望不是特别强烈，北京也没有自己想象的那样高大，所以当时对北大并没有什么特殊的向往。

许宏： 你有一个标签是留守儿童，这好像没给你留下什么心灵创伤。能看出来，你内心比较强大，但是你从小由爷爷、奶奶照顾，一般来说，隔代人可能比较溺爱。

钟芳蓉： 不会，我奶奶管得严，我从五六岁就开始洗碗。村里的小学下午4点就下课，如果我回来晚了，奶奶会打我，让我跪在地上受罚。

许宏： 穷人的孩子早当家。我想起顾城的诗，"小巷／又弯又长／没有门／没有窗／我拿把旧钥匙／敲着厚厚的墙"。不过你当时那么小，还是会想自己父母的。

钟芳蓉： 他们过年的时候回来。

许宏： 真不容易，一般打个电话都满足不了。

钟芳蓉： 还好，小时候小伙伴特别多，住得近，一下课就一起疯狂地玩。我是在农村长大，经历过满山遍野地跑的日子，在山坡上打滚、爬树，各种撒野。

我们院长经常讲，考古是田野与城市的结合，是体力劳动与脑力劳动的结合。我觉得这个概括非常好，我觉得考古会是一种田野生活，也会是一种农村生活，应该特别有意思。

◎ 像候鸟一样穿越古今

钟芳蓉：考古是冷门专业吗？

许宏：冷门与否都是比较来的。本人上大学的时候，还是冷门专业，象牙塔似的专业，好多学生没听说过这个专业，以为就是"挖墓的"。但现在前景其实挺光明的，许宏居然一不留神成网红了，成小众网红学术畅销书作家了。

总体上讲，考古一开始是冷门，但是现在好像逐渐成热门了。在那些考古发现的热闹背后，是要付出大量时间和精力的。别看许老师在聚光灯下，但更多的时候是灰头土脸的，在河南偃师二里头遗址一干就是20年。

钟芳蓉：您觉得考古的乐趣是什么？

许宏：我们自我评价，考古专业是文科中的理工科，像候鸟一样，穿越于古代与现代、城市与乡村，不是那种书斋式的学问。"上穷碧落下黄泉，动手动脚找东西"，我觉得这是考古学的一个乐趣所在。

作为一个老考古人，我觉得考古有两大美。第一是发现之美，你不知道下一分钟会有什么样的发现，这是可以唤起我们的文化记忆的，唤起族群乃至人类文明的记忆；第二是思辨之美，我们跟侦探一样，一直在考虑怎么解读，职责是代死人说话，这就是属于高层次的智力游戏。

钟芳蓉：那考古这么一项专业性很强的专业，如何实现公众化？

许宏：实际上我们正在这么走，现在已经有人以你为案例研究这个问题了，这个学科受到全社会如此重视，我们觉得这就是好事。再比如说，以前我们的考古工地都是封闭的，现在适当开放，可以让公众参观甚至参与。

钟芳蓉：您在田野考古的时候有没有什么趣事？

许宏：一个考古队队长，必须是能摸爬滚打，我们开玩笑，说还必须得有点匪气。你觉得自己是博士毕业，跟别人端着架子可不行。从包地、赔产，到跟村干部谈水电、煤气、住房租用，方方面面都得会。我的一个意外收获是，除了考古本职工作之外，还交了一大帮朋友，从官员到村民，现在一回去，就没人把你当外人。

▌ 在考古发掘现场，总是灰头土脸的模样

◎ 人生还长，允许自己思路变化

许宏： 我感觉现在钟芳蓉同学好像比我还有名，考古圈以外的人，还是很少知道许宏的，但是现在不知道钟芳蓉的恐怕没有多少。刚才我们俩见面的时候，你还说我们见过，在网上见过，你也关注了我的微博，那我们俩就已经是网友了。

钟芳蓉： 我到现在还是很不理解的。我就是选择了喜欢的专业，希望找到心灵的归处，不明白为什么会引起这么多关注。

许宏： 那么对于未来，你是怎么考虑的？

钟芳蓉： 我没怎么考虑过。我是想如果能读研、读博，读到哪里算哪里，我会更偏向于田野考古，以后做田野考古或者当老师，应该挺好。

许宏： 现在很多人想当老师，但并不是所有的女孩都愿意做田野考古，这一块就跟着感觉走，等真正参加实习后再看看。要允许自己的思路有变化，因为人生还长，希望你一直保持平常心。就算我们是师生，我也不向你灌输那种从一而终的思想。当然，我还是希望你能留在我们考古专业，跟我成为同行，共同享受发现之美和思辨之美。

我们之前也在考古群里讨论过，觉得社会把孩子捧这么高，今后要改行是非常尴尬的事。我当时就有个想法，什么时候我要见着小钟（钟芳蓉）同学，我一定跟她说，不要管别人怎么说，要走自己的路。

2020年11月6日，于北京彼岸书店

考古队长许宏

发掘最早的"中国"

——"八间房"丛书访谈

八间房：《尚书》里面说"前四代"是"虞""夏""商""周"，《史记》中也有"五帝本纪""夏本纪""殷本纪"，王国维将卜辞中先公先王世系与传世文献相印证，将晚商历史变为信史，经过王国维等学者一个世纪以来的工作，殷商一代历史都得到确认。但是关于夏代的历史，尽管前几年有"夏商周断代工程"的阶段性成果出来，但还是有一些学者尤其是许多国外学者对夏代是否真实存在表示怀疑。到底夏仅仅是一个周代人的神话建构，还是历史真实的一部分，您能简单介绍一下这方面的情况吗？

许宏：中国历史源远流长，有丰富的文献典籍流传于世。但有关早期王朝历史的文献掺杂传说，且经数千年的口传手抄，甚至人为改篡，究竟能否一概被视为信史，历来都有学者质疑。清代以后，学者们逐渐考证清楚，即使公认的最早的文献《尚书》，其中谈论上古史的《虞夏书》，包括《尧典》《皋陶谟》《禹贡》等名篇，也大都是战国时代的作品，保留古意最多的《商书》之《盘庚》篇，也经周人改写过。进入战国时代，随着周王朝的式微，谋求重新统一的各诸侯国相互征战，各国的君主都自诩本国为中国之正宗，因此都把祖先谱系上溯至传说中的圣王，其中伪造圣王传说的例子也不少。

20世纪初年兴起的"古史辨"运动，让传统史学彻底摆脱了儒家"经学"框架的沉重束缚，动摇了历代相传的三皇五帝体系，在客观上引起人们对用现代科学的眼光重新考察中国文明起源和进程的兴趣，推动了中国早期历史的研究。正如顾颉刚先生总结的那样，这场古史之辨"对于今日研究古史的人们，在审查材料和提出问题上给予了许多的方便，同时也可给读者一种崭新的历史观念"。这一疑古思潮在20世纪前半叶达于极盛。"上古茫昧无稽"（康有为语）是从学界到公众社会的共同感慨。

■ 1937年，顾颉刚先生
在禹贡学会办公室

在这样的学术背景下，源于西方的现代考古学在中国应运而生。与世界上其他原生文明发祥地不同，中国考古学在诞生伊始，就以本国学者而非西方学者为研究的主力。中国考古学家与其研究对象间的亲缘关系，决定了他们的探索不同于西方学者对其他文明的所谓"纯客观研究"。通过考古学这一现代学问寻根问祖，重建中国上古史，探索中国文化和文明的本源，成为中国考古学自诞生伊始就矢志追求的一个最大的学术目标。不能否认，在这种学术的"寻根问祖"中，有些学者的研究会不可避免地带有一定的民族感情色彩，如何把握其与"无徵不信"的现代学术准则的关系，是需要加以严肃思考的问题。

客观地看，对于古籍，我们既不能无条件地尽信，也没有充分的证据认为其全系伪造。对其辨伪或证实工作，只能就一事论一事，逐一搞清，而无法举一反三，从某书或某事之可信推定其他的书或其他的事也都可信。既不能证实又不能证伪者，肯定不在少数，权且存疑，也不失为科学的态度。古史辨运动留给后人的最大遗产，就在于其疑古精神。无"疑"则无现代之学问。

20世纪初，王国维对安阳殷墟出土的商代甲骨文进行研究，证明了《史记·殷本纪》所载商王世系表的基本可靠。这一重大学术收获给了中国学术界以极大的鼓舞，王国维先生本人即颇为乐观地推论道："由殷周世系之确实，因之推想夏后氏世系之确实，此又当然之事也。"由《史记·殷本纪》被证明为信史，推断《史记·夏本纪》及先秦文献中关于夏王朝的记载也应属史实，进而相信夏王朝的存在，这一推论已成为国内学术界的基本共识，也是夏文化探索的前提之所在。仅从逻辑上看，这一由此之可信得出彼之可信的推论方式的严密性和可靠性也是应当存疑的；我们也不能仅由时间与空间的大致吻合，就必然地推导出某一考古学文化肯定就是夏王朝时期、以夏族为

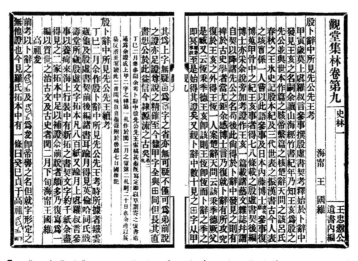

■ 《观堂集林》。王国维确证商王朝事迹为信史的著名论文即收录于此部文集

主体的人们共同体的文化遗存。

另外，王国维倡导的"二重证据法"，本来是以出土文字资料与传世文献互证为特征的，但在此后的研究实践中，这一研究方法往往被理解为一般考古材料与文献互证的整合而加以泛用。这构成了数十年来夏文化研究的最大特征。应当指出的是，一旦脱离了直接文字材料的互证，由未知推未知的现象就不可避免了。

以殷墟的发掘为中心，殷商文明的确立给三代文明的探究提供了一个可靠的时间和文化特征上的基点；同时，它在方法论上也影响甚至决定了三代考古学研究的方向与路径。对夏文化的探索，可以从殷商文明的研究中得到很多有益的启示。其中，应当着重指出的是，是文字（甲骨文）的发现与解读才最终使晚商史成为信史。我们认为，这一环节也是确认夏文化、夏王朝的不可或缺的关键性要素。在能够说明夏王朝史实的直接文字材料发现之前，靠单纯的考古学研究是无法最终解明夏文化、确证夏王朝的存在的。从这个意义上讲，商文明的研究与夏文化的探索在性质上尚有重大差别。

八间房：河南偃师二里头遗址所揭示出的二里头文化，有的学者认为一部分属于夏代，有的则认为全部属于夏代，您主持二里头遗址发掘工作多年，您的意见如何？

许宏：自二里头遗址1959年发现以来的近半个世纪的时间里，有关二里头遗址与夏文化的争论持续不断。二里头早于一般认为属于商代前期都邑的郑州商城和偃师商城，但它究竟是夏都还是商都，抑或是前夏后商，学者们长期以来聚讼纷纭，争议不休。著名古史专家徐旭生先生本来是在踏查"夏墟"的过程中发现二里头遗址的，但他根据文献记载，以及20世纪50年代对二里岗文化及相关文化遗存的认识，仍推测二里头遗址"为商汤都城的可能性很不小"。此后，这一意见在学术界关于夏商分界的热烈讨论中占据主流地位达20年之久。70年代后期，北京

1910年代，徐旭生先生留学法国　　"夏墟"调查报告

大学邹衡教授独自提出"二里头遗址为夏都"说，学界遂群起而攻之。此后，各类说法层出不穷，邹衡先生的观点又一度成为主流意见。从早于二里头的中原龙山文化晚期，到二里头文化从早到晚的各期（考古学家一般把二里头文化分为四期），直到其后的二里岗文化初期，每两者之间都有人尝试着切上一刀，作为夏、商文化的分界。

可以这样讲，专家学者提出的每一种观点都有其道理和依据，而几乎每一种观点所依凭的证据又都能找出例外和反证来。只不过所有提法都只是可备一说，代表一种可能性，你说服不了对方，对方也辩不倒你而已。用一句稍显正规的说法就是，这一问题暂时还不具有可验证性。由于迄今为止没有发现像甲骨文那样可以确证考古学文化主人身份的当时的文字材料，二里头的王朝归属问题仍旧是待解之谜。

说到底，不会说话的考古遗存、后代的追述性文献、并不绝对的测年数据以及整合各种手段的综合研究，都无法彻底解决都邑的族属与王朝归属问题。以往的相关讨论研究都还仅限于推论和假说的范畴。二里头都邑王朝归属之谜的最终廓清，仍有待于包含丰富历史信息的直接文字材料的发现和解读。

应当指出的是，在考古学家致力解决的一长串学术问题中，把考古学文化与历史文献中的族群、国家或者王朝联系起来，进行对号入座式的整合研究，并不一定是最重要的。暂时不知道二里头是姓夏还是姓商，丝毫不影响我们对它在中国文明发展史上的地位和分量的认知。说句实在话，这也不是考古学家所擅长的。尽管怀抱"由物见人"的理想，但说到底考古学家还是最擅长研究"物"的。对王朝更替这类带有明确时间概念的、个别事件的把握，肯定不是考古学家的强项。考古学的学科特点，决定了它以长时段的、历史与文化发展进程的宏观考察见长，而拙于对精确年代和具体历史事件的把握。如果扬短避长，结果可想而知。相关讨论至今久讼不决，莫衷一是，已很能说明问题。

八间房：对于二里头遗址的发现，您将其与20世纪发现殷墟等量齐观，那么二里头遗址的考古发现对中国古代早期文明的认识有哪些重大意义呢？

许宏：如果说殷墟达到了中国青铜文明和早期王朝文明的极盛，那么二里头则具有开启这个新时代的里程碑的意义。我们把视野在时空两个方面放得更远一些，就可以清晰地认识到二里头在华夏文明史上的位置和历史意义之所在。

在东亚大陆，从大体平等的史前社会到阶层分化、国家形成的文明社会的演进，经历了一个相当长的过程。在被中国古代文献称为"王朝"的夏、商、周三代广域王权国家形成之前，黄河、长江等流域各区域文化独立发展，同时又显现出跨地域的共性。这是一个众多相对独立的部族或古国并存且相互竞争的阶段，北京大学的严文明教授把它称为"龙山时代"（相当于公元前3000—前2000年）。根据最新的考古学和年代学研究成果，这一时代的下限或许可以下延至公元前1800年左右，与二里头文化相衔接。

这个时代，有人称为"邦国时代"，也有人称为"古国时代""万邦时期"等，意思大致相近，指的都是"小国寡民"式的社会组织共存的时代。这一邦国时代，与王国时代（夏商周三代王朝）和后来的帝国时代（秦汉以至明清），构成了中国古代文明发展史的三个大的阶段。在这个过程中，国家实体因兼并而从多到少乃至归一，而中心王朝的统治与影响范围日益扩大。史载禹时万国，周初三千，春秋八百，战国七雄，至秦汉一统为帝国。与社会组织——国家的由多变少相对应，其权力中心——都邑则由小变大，有一个从中心聚落到小国之都、王国之都直至膨胀为帝国之都的过程。

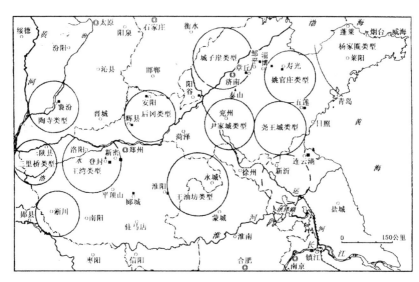

龙山时代的中原地区邦国林立（钱耀鹏《中国史前城址与文明起源研究》，2001年）

其中，最具有里程碑意义的是广域王国即早期王朝的诞生。从考古发现看，属于"邦国时代"的龙山时代，城址林立。据初步统计，在后来二里头文化兴起的黄河中游地区，已发现的龙山时代城址即达10余座，面积一般在数万至数十万平方米。但至二里头文化时期，随着面积逾300万平方米的二里头超大型都邑的崛起，各地的城址相继废毁，退出了历史舞台。这应是中原地区从邦国时代迈入王国时代的真实写照。

如果我们用"多元一体"来概括中华文明早期发展的特征的话，那么从"多元"的邦国到"一体"的王国的转变就发生在二里头文化时期。中国乃至东亚历史上最早的核心文化——王国文化的出现，就此改变了东亚大陆的文化格局。二里头文化高度发达的文化内涵，以及前所未有的大范围、跨地域的文化吸收与辐射，使其当之无愧地成为这一时代的标志性文化。由于二里头文化开创性的历史意义，我们称二里头文化所处的时代为"二里头时代"（如前所述，目前的考古学与历史文献学研究的进展，尚不足以支持以夏王朝的史迹为核心内容的"夏文化"以及"夏代"的最终确立）。作为世界几大原生文明发祥地之一的东亚大陆，只是到了二里头时代，才真正拥有了可以与其他文明古国相提并论的文明实体。二里头文化与后来的商、周文明一道，构成华夏早期文明的主流，确立了以礼乐文化为根本的华夏文明的基本特质。因此可以说，二里头时代的出现在中华文明发展史上具有划时代的历史意义。

▌二里头遗址所处位置

八间房：二里头作为中国文明社会城市遗址，是否意味着国家形态的基本确立？最早的中国应当怎么确定？

许宏：就我个人的理解，二里头的社会发展高度，已经超出了最原始的国家形态，也就是说它应当不是中国乃至东亚大陆最早出现的国家。在龙山时代众多规模较小、并存竞争的政治实体中，应当已出现了最早的一批国家。前面我们说到，二里头时代首次出现了广域王国，或可说二里头是最早的广域王权国家的都城。

作为已脱离了"小国寡民"阶段的更高一级的文明形态，地处中原的王国在文化上影响着、可能还在政治上统驭着周边的邦国等政治实体。我刚才用了一个"核心文化"的概念来指称二里头文化，指出它是中国乃至东亚历史上最早出现的核心文化，也即王国文化。应当说，只有到了这个阶段，包含"中央""中心"等含意在内的"中国"的政治实体才正式出现。

说到"中国"，这里还要多谈几句。在古代中国，"国"字的含义是"城"或"邦"。一个邦国是以都城为中心而与四域的农村结合在一起的，它又是以都城的存在为标志的。"中国"即"中央之城"或"中央之邦"。"中国"一词出现后，仅在古代中国就衍生出多种含义，如王国都城及京畿地区、中原地区、国内或内地、诸夏族居地乃至华夏国家等等。其中，最接近"中国"一词本来意义的是"王国都城及京畿地区"，那里是王权国家的权力中心之所在，已形成具有向心力和辐射性的强势文化磁场。其地理位置居中，有地利之便，因此又称为"国中""土中"或"中原"。从这个意义讲，"中国"的出现与东亚大陆最早的广域王权国家（或王朝）的形成是同步的。

应当指出的是，早期国家在空间上是由若干"点"组成的，这些

何尊及铭文拓本

不同等级的聚居点以中心城市为中心形成统治网络，现代观念中划定边境线的国界的概念，那时还不存在。最早的"中国"也仅是指在群雄竞起的过程中兴起的王国都城，以及以都城为中心的社会政治实体所处的地域，尤其是它的中心区域。而文献中记载的最早的王朝是夏商周三代王朝，它们分布的核心区域不超出以黄河中游为中心的中原地区，这一带也就是最早的"中国"。

在出土文物与传世文献中，"中国"一词最早见于西周初年的青铜器"何尊"的铭文。这篇铭文把"中国"的最早地望确指为洛邑所在的洛阳盆地及以其为中心的中原地区。为西周王朝所青睐，被认为是"天下之中"而营建东都的洛阳盆地，在长达2000余年的时间里，先后有十余个王朝建都于此，建都时间长达1500余年，这在世界文明史上也是极为罕见的。今天，在东西绵延30多公里的盆地中心部，由西向东排列着东周王城、隋唐洛阳城、汉魏洛阳城、二里头遗址、偃师商城等五大都城遗址，被誉为华夏文明腹心地区的五颗明珠。其中，二里头遗址就是洛阳盆地这一最早的"中国"区域内的最早的一座大型都邑，是当时的"中央之邦"；二里头文化所处的洛阳盆地乃至中原地区，就是最早的"中国"。

八间房：对于二里头已有的发掘成果，您喜欢用5个"中国之最"——迄今可确认的中国最早的王朝都城遗址，迄今所知中国最早的大型宫殿建筑群、最早的宫城、最早的青铜礼器群及铸铜作坊，还发现了最早的城市主干道网等。这其中，许多涉及"礼"，是否可以说，"礼"在当时已经是基本的制度形态？它的具体内容有哪些？对中国后世"礼乐文明"的建立有怎样的影响？

许宏：从考古发现看，二里头都邑所显现的许多制度，都可以说是开中国古代王朝文明之先河。这一文明模式往往被概括为"礼乐文明"。古代中国祭政一体，其规范就是"礼"。"礼"字本来写作"禮"，表示用"醴（酒）"来举行仪式。礼是各个族团以血缘秩序为基础，为了保护自身权益而整合出的社会规范。礼与贵族的社会生活相关联，用礼来建立并维系贵族社会的秩序。说到底，礼属于意

▌ 二里头遗址一座贵族墓随葬的陶器"全家福"

识形态和上层建筑的范畴，而考古学的直接研究对象则属于"形而下"，只能从礼仪的物化形式来做最初步的探究。当然，对于缺乏当时的文字材料的上古时期，这样的探究手段无疑是极为重要的。

从考古学上探讨礼制的起源，主要是从与礼仪相关的宫室建筑和礼仪用器两方面入手。

中国古代的宫室，由王侯贵族等进行日常生活的居室、从事政务和礼仪的宫殿以及祭祀祖先的宗庙三部分组成。但由于早期都邑没有当时的文字材料出土，它们是否存在具体的功能或空间的明确划分，其布局结构的发达程度如何，目前还无法搞清楚。这时的宗庙不仅是祭祀祖先的场所，而且也应当是举行各种重大礼仪活动的场所。可以说，二里头都邑大型宫室建筑具有至高无上的国家政权的象征意义，是君王召集下属从事各种政务、举行各种宫廷礼仪的"朝廷"之所在。二里头1号、2号宫殿由正殿、中庭和门塾等组合而成，其布局结构，与西周时代的青铜器铭文和《尚书·顾命》篇所提及的建筑结构基本一致。西周时代成熟的礼仪制度应起源于此。

随着二里头文化在中原的崛起，这支唯一使用复杂的合范技术生产青铜容器（礼器）的先进文化成为跃入中国青铜时代的第一匹黑马。值得注意的是，这些青铜礼器只随葬于二里头都邑社会上层的墓葬中，在这个金字塔式的等级社会中，青铜礼器的使用成为处于塔尖的统治阶层身份地位的标志。这些最新问世的祭祀与宫廷礼仪用青铜酒器、乐器，仪仗用青铜武器，以及传统的玉礼器，构成独具中国特色的青铜礼乐文明。它不同于以工具、武器和装饰品为主的其他青铜文明，显现了以礼制立国的中原王朝的特质。在二里头遗址，铜、玉礼器与宫城、大型宫殿建筑群的出现大体同步，表明王权以及用以维持王权的宫廷礼仪已大体完备。

要之，中国传统的宫廷礼仪，最早是显现于二里头的宫殿建筑和礼仪用器的，它的出现昭示着中国古代王朝的开端。作为维护社会秩序之规范的"礼制"，大概萌芽于龙山时代，肇始于二里头时代，在其后的商周时代得到整备，战国至西汉时期又作为儒家经典而被集成于礼书。随着儒家思想成为"国教"，这套礼制也被历代王朝所继承。

八间房：自20世纪七八十年代开始，以若干重要的考古发现为契机，在学术界形成了探索中国文明起源的热潮。您怎么看待这种热潮？

许宏：以考古学为主导的中国文明起源研究热潮，其兴起可以上溯到20世纪70年代与80年代之交。大家会注意到这与"文革"结束、改革开放的号角初步吹响的社会变革是大体同步的。思想解放，为这一研究热潮的兴起提供了重要的认识论基础；从后来的讨论也可以看出这一研究热潮深得"双百"方针之精髓。

另一方面，随着一个国家和民族社会经济的腾飞，人们会有相应的追溯历史文化本源的心理诉求。近年来兴起的"传统文化热""文物考古热""寻根祭祖热"等，应当都是以此为背景的。学术界形成的探索中国文明起源的研究热潮，也不能认为与这一背景毫无关系。

文明起源问题是世界性的人文社会科学前沿课题。因其研究对象是成文历史形成前的远古和上古文化，所以考古学在其中发挥着关键性的作用。从考古学学科发展史看，自1980年代至1990年代以来，中国考古学开始进入一个新的发展阶段，在基本建构起各区域的时空框架和文化谱系后，学界的关注重点逐渐转向社会考古领域。这是学科发展的一个重要标志，也是学术界形成探索中国文明起源研究热潮的重要学术前提。而这一研究热潮的展开，无疑又大大推进了学科的发展。

这类研究在初起阶段还处于零散和自发的状态。中国社会科学院考古研究所和《考古》杂志编辑部于1989—1991年，适时地组织了"文明起源课题组"，通过召开座谈会、组织学术考察、发表笔谈等形式，开始了有组织、有计划地探索中国文明起源的研究工作。正如有关学者评价的那样，这种由国家一级学术研究机构主持的多家研究单位参与的有计划的研究举措，"为后来的中国文明起源研究奠定了理论、方法、认识方面的雄厚基础，开启了中国文明起源研究的一个新阶段"。随着中国文明起源研究的持续进行，学术界逐渐摒弃了"博物馆清单式"的文明要素罗列的思路，意识到必须针对古代中国的实际，具体问题具体分析，从中探索出中国文明发生、发展的共性与特性，希冀最终贡献于人文社会科学的一般法则。从最初只关注文明发生于何时、何地，到注意探究其发生的过程，以及内在动因等深层问题，研究的深度和广度都不断加深。其中，著名考古学家苏秉琦、严文明等提出的"区系类型"和"多元一体"理论，都大大促进了学术界对整个中国早期文明起源问题的全方位的把握。

▌2011年，与严文明先生（左）在学术研讨会上

我自1980年入学学习考古学，从考古界的新兵成为老兵，可以说几乎经历了这一探索热潮的全过程，自身的研究也随之不断深化，收获与感触良多。最初是懵懵懂懂地跟着走，感受学界的氛围，后来因博士论文的选题"先秦城市考古学研究"与华夏文明的形成紧密相关，开始与学界共同思考、探索，现在看来当时对不少问题的认识是比较肤浅的。毕业后主持二里头遗址的勘察与发掘工作，参与"中华文明探源工程"，又被推到了这一课题研究的前沿。围绕中原地区社会复杂化进程研究，我们将探索二里头遗址尤其是其中心区的结构布局作为田野工作的重点，同时把视野放大到遗址所在的洛阳盆地，在遗址周边600多平方公里的范围内进行了大规模的区域系统调查。这种"点面结合"，即中心性都邑遗址的勘察发掘与周围聚落群调查和研究相结合的工作方法，使我们得以在数年内有限的田野工作中获取了较多有关聚落形态、社会结构与人地关系等方面的信息，深化了对华夏文明腹心地区社会复杂化的认识。同时，我个人也与考古界同仁一道，进行积极的思考与实践，希望在新的形势下，摸索出一套适合于探索中国早期文明的田野考古工作与研究方法。对多学科协作深化该课题研究的前景，我们是持乐观态度的。

八间房：20世纪中华民族重新复兴的过程，考古学是一根极其重要的精神支柱，在社会主义物质文明和精神文明建设中也发挥了特殊的作用。您觉得考古学对于精神文明建设的积极意义有哪些？

许宏：诚如您所言，中国现代考古学在诞生伊始，本来就是应大众尤其是知识阶层的需求而出现的。它要解答的，都是国人乃至国际学界想要了解的一些大的本源问题，譬如中国人是怎么来的，作为全球文明的一个重要组成部分的中国文明是如何起源的，中国古代文明的特质是什么，等等。近百年来，考古学界付出了艰辛的努力，为了解决这些大问题，必须从田野实践的精微处做起。整个学界花费了几代人的精力，建构起了对中国史前文化至早期文明的框架性认识。由于专业的特点，譬如田野操作的复杂性、研究对象的复杂性、追求作为现代学问的科学性等原因，考古学必须建构起一套自身的话语系统，来解读这部无字地书。随着大量材料的爆炸式涌现，研究的逐步深入和学科分支的逐步细化，使得有相当长的一段时间，考古学给人以渐渐与世隔绝的感觉，甚至与这个学科关系最为密切的文献史学家也常抱怨读不懂考古报告。经过几十年来学术成果的不断累积，学科的不断成熟，考古学已开始尝试解答一些大众关心的本源问题，考古学的成果已开始贡献于人文社会科学的一般法则。考古学家也开始抱有更多的自信，社会责任感在增强，开始有走出象牙塔、把自己的成

▌ 2015年深秋在二里头墓葬发掘现场

果回馈于社会的自觉。

说句实在话，作为学者，我们把自己的工作价值首先定位在"求真"，希望能通过自身的努力，最大限度地迫近历史的真实。每个民族都和个人一样，有怀旧的情结和需求。知道自己是如何从孩提时代走过来的，才算一个没有"失忆"的正常人，才能立足于今天，进而走好前面的路。历史与考古学者聊以自慰的工作意义就在于此，它常被高度概括为"鉴往知今"。历史学家吴晗认为，把历史变成人人都能享受并从中得到鼓舞的东西，史家才算尽到了责任。这种提法似乎偏于"致用"的考虑，但毋庸讳言，任何对历史的发掘和阐述都包含了当代社会的需求。考古学所揭示的中国古代文明的辉煌，当然也会在现代文明转型、中华民族复兴的过程中，产生积极的鼓舞作用。我们民族的"根""魂"，许多有形和无形的遗产，都可以从考古学揭示出的遗存中找到。教科书上每增加、改动一句话，背后都有我们洒在田野上的心血和汗水，看似与现代没有关系的一门偏僻的学科，却一直在为社会提供着精神食粮，丰富着人类智慧的宝库。

八间房：在一般人印象中，考古是一项辛苦而寂寞的工作，您怎么看待您的事业？

许宏：我们这代人，所谓的"60后"，成长于20世纪七八十年代，受的是理想主义教育，还是怀有理想主义的信念的。那时整个中国社会都处于向上的势头，比较有活力。作为文化青年，也把自己的未来和国家民族的未来放在一起考虑，而较少现实和功利的色彩。我所学的考古学，最初并不是第一志愿。在转不了专业的情况下，又怀着干出点事来报效祖国的劲头，还是很投入、很坚定地沿着这条路走了下来。

▌博士毕业就到偃师商城遗址工作，从此再没离开过河南

辛苦和寂寞，当然感受了许多。我们戏称自己为"两栖"类动物，游走于都市与乡村之间，抛家舍子、身心俱疲之苦，每个人都深有体会。我带学生实习的时候，有学生评价我们的工作是"在田野上放牧青春"，那要看你是以怎样的心境看待这种"放牧"，是悲观的还是乐观的。如果是后者，你会有"放牧"后对青春的收获。

我们同行间常聊以自慰的一句话是：考古这个活儿，肯定不是谁都愿意干的，但也肯定不是谁想干就能干得好的。一个称职的田野考古工作者，尤其是领队，应当是全才，吃喝拉撒都要管，摸爬滚打都得会。如果你是个只能写文章的文弱书生，你干不了这行。为了事业和学术，我们把大量时间和精力花在了"非学术"的杂务上。你要与各级官员打交道，与企业、农民和雇工谈判甚至"扯皮"。既要有学者的周到与文雅，又要有瞪眼睛拍桌子的"匪气"，最好还要能喝酒。总之是要使出九牛二虎之力，尽可能地少花钱，多办事，处理好各方面的关系，保质保量地完成田野工作任务。这还没完，你还要在田野工作之外挤出时间来从事室内的综合研究，才有资格和其他学者坐而论道，跻身于学林。其中的甘苦，只有我们自己才能体味到。

有人说，考古学是门残酷的学问，考古人要么沦为发掘匠，要么成为思想家。优秀的田野考古工作者，就是这么一群灰头土脸的、不肯成为"发掘匠"的思想者。钻进去了，你就会感觉这门学科有许多乐趣。文理兼备、脑体共用的学科特点，以及其中的发现之乐、思辨之乐，都不是"圈外人"所能分享的。像我这样最后成了铁杆的考古人，都会感觉这是一门可以让你实现人生价值、值得为之献身的学问。一直有朋友和学生说我谈起自己所挚爱的考古事业，尤其是二里头遗址时富于激情甚至"煽动力"，大概就是这种投入吧！

八间房：徐苹芳先生和社科院研究生院的教育对您的影响有哪些？

许宏：我本来在地方大学当教师，前后有8年的教龄，在工作中逐渐萌生了来北京深造的想法，最大的考虑是自己的学术视野亟待拓宽。进入社科院研究生院，师从著名考古学家徐苹芳先生，让我实现了自己的愿望。这样的学术环境以及徐苹芳先生的眼界与治学风格，培养了我看问题、做研究的一种"大气"，尽管我的学问距先生的要求还差得很远。

徐苹芳先生对我博士学位论文的指导让我受益终生。每位导师都有不同的指导风格，有的老师让学生自己考虑选题，有的在学术观点上也有较严的要求。徐先生说他作为导师只负责两件事，一是选题，二是方法，其他的就让我自己放开来做了。考虑到我入学前的阅历和专长，先生给我选定了"先秦城市考古学研究"这一大题目，上下3000年，纵横数千里，涉及学术难题无数。这个重担压下来，"阵痛"

正在跟导师徐苹芳先生（右）做访谈

了数年，使我对中国城市起源及其早期发展的宏观进程有了初步的把握。日后接手二里头遗址，得到了一个深入探究的平台，就可以较有把握地解剖麻雀了。我在工作中，是把二里头放在整个中国早期国家和城市文明发展史的框架中来探究的。中国最早的宫城的发现、最早的城市干道网的发现等，都得益于若干学术理念与构想，而这些理念与构想，都源于在徐先生指导下完成学位论文时的思考与收获。

就以二里头宫城的发现为例来说明之。我在做博士学位论文时梳理过中国早期城址的资料，逐渐形成了这样的认识：具有权力中心功能的中国早期城市，其外围城垣的有无在东周时期以前尚未形成定制，除二里头外，晚商都城安阳殷墟、西周都城丰镐等遗址都没有发现城墙。但作为统治中枢、王室禁地的宫殿区却不应是开放的，一般都带有防御设施，形成封闭的空间。在二里头遗址的考古工作中，我们也相信其宫殿区外围应该有防御设施。正是在这样的信念和工作思路下，通过对已掌握的遗迹线索的综合分析和勘查发掘，我们最终发现了中国最早的宫城。如果说新世纪以来在二里头都邑布局的发现与研究上有所突破，是与我在徐苹芳先生指导下专攻城市考古学的学术背景分不开的。

▌赴日研修期间参加东京博物馆发掘，右为日本同行

另外，我在研究生院攻读博士学位期间的1994—1995年，受学校的派遣，有机会赴日本研修一年，从事中日早期城市考古学的比较研究。这是我头一次走出国门。在日本期间多种海外论著的研读、与日本学界的广泛交流以及围绕学位论文选题所进行的思考，都加深了自己对中国城市乃至文明起源及其早期发展轨迹与特质的认识。可以

说，这次出国研修使我开阔了学术视野，也给了我此后的治学风格以积极的影响。从那时起，我深切地意识到，把中国古代文明纳入世界古代文明的总体框架中去考察，应当是我们今后努力的方向。此后的对外学术交流日益频繁，但我的首次海外之旅，作为自己学术生涯中的一笔宝贵的精神财富，是令我难以忘怀的。

2008年7月，采访人唐磊、刘江

从田野走向大众

——《北京晚报》访谈

◎ **20年挖出二里头"不动产"**

北京晚报：很多人对考古队的组织和制度还是挺陌生的，您能简
单介绍一下吗？

许宏：考古发掘分为配合基本建设的发掘和主动性发掘。配合
基本建设的发掘，就是从盖房子到实施一些大型建筑工程，如果现场
有需要的话，就临时组建考古队，按照《文物保护法》实行发掘。一
般是短期的，可以形容为救火，一旦有需要就得马上去，晚了遗址可
能就会被破坏了。而二里头、殷墟这样的大遗址，大部分工作属于主
动发掘，是带有学术目的的，考古队会一直在这里工作，长达几十年
甚至近百年。一般情况下，一个遗址只有一个考古队，比如二里头遗
址、殷墟遗址，都是我们社科院考古研究所这个所谓的"中国考古国
家队"派出的。这些古代都城的遗址，面积很大，发掘时间都很长，

■ 二里头考古人的"家"

甚至几代人才只挖了百分之几的面积,我们就是这种情况。一般春天和秋天最适合野外工作,夏天特别热和冬天特别冷的时候,就转入室内进行整理,就跟农民一样,农忙时节就下地发掘。

北京晚报:您接任第三任队长时,二里头遗址考古是一个什么水平?在任20年,您发现了诸多重要的"不动产",这些都在计划中吗?

许宏:我接手时,前辈已经发掘了40年。我们是站在前人肩膀上的,但前辈的重心和贡献是建构遗址的年代和谱系框架,确立二里头是中国重要的早期都邑,但是还没开始注重遗址的平面布局、聚落形态,也就是我说的"不动产"。我接手时,连整个遗址的范围和面积都不清楚。而我博士论文做的是城市考古,这方面是我的专长,从这个角度来思考问题就有不少发现。我在书里引用中国考古学泰斗苏秉琦先生的话：在考古工作中，只有想到什么，才能遇到什么。这对我启发很大，像二里头宫城，真是"想"出来的宫城，是大胆假设、小心求证的结果。但这些发现也绝对不是敢想就有的，是技术路线、理念方法对了头，才能有这些发现。

▌ 野外考古调查：观察断崖剖面

北京晚报：二里头遗址已经挖掘了60年，但仍只是一小部分，接下来还有哪些方向可以探索？

许宏：2019年，我把队长任务交给了我的副手、现任队长赵海涛，相信在年轻学者的手中，二里头考古必将展现出新的辉煌。我一直说，科技使考古插上翅膀，多学科、多种科技手段的介入，会使我们更大限度地从历史遗存中攫取信息，这是不可预见、不可限量的，今后我们会有更多前人不知道的新收获。比如前段时间三星堆考古的几个器物坑，虽说晚发现了30多年，很遗憾，但幸运的是，我们国家现在条件不一样了，能投入大量人力、物力、财力来"精耕细作"，收获就特别多，一些原先非常不容易发现的东西，像丝绸等有机质的遗存就会被发掘出来。二里头现在也做得非常细。

北京晚报：《发现与推理》这本书里谈到很多考古学的想象力，但您也说考古学是"有一分材料说一分话"，那么想象的限度在哪里？

许宏：考古人像侦探，研究对象支离破碎，我们就是在试图用这些碎片把历史图景尽可能地拼合起来，最大限度地迫近历史真实。如果没有一定的推理甚至想象力的话，碎片就是碎片，根本构不成一个完整的图像。而如果要串联起来，就需要逻辑推理甚至一定的想象力，这想象力实际上就是推论和假说。在上古史和考古学领域，我们不能排除任何假说所代表的可能性，这些可能性之间是不排他的。当我意识到我只能给出推论和假说而不是定论，就会时时警醒，一定要意识到自己思维的局限性。当然想象和提出假说的前提是你得有证据，绝不能是凭空的，否则那就跟考古没有关系了。

◎ **当考古队长得学会"江湖"**

北京晚报：书里写到您担任考古队长期间的一些趣事，很接地气。在您的体验里，怎样才能当好考古队长？

许宏：有网友看完书后在微博留言说，感觉许老师处理起问题来很"社会"。我们的田野考古工作，跟白领坐办公室完全不是一个概念，是跟社会打交道，要应付纯学术以外的许多东西。你必须

■ 为遗址所在地圪垱头村的东门牌坊撰写楹联

做"多面人",平时灰头土脸地在田野上,不仅要完成业务,还要管队里的技师、民工、学生,处理跟各方面的关系,精打细算,都颇费心力。但只有把大量时间花在这些学术之外的事上,才能保证田野考古研究工作的顺利进行。所以我常说并不是谁都愿意当考古队长,也不是谁都能当好考古队长。我在二里头这些年,一个"副产品"就是交了一堆朋友,从政府官员、企业家到村委会干部、一般百姓,跟好多人都能掏心窝子,交朋友,开玩笑,喝酒谈天。大家对我也很不错,觉得我比较随和,没有知识分子的架子,为此还赢得了不少"民心"。

北京晚报： 看您以前曾立志做一个纯粹的考古学家，但从10多年前起，开始着手面向大众读者的写作，为什么会有这个意识的转变呢？

许宏： 我之前是个严谨到偏于保守的考古学者，根本没有面向公众的想法。20世纪90年代，我们有同事发表文章，讨论公众需要什么样的考古学，当时我觉得这个讨论非常好，但并不需要所有考古人都思考这样的问题，我自己就没有必要思考。

但后来随着田野工作的展开，阅历的丰富，国家社会经济转型，全民文化素养提高，我意识到我们是生产精神食粮的，应该让纳税人知道这些钱花在哪儿了，有了什么样的成果。加上我自己以前也做过文学梦，误打误撞地进了考古门，大家都说我文笔还可以，我也乐于做这种语言转换。第一本小书《最早的中国》是2009年出版的，写作时间还要更早。那时科学出版社文物考古分社社长约我写点这类东

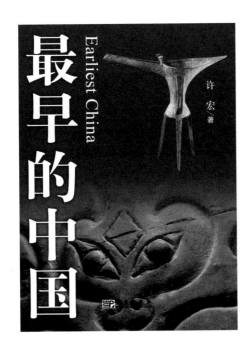

■ 《最早的中国》初版，科学出版社，2009年

西，我当时总觉得我的安身立命之本是写考古报告，写不成这些，但受他鼓励，就写出来一本，然后一点点地找到感觉，现在已经出了好几本了。之前的《何以中国》《大都无城》都是正论性的，写自己的研究对象，而《发现与推理》是第一本用讲故事的方式来谈考古史、谈考古和考古人的故事。一代人有一代人的念想，每个人的不同时间段也有不同的念想，当队长的时候是努力要在田野考古上有所作为，现在成果出来了，我觉得可以做点自己喜欢做的事儿，写自己喜欢写的东西了，形式上可能更加活泼生动一些，但态度还是严谨的。未来如果身体健康的话，我希望自己能是一个高产的非虚构作家。（笑）

◎ 考古是最后被AI取代的职业之一

北京晚报：人们总说考古很冷门，但每一次考古成果出来，大家又都非常关心，比如前段时间三星堆遗址的发掘，还有每年十大考古新发现、博物馆文旅文创等，频频登上热搜。为什么人们现在对考古、文博会怀有这么大的热情呢？据您观察这些年的趋势是怎么样的？

许宏：这跟大的社会背景有关系。三四十年前，考古学就是象牙塔的学问，一般人不理解也不感兴趣，社会经济和文化发展水平也没到那一步。后来随着央视《探索·发现》等节目播出，人们对考古开始感兴趣了，这是一个非常好的倾向。

作为一个考古人，我们当然乐见自己的研究成果得到关注。今年正好是中国考古学诞生100周年，其实中国考古学诞生之初就是一门显学，那时西方列强进来，我们被打醒，需要解决"我是谁、我是怎么

■ 2005年，与冈村秀典教授（左）在日本九州大学

来的、中国是怎么来的"这些终极问题，考古学应运而生。于是前辈们花了大量精力在田野上，进行话语转换，让这些"无字地书"进入教科书，让公众知道，之后就相对沉寂，现在又热了起来。

不过"热"里也应该有一点"冷"思考，考古学真有那么大作用吗？我们是不是被推到了一个不该有的位置？我一直说田野考古工作最不适合做直播，因为都是大量的长时间的扎扎实实、默默无闻的工作，不是说像芝麻开门，宝藏大门一下子被打开的感觉。还有些年轻朋友是从《盗墓笔记》《鬼吹灯》等盗墓题材小说里了解这方面知识，那些跟考古完全没有关系，只是借用了考古的一些要素，而真正的考古根本就没有那些悬疑和惊悚的东西。我们只是在用我们的手铲来翻阅这本无字地书，探究我们的文明史。

但不管怎么样，考古成为热门是个好事儿，三星堆发掘那段时间，我们这些学者也参与讨论，接受媒体采访，答疑解惑，这样至少公众能从中有一定收获，让许多认识趋于平和和理性，这是令人欣慰的。

北京晚报：去年考古圈一个出圈的事是湖南的钟芳蓉同学报考北大考古系，当时您和她有过一次对话，一方面欢迎她加入考古行业，另一方面也让她保持平常心。钟同学的选择当时引发一些网友争议，您会怎么看这些争议和她的选择？

许宏：我对考古学科还是有很大的自信，像我一个哲学家朋友说的，"考古学是一门本源性的学科，会给其他学科和公众提供灵感和给养"，我觉得说得非常在理。我们绝大多数家长和学生，在选择专业的时候，是从"术"的层面上考虑的，但少数人已在考虑"道"这个层面的问题了。考古学是一门研究人的学问，最后是能上升到"道"的。

专业的有用和没用都是相对的，新的AI技术会让许多职业消失，被算法取代，从事这些职业的人就会面临失业的威胁，但是不谦虚地说，考古应该会是最后被AI取代的职业之一，因为考古人玩的是高级智力游戏。考古学号称"文科中的理工科"，我曾说它有两大美，一是发现之美，二是思辨之美，这都是很难被替代的。真正不变的应该是，不管你学什么，只有掌握一门不可替代的绝活儿，才能立于不败之地。

2021年5月25日，采访人张玉瑶

考古工地上的美食总动员

——《看理想电台》访谈

　　许宏老师特别可爱，在我们确定了聊这一期之后，他说准备整理一些资料给我。我以为是什么严肃的资料，结果有一天他在去机场的路上给我发了很长的信息过来说：不整理了，全盘托出。让我印象深刻的有，他提到自己关于三分钱冰棍的记忆，所以现在仍然最爱"大红果"；还有当年生病才有的待遇，那就是桃罐头。他喜欢吃麻辣烫、吃生鱼片，喜欢啃吧"零部件"，被家人说太不像个学者了……

　　大多数人看到的是他学者的一面，但另一方面，许老师称得上是考古工地上的美食家，对食物、对健康食物也有自己特别的理解。

　　当然我也很好奇，比如作为二里头考古队原队长，除了管考古，伙食这块他要不要管？考古工地的伙食是怎样的？在和国际同行的接触中，除了工作汇报和演讲分享，吃吃喝喝扮演了怎样的角色？有哪些故事？

看理想电台：许宏老师是二里头考古队的第三任队长。除了工作也得吃吃喝喝，这些伙食的事你管不管？

许宏：这是考古队队长的一个最重要的职责，吃喝拉撒都得管。考古队麻雀虽小，五脏俱全，所以吃饭还真是一个不小的事。我刚接手二里头考古队的时候，雇了个做饭的大师傅，就是村里人，可能也没有系统学过烹饪。刚开始有一段时间就没搞利索，没理顺关系，因为什么呢？因为这个大师傅被聘来后，跟队里的技师是一样的，由考古队发工钱。平时技师回家吃饭，而这个大师傅在队里伙上吃。当时工资非常低，农村还是比较穷的，你不能让他再交伙食费，否则他就赚不到什么钱了。

在这种情况下，如果我们的伙食标准高了，就意味着大师傅赚得多了，这样会引起不平衡，其他技师说，他在这儿是白吃的，白吃之外还拿那些钱，就等于比我们拿得多。所以，我这个当队长的

▌二里头考古队驻地小院，2021年4月摄

094

就只有降低伙食标准了，以平息其他技师心理上的不适。这样非常窝囊地吃了两三年，非常简单的伙食，虽然在考古队我们是自己掏钱，但还不能吃好的，因为我要吃好的，大师傅就得跟我吃好的，其他技师不干啊！

我参加过的偃师商城队也有这个问题。那些技师是外村的，跟着我们这些所谓干部一起吃，我们当然希望吃好点，保证营养，保持体力，但人家是拖家带口的，需要挣钱养家，他们就想吃简单点，只要吃饱了就行，否则过高的伙食费是承受不了的。这同样面临着一种窘境。到最后大家就商量，有没有可能分桌吃，同样的菜之外我们加钱加菜，他们很体谅，说应该的，你们掏钱多就理应吃好的。于是就分桌了。其实我们哪个考古队都希望营造出一种家庭的氛围，但这么做有点"小灶"的感觉，还是没有理顺。

看理想电台：感觉哪里怪怪的。

许宏：对，大家应该有一种平等的感觉。考古队队长要解决好一个吃的问题，不然会影响整个群体的关系，甚至干劲。你说它是小事吗？

看理想电台：吃喝也是大事，虽然你们干部确实掏了15块钱吃更好的，人家掏10块吃差点儿，但是您的心里肯定也不踏实。

许宏：是呀。当年我们偃师商城队人多，吃的是份饭份菜。我们这些30多岁的小伙子，一勺菜真的吃不饱，到了晚上就跑出去，到县城边上找一地儿，大家轮流请客，再垫巴垫巴。但是又觉得窝囊，自己有食堂却没法满足我们的需求。——这都挺有意思的。

看理想电台：后来怎么解决的？

许宏：这些问题现在都很好地解决了。我们二里头队的伙食，被一些曾在二里头工作过的学者、学生交口称赞。这些年随着整个国家经济生活水平的提升，我们的工资待遇也提升了，大家都意识到一定得吃好，活儿才能干好。以前我们的前辈像夏鼐先生提倡艰苦奋斗、艰苦朴素，但是我们总不能让那些年轻学生只感受到考古的苦，而没有感受到其中的甜，到最后把人都吓跑了。所以这吃是第一位的，让大家先吃好喝好，才能心情愉快地投入工作。

看理想电台：您说的那个年代，是您刚当考古队队长的时候，还是说甚至更早像郑光先生（二里头第二任队长）那个年代的情况？

许宏：我刚去二里头的时候是20世纪90年代末，我当队长。我记得非常清楚，技师一天的工资是11块钱，之前是从1块多钱开始涨的，从80年代一点一点地涨到了11块钱。现在的年轻人都无法想象。那点工资他们是非常在意的，恨不得一分钱掰开了花。

至于我们的前辈，曾听村民讲过他们的逸事。刚开始听了以为是嘲笑呢，村民说真不是嘲笑，20世纪六七十年代考古队里那些老先生去赶集，每人买回了鸡蛋，因为每个鸡蛋的大小不一样，我的鸡蛋如果个儿大，那你可不能把我这个吃了，所以每个人都弄个小网兜，网兜上写着姓名，分得非常清。这些事被引为笑谈，你就可以理解了，当时从"瓜菜代"一直到后来食物紧缺的年代，一个鸡蛋的大小，大家还是很在意的。有前辈在回忆录里写到60年代的时候，他们经常把生产队不要的白菜帮子洗一洗，煮煮吃了；去考古调查的时候，没有水喝，有时候井里的水都发绿了，他们也得喝。

二里头考古队第一任队长赵芝荃先生（左）、第二任队长郑光先生

要说穷困年代的记忆，说起我自己的爱好，就是喜欢吃肥肉，我们考古队的几个男士都喜欢吃肥肉，有女生不吃肥肉，我们还抢："给我，给我！"穷困时代，只有肥肉才解馋。即使到现在，我还是接受那种三层的五花肉，纯瘦肉在我的味觉记忆里是不占这个位置的。不过，随着生活水平逐渐好转，而且年龄也大了，开始注意养生了。

看理想电台：过去很多吃东西的习惯都是因为穷而养成的，都是因为苦闹的。我们现在也吃肥肉，因为它有油水，特别香。瘦肉太柴了。

许宏：你说得对。当年上大学的时候，去郊游，带东西在路上吃，带的就是红烧肉罐头。罐头上面那一层油冷却之后是凝固的，也喜欢吃，现在的年轻朋友恐怕接受不了。我们那个时候米饭拌猪油，再加一点儿酱油，如今大家回忆起来都是香的那种感觉。现在你再吃，就根本找不到那种感觉了。

看理想电台：如果现在那么吃的话，酱油得是日式的，可以直接拌饭的那种。

许宏：一说起来就有意思。那年因为三峡水利工程，考古队到三峡展开大规模的考古发掘，重庆那一带是峡江地区，生活还是很苦的。考古队走到哪儿都是找当地妇女给做饭。一位老先生曾给我讲，他被请去视察、指导工作，打饭时，对于一般队员，大师傅给你一勺猪油，一看老先生来了，两勺猪油！老先生平时注重养生，但是又实在不好意思不吃……

看理想电台：其实人家是表达一种尊重、尊敬，但老先生的身体有点顶不住啊……您当初大学毕业甚至还没毕业，就跟着前辈学者们往考古现场跑了吧？

许宏：当然，当然。关于那时候吃的，具体讲几样的话，现在想起来还真是印象深刻。比如说在大野地里跑了大半天，饥肠辘辘的，那时候我们还是小伙子，跟老师到一个村里，找了一家生产队的房东，说好一大锅面条给多少钱，这一下就给我们吃撑了，那时候觉得面条真好吃。与此相关的食品卫生门槛肯定是比较低的，我们到农村，吃苍蝇馆子都是常态，到考古调查的时候，逮哪个村吃哪个村，比如说大热的天，熟食容易坏，但若有猪头肉啥的，那不吃不足以"平民愤"啊！有些从国外来的老师，比较讲究，不肯进这样的馆子，买火腿肠，泡方便面，坐在田埂上吃，好像觉得比我们干净多了，但是你那营养可比我们的差远了。与群众同吃同住同劳动，这样你才是一个合格的、称职的考古队长。

看理想电台：刚开始的时候，您是不是也要给自己做一些心理建设？您一开始就很自然地融入了吗？

许宏：很自然就融入了。就像现在总聊公众考古，有网友说许老师是肯放下身段的少数学者之一。我说关键是没有身段，因为父母都是工人，我从小比较朴实，天生就是考古坯，适合做考古吧。反正到农村别人一看，许博士比较实在，喝起酒来不装假，够意思，嗯，这事好办！——事儿就办成了。

看理想电台：我看您之前的书里，包括考古界一些前辈学者的书里，有好多回忆过去学考古的事情，比如说这些学者多是博士，学历很

2012年是龙年，辞旧迎新，为考古队驻地撰写春联

高，非常有学养，但是你马上要进入一个非常乡土化的地方，你要和当地的乡政府、村长、书记、农民打交道。其实你在看对方是不是好合作的同时，人家也在看你这个人有几斤几两，能不能和他们打成一片。

许宏：你看中国人的人际关系，因为浓厚的血缘纽带一直长期存在，即便没有血缘，也要拟亲——"哥们儿够意思"，甚至第一次见面喝酒都说有自家人的感觉。不管是真是假，到最后是通过这些东西建立起一种情感联系的。所以说，具有这种素质，还是很利于我们在农村开展工作的。

看理想电台：是啊，您在农村的考古现场，和穿着正式坐办公室的那种场合，是完全不一样的。

许宏：没错。因为你到一小店，不是太卫生，如果这个不吃、那个不吃的话，你肯定是见外的。我是完全不在乎的，还真的没有假装的那种感觉，游移于古代与现代，游移于城市与乡村，甚至游移于苍蝇馆子与星级酒店之间，一直在切换，很迅速地切换。但是我感觉跟星级酒店相比，我可能还更接近于民间，我到那儿才是如鱼得水的感觉。

说到吃西餐，头一阵真是到北京一个四合院吃过。小院里边很讲究。我们说中西方文化思维的不同，从这个餐具就能看出来，刀叉五六把，先拿哪个后拿哪个，根本就没人教，也许其他人懂这一套，我只好用眼睛往四周瞟，看其他教授怎么用，一看也是乱七八糟的。你还不好意思问，到最后菜吃完了剩一堆餐具没用。说到中西方文化思维的区别，你用这个刀叉，体现了西方的思维，无论是厨具还是餐具，均做极其细腻的区分。但是你看东方，就是一双筷子，一双移动的筷子就把一切给解决了，一器多用。我真是觉得那个时候有点刘姥姥进大观园的感觉，还不如我在农村如鱼得水。

看理想电台：要是没有筷子，就直接把高粱秆或者树枝弄断，做成筷子。我小时候在农村有过这样的经历。在那样放松的环境里，你整个人就不自觉地打开了，这些就完全不顾忌了。

许宏：不能不在意，也不能太在意。想起我女儿小时候，2003年春天"非典"时期，她妈把她送到二里头考古队来避险，因为那时北京已经是高危地区了。孩子从小就是饭粒掉桌上了捡起来就吃，到了二里头，她跟村里的小孩一块儿玩，满村子跑，跑得小脸红扑扑、脏兮兮的，回来我一看，嘴巴上粘的全是劣质冰糕的色素，鲜黄鲜黄的那种。没事，她还是很健康。但是我有一个朋友，家里很在意卫生，孩子妈妈每次吃饭都用酒精擦餐具，还规定孩子不能到别人家吃饭，孩子反而是"豆芽菜"，抵抗力不足。

▎ 2003年春夏之交，女儿津月在二里头的快乐生活

█ 像河南人一样爱吃面条

看理想电台：您那时候去不同的考古现场，北方在面食这一块还是很有特色的。

许宏：对，这是最享受的。在河南吃面食，河南人、中原人能把它做得五花八门，用各种不同的手法、不同的烹饪方式，能让你吃出花儿来。我自从上大学出来之后，先到的山东，后到了河南。那个年代如果能吃上白面，就是生活水平提高的标志。我小时候在东北，粮食限量供应，要用粮票来买，有细粮、粗粮之分，所谓细粮就是大米和白面，剩下的高粱米、玉米面是粗粮。我刚到山东的时候基本上不用吃粗粮，心里已经很满足了。后来城里人把粗粮整得还挺高档，讲营养，讲养生，但我还是不喜欢吃，因为小时候吃伤了。

说到河南的面条，有各种各样的，我喜欢吃连汤带水的那种汤面，考古队常年换着花样做，我这北方人还成，来实习的学生有的是南方人，整天吃面实在受不了，我们就隔段时间做点大米，稍微调剂一下。

看理想电台：这一说起来，南方人吃面吃不饱，北方人吃米吃不饱。我吃米饭，总觉得是在吃零食。您现在除了国内考古，您在国际上也要做一些学术交流吧？其实我还挺好奇，比如说国外的这些考古队，他们吃吃喝喝的标准是什么样的。就拿邻国日本来说，他们有什么特点？比如说他们是怎么解决吃饭问题的？

许宏：我也稍微体验了一下，比较简单。按理说他们交通比较方便，每个人都有车，所以晚上很少有人住在考古队；也有离家稍微远一点的，就跟我们一样了。但是日本的家务劳动社会化做得比较好，午餐是盒饭，送餐中心一下就过来了，一人一个干净利索的盒饭，晚上自己稍微做一点，大家喝喝酒。他们也雇协助工作的人，我们叫民工，都是农村大爷大妈，基本上没啥文化，人家雇的主妇都是本科毕业，还是有差距的。

看理想电台：您刚才讲到日本的饮食规范化，有送餐公司，比我们这边自己找大师傅来做饭要方便得多，但会不会反而少了我们这种特别乡土气息的人情味？就不会像咱们这边大爷大妈和你混熟了，叫这些学考古的学生去家里吃饭，像一家人。这个我觉得还挺有意思的。

许宏：这是中国特色，是一个属于发展中国家的、带人情味和乡土味、接地气的这些东西，倒是真好。这也是你们在北京坐办公室的白领，带有美好的、浪漫的幻想，比较向往的吧。

看理想电台：但可能真实的情况也是比较复杂的。您出生在辽宁盖州，我记得是营口下面的一个市。

许宏：对，在辽东半岛上，介于沈阳和大连之间。我17周岁离开家去读大学，然后工作，在山东济南待了12年，现在在河南已经待了25年，远远超过我在老家的时间，可以说河南是我的第二个故乡。

看理想电台： 您现在会说二里头当地的话吗？

许宏： 能说几句。我一说，别人就发笑。

看理想电台： 上次您和我的同事Dany录了一期节目，我记得节目里您还说日语了。这是在工作中学的吗？

许宏： 读博士期间我在日本待有一年时间，日语粗通。遗憾的是，回国后又参加发掘，整个语言环境就没有了。读是没有问题的，甚至翻译都可以，是学院派的日语。至于听和说，必须要沉浸在那个语言环境里。

说起来我的家乡因为是辽东半岛，离海比较近，在渤海湾，我记得第一次吃生鱼片是去大连，高中的同学请吃，后来我再到日本吃生鱼片，这成了我的一个饮食癖好。生猛海鲜真的非常喜欢吃，小时候的记忆非常深刻，有一种虾蛄，一般叫皮皮虾，我们当地叫虾爬子，通常是

▌1994年在日本参加驹泽史学会大会

煮熟了去壳吃，但在我看来，最好吃的是生腌，用盐腌得不是太咸，口感非常新鲜。从海里刚打上来，做简单的处理，放上盐、葱花之类，放置一段时间，我们当地叫"一卤鲜"，趁它不咸不淡的时候，把壳剥了，一秃噜，一口吃下，纯生的那种感觉，我认为这是世间最美味的。

我自己平时也做些家常饭。我喜欢吃贝类，这是海边人的生活习惯，你们这儿叫蛤蜊，我们那儿叫蛤喽。还有一种贝叫毛蚶子，做起来我太太跟我女儿都绝对不越俎代庖，我一定要自己掌勺，必须是带血丝的时候开始剥，正好半生不熟，若是整个壳全开了，肉都紧到一块去了，这对一个美食家来说就索然无味了。

所以我在日本吃到生鱼片就有一种亲切感。学日语的最佳场合不是在课堂，是在居酒屋。一般演讲或者会议之后的恳亲会，大家都是AA制，各掏各的钱，当你喝上一杯小酒，有微醺的感觉，那个时候你的日语是非常流畅的，跟他们侃。日语就是这么学出来的。中国东部沿

讲座结束后的放松，与吉田惠二教授（左）共唱日本演歌，2004年摄

海居民的生活习惯，跟日本人基本一样，甚至日本学者说许宏先生好像前世就是日本人。这样说我一点都不以为耻，因为古代日本人大都是从东亚大陆和朝鲜半岛过去的。我到韩国去，韩国料理都是一个碗一个碟的，甚至整一个大方盘，方盘里有几十个小格，有人吃不惯，说到韩国那儿净给我们吃泡菜。而对我来说，那简直太好吃了！我甚至觉得最实惠的就是生鱼片。日本人切得薄一点，我们去韩国因为规格比较高，那生鱼片厚切，口感简直妙不可言。我们每个人都配有翻译，邀请方也跟我们一样是"国家队"——韩国国立文化财研究所，随队翻译是在北大留过学的韩国小伙儿。我对翻译说：这一桌里边最好吃的就是辣酱腌的生蟹。他说：许老师你太会吃了，那是最贵的！你想啊，生腌蟹，那是绝对要求品质的，要非常新鲜。但有的人受不了，不爱吃，因为是生的。说起来跟韩国学者喝酒，他们也好喝，烧酒挺烈的，40多度，跟中国人一喝起来就没完。喝酒跟在日本时一样，喝完一家接着就是"二次会""三次会"。等到三次会的时候，我们这帮客人还接着喝呢，那边陪同的主人已经晕酒、打瞌睡了。在场的还有日本学者，东亚三国一衣带水，等酒喝多了，我就开始用日语祝词，说是要共同推进大家关心的东亚考古研究，那种状态是真的比较嗨。

我还是属于中国胃，或者是亚洲胃吧。我也到过美国、澳大利亚，最亲切的还是那里的亚洲超市，有韩国超市、日本超市，尤其是那种华人超市，里面从动物内脏到各种海鲜，还有多种调味料，都是中国人比较喜欢吃的。我到真正的美国超市去，那种筋头巴脑的、边边角角的下水之类的东西统统没有，你失落的那一瞬间会觉得你有一颗中国心、一个中国胃。

看理想电台：您刚刚说的场景特别打动我，比如说中日韩三国学者

106

在一起的那种感觉，饮食习惯相通，几乎没有隔阂，让人一下子想起一个词：文明共同体。不知道这词是不是太大了，反正就是那个意思。

许宏：尤其是像本人这种辽东半岛沿海出生的，对此情有独钟。有人跟山西的同事朋友开玩笑，说你们山西的猫都不吃鱼，因为他们离海太远了。一般你要是吃惯淡水鱼，你还嫌海水鱼有腥味；但是吃惯了海水鱼，会嫌淡水鱼有土腥味。听说穷困年代山西人过年的时候用木头雕个鱼在那儿放着，寓意年年有余，但是其实就是山西人没有鱼吃或者不愿意吃鱼吧。

看理想电台：说来特别惭愧，许老师，我们公司年底年会聚餐，有一年道长（梁文道）豪气，请大家去吃日料，同事们都开心得不得了，我怯生生地问了服务员：您好！有没有乌冬面？惹得同事大笑，说你来日料店了，就吃个乌冬面？真没口福。我就吃面，吃甜点，顶多再喝点酒，仅此而已。别的同事吃寿司开心得不得了。

许宏：这要是吃自助餐你就彻底亏了。说起来自助餐，一般来说老板是不会亏的。你想，有女士减肥的，小孩不大能吃，老人稍微吃点就算了。据说自助餐店最怕包工头领着一帮建筑工人来吃，累一整天了，吃多了都能给你吃垮。

但是自助餐店另外怕的一个队伍，就是考古队。当年在偃师，自助餐15块钱一位，我们考古队的技师都是农民，大小伙子。这可好，15块钱一位，队里请客，后来那老板有什么百叶啊，鱿鱼啊，都不往上端了，比较贵的都不往上端了，因为端什么吃什么。先吃那些在肚里占地方的，等吃差不多了，再啃鸡爪子，鸡爪啃一堆，酸奶喝一堆，再吃橘子吃一堆。就像玻璃瓶里先放大石头，再放小石子，再放沙子，最后再倒点水，这就很有意思。

我的两个爱好，一个是喜欢生猛海鲜，一个是嗜辣，特别能吃辣。喜欢生猛海鲜，肯定是因为我来自老家渤海湾；吃辣是因为当年我家邻居和我的同学有朝鲜族，会做辣白菜送给我们。现在看来它根本不辣，就是甜辣，但那是我嗜辣的启蒙。

等后来，我到山东上大学、留校，就越来越能吃辣的，到现在吃辣没有任何生理感觉，无辣不欢。当年到成都去，当地朋友请我们吃红油火锅，有些老师一进那个屋闻到房间的味道就受不了了。等红油火锅吃完了，在成都工作的我的学生，说请我出去再喝点啤酒，就问我：许老师你还想吃啥。我说不够辣，看看还有什么辣的。他说：那好，串串香，魔鬼辣，就是那种小店。——嚯！这才来情绪。

看理想电台：您去那边，脑花能吃吗？

许宏：我是什么都能吃。我的两大愿望，一个是住到海边，肯定空气好，便于吃生猛海鲜；另外一个愿望是我很遗憾的，就是成都那种高度宜居的城市，我居然没有去工作过，没有去生活过。成都的生活很闲适，节奏比较慢，摆龙门阵，关键是他们太会吃了，麻辣诱惑着我。这也是我向往的地方。退休之后如果要找什么地方是我比较想去的，我觉得还得落实在吃上。

看理想电台：将来您就半年时间在海边，半年在成都。前几天有成都的朋友来，我们聊天，我说我在北京待了7年，真的越来越想念成都。朋友说其实成都现在变化挺大的，因为发展很快，地铁建设，包括各种大型企业也往成都搬，已经没那么闲适了。要说闲适，可能还是云南。我觉得这样比较合理，退休以后，半年在海边，在您老家那边或者其他地方的海边都行。

许宏：我还是比较向往退休之后的那种生活的。

看理想电台：别说您了，您看咱们俩录节目是五一假期刚结束，我今天来了看大家都没精打采的，都觉得假期怎么这么短。我们平时聊天都说好想早点退休，您也会想退休吗？做考古这么有意思。

许宏：一个学者开玩笑说，著名的英国推理小说家阿加莎·克里斯蒂，她嫁了一位考古学家，别人问她，为什么嫁考古学家？她说因为考古人都爱摆弄古代的东西，所以在他们眼里，妻子也越老越可爱。大概就是这个意思。我觉得我退休和没退休几乎没有差别，在这种情况下，我当然喜欢退休后有更多的自由。

我们考古学界的一位老先生，他退休之后写了六七本书，他就跟我说：许宏，学者60岁到75岁是黄金年龄。至少我可以做我愿意做的事，写我愿意写的书，像这样的小书，平均一年写两本都是可行的。当然这不是任务，而是我愿意写的东西，我在彻底放松的情况下，写

▌ *2003年，拜访日本著名学者林巳奈夫教授（左）*

我自己愿意写的书。我到60岁退休或者65岁退休，起码还有10年的写作时间，如果身体健康的话。想象一下，我享受着美食，写自己喜欢写的书，这就是我所憧憬的退休生活。

看理想电台：所以，您最近那本《发现与推理》封面上写了"考古纪事本末（一）"，也许在这后面就出一系列。

许宏：如果大家觉得比较好读的话，我会写下去。随着我们这代人退出考古一线，我认为，我应该有自知之明，该逐渐淡出一线的研究阵线。一线必须是有新的考古发现，有那样的本体研究，学术性的写作应该逐渐让位给在一线活跃的年轻人。

而我觉得稍微年长的一些学者，最适合的就是怀古，写写学术史上的这些东西，可能无论对学界还是对公众，都是大有裨益的。我现在有三联书店出版的"解读早期中国"系列，可以的话，我会接着往下写。那是学术正论性的，尽管图文并茂，但是毕竟写的是我自己的研究对象。我觉得写像《考古纪事本末》这样的书的比重，会逐渐增大。我作为一个资深考古人，带你围观考古现场，来讲考古人和考古发现背后的故事。这种内容的书，我觉得还会给大家推出新的东西来。

至于说到我现在的感觉，作为一个临近退休、50多岁奔60岁的人，我想起了一个我看过的调查，大概是美国对于老年人做的一个民意调查性质的测试。测试的问题是，你认为你的一生中，哪一个时间段是你最珍视、最怀念的。据说大部分的人最怀念五六十岁。因为脱离了爬坡阶段，基本上实现了财务自由，但是还没有衰老到不能自理、不能动的那个时候。也就是说，现在是我的黄金年龄。你看你，还需要每天上班。当然我是学者，我就应该更接近于自在吧，做自己喜欢做的事，更随心了。人生最值得追求的是什么？像功名利禄，那都是身外之物。像爱情这样的东西，它仅限于一个时间段。而整个人生最值得追求的，我觉得是自由。大家都说财务自由是许多东西的前提，还有时间和精力的自由，甚至言论的相对自由和思想的自由。说回我们今天的话题，我想吃点什么，我就可以吃点什么，不亦乐乎！

看理想电台：我今天其实还有一个问题想问您，作为一个考古工作者，您接触的都是老物件，您对永恒和时间怎么看？

*许宏：*这个问题提到哲学层面上来了。我以前倒是说过，研究考古、研究历史的学者，在研究的同时，会有一种修身养性、净化心灵的感觉。因为你把看问题的尺度变大了，像我，不得不把这个尺度放到几千年、一万年甚至几十万年、上百万年的人类史当中。

这样你就会感觉到可以安顿身心，看淡许多东西。因为你生活中一些鸡毛蒜皮的东西，要是放在这么宏大的历史长河里边，就不值一提，立时觉得心胸开阔起来了。真的有这样一种感觉：你已经不把你的事业当作唯一——以前我们抛家舍子的，孩子非常小，家里也照顾不了，我们说这个事业是事业，生活是生活，但是我现在认为事业只是生活的一部分而已。别看本人是执着于事业的，应该说事业心还比较强，但我觉得一个人到了偏于成熟的年龄，到了这样的智识，就会有一种通达的感觉，我不会像以前那样把事业与生活分得很清了，而是认为它们是一体的，是可以和谐相处，可以处理好这样的关系的。

至于说时间和永恒，我们就是研究时间的，考古学就是研究时间和空间的一门学问，而人类在时间和空间这个大的框架下，太渺小了。因为意识到自己的渺小，所以对人生有所感悟。

我今天跟一位记者聊天，他还说：许老师，您有一个想法我觉得挺难得的。您以前说过，考古本来就是首先要满足人的好奇心，没有什么"高大上"的，但是您又在不止一个场合里边说，我们应该适当压抑住自己的好奇心，应该把它多留给子孙后代，相信子孙后代比我们还聪明，在他们手中能够攫取更多的历史信息。

我们意识到历史文化遗产是不可再生的，考古本身也是一种破坏，再说人生苦短，"吾生也有涯"，我们是不可能穷尽所有事的。这样想我就比较释然，包括我主动辞去二里头考古队的队长职务，也是出于这样的考虑——不可能在我的一生中把二里头彻底地搞清楚、搞明白，而且我也相信年轻人站在我的肩膀上能够做得更好，而不是像我们有些前辈，一直觉得我要是离开这个位置，你们怎么能把它做好。我绝没有这样的想法，我觉得这是我从事考古的一个比较大的收获。等于说我对自己有一个定位，意识到了什么是我能够做到的，什么是有限的，把它放在一个长时段里来看，无论是对于整个全球大历史的思考，还是自己的学术设计和人生设计，我觉得都会有这样一种通达的感觉。与你共勉。

2021年5月，采访人颠颠

3

公众考古践行者许宏

"花间壶酒侃考古"

——考古资讯小站访谈

"花间壶酒侃考古"，是许宏老师谈笑间的妙语，采自李零先生的文集《花间一壶酒》，用作我们这次对谈的题目，应该正相宜吧。

问：许老师您好！有人说您是中国网络公众考古的开拓者之一，您能谈谈当初是何种机缘，使您产生了用网络的手段传播考古知识的想法吗？

许宏： 我仅仅是较早通过网络来推介考古的学者之一。但对于这个评价，我觉得很受用。百年之后，完全可以作为我的墓志铭。当初，我并不是有意要参与到网络公众考古这样一个活动中的。2007—2008年，因为一系列的机缘，我开始"触网"，在这期间，我作为考古人的社会责任感逐渐被唤起。当然这也是我作为考古界的一个老兵，作为考古工作者的一种"自觉"。我觉得我们有责任将本就属于公众的考古学回馈给大众。慢慢地，这也成了我的学术理想之一。

问：您认为开博客其实不仅是为大众开启了一扇了解考古的窗，同时也为自己的学问开了一扇窗。是这样的吗？

许宏：可以这么说，应该是互利的吧！大家说许老师这么忙，还有时间开博客？其实若把它当作负担，就毫无意义了。我不认为自己是有意要为公众考古做贡献，我们之间应该是相互促进的关系。王仁湘老师治学十分严谨，他也做了大量的考古普及的工作，他说有很多学术是在做科普的过程中提炼出来的，学术问题完全可以转化成社会产品。我从中获益匪浅。我想它既是我个人的需求，同时也是公众的需求。对于学术来说，点滴都是收获。通过与博客网友的交谈，可以引导我从别的视野看待同一个问题，这是一种没有"触网"的学者所享受不到的感觉。所以，我认为公众考古活动不仅没有影响我的本职工作，反而加深了我对自己学科的理解。

▌ 在公众考古活动中，亲自带队的"许导游"

问：您觉得考古学公众化是否会模糊考古学的定位？您觉得应该以何种方式向公众宣传考古才是最有效的？

许宏：我参与公众考古应该是下意识的，之前并没有刻意去探讨考古与公众考古的关系。写《最早的中国》也只是作为一个学者的文化自觉而已。关于公众考古的理论探讨，学界也有过几篇，都挺好。西方关于公众考古的理论体系比较成熟，但我并不十分了解。我同意某些学者的观点，我觉得公众考古不能加个"学"（当然专门的研究是另一码事），不然就完了，公众考古就是要先去学术化。公众考古的内容是很广泛的，比如北大的考古夏令营，开放考古工地，讲座，出书，开博客……从我自己的研究实践讲，参与这些活动并不会改变我的研究方向和研究思路，我会一直秉持自己的学术风格与底线。并且我认为让公众通过考古人了解考古是一件好事，这样会更准确可靠。"为什么说夏还不是信史？""商王朝是怎么证明的？"……这些问题就应该用浅显的方式让公众了解，这本来就是大家的历史。至于另一个问题，我觉得做公众考古，最好的方式是网络。现在实体书店、纸媒等越来越萎缩，网络不啻为一种很好的方式。博客、微博上大多是青年学生和青年考古爱好者，没有身份差别，相互讨论的方式是一种平等的交流。这很难得。

问：现在媒体越来越多地参与到考古中来，比如媒体对考古工地的实时跟踪拍摄，您认为这会不会对考古工地的领队们造成心理上的压力或产生别的什么影响？

许宏：作为学者，作为考古人，学术质量肯定是第一位的，学术形象也很重要。有些媒体并不能严谨地报道学术成果，这是我们难以接受的。更重要的是发掘现场的秩序和文物安全问题。在这些有保证的前提下，应该尽可能地提供公众服务。现在学界开始有了一种开放的心态，比如"中华文明探源工程"已经积极主动地向媒体发布有关研究成果，这一方面今后有望能逐渐完善起来。但从现状看，还是任重道远！

问：谈了这么多，我们想知道您对考古学的定义，是科学的、严谨的，还是艺术的、浪漫的？

许宏：这个太难！具有挑战性。如果一定要从你们给的几个定义中选，那么我觉得它应该是一门严谨的艺术。对于整个考古学学科来说，我们做的最大的工作是阐释。而阐释其实是带有主观性的。我们能实证什么？是证真还是证伪？这些都要慎重。其实现在考古发现中能被实证的东西非常少，大量的都是不能够被直接证明的。我们强调严谨，不谈想象力，而我们的许多东西不都是推测和假说吗？西方的考古学强调一定要具有丰富的想象力，同时他们也要求这些想象必须经过严格的检验。

前几天我在微博上转发了一条写钱穆先生的话："在他（钱穆）的世界里，中西较量，得分的永远是中国，失分的永远是西方，这是一场完全没有悬念的比赛……为什么一个非常有智慧的大史学家会有这么多幼稚的想法呢？他实在是太爱自己的民族文化了，心中总有一种深深的眷恋……"这条微博被转发很多次，很多网友都很肯定他的这种情感，其实我贴这条微博的本意不在于此，后来只有一位年轻朋友说："国家民族的历史都只喜欢记得自己愿意相信的东西。"这是唯一具有反思性质的一条跟帖。我们可以从中思考："为什么史学不属于science（科学）？"考古学定位也应该是这样，我们必须扪心自问，自己真的能够知道历史的真相吗？史学和史实本身是完全不同的两个概念，我们的任何学问都不能不打上国家、族属、时代和文化背景等烙印。对于史学研究，我们现在更常用解构、建构这样的词，无论是解构还是建构，我们得首先考虑研究者的个人情感、背景等这些问题。

问：其实公众对考古队的田野工作并不是十分了解，能介绍一下二里头考古队的日常生活吗？伙食怎么样？

许宏：二里头考古队的基本条件还是不错的，起码还有基地。我们有座院子，有二层小楼。有3名研究人员，还有一些技师。有电视，可以上网，条件已经相当可以啦！说到河南农村的伙食，中午基本上是面条，我也特别喜欢吃。河南农村晚饭时打招呼问："喝汤了吗？"午饭则是问："吃了吗？"那是因为河南人的正餐是中午，红白喜事吃桌（当地方言，吃酒席）都在中午。但我们就不行，按城里的习惯，中午一般随便吃两口，晚上熬夜就想多吃一些。考古队的院里还有队里技师种的无污染的绿色食品，我们经常能吃到新鲜的黄瓜、西红柿，还有新鲜的苞米。我还常带些他们自己磨的苞米面回家……

▌二里头考古队驻地前的小广场

问：刚才您也提到与国外交流时有很多新的收获，那您能谈谈您对外国考古学的一些看法吗？中国考古学者现在需要掌握的资料已经非常非常多了，面对浩如烟海的外国考古资料，我们怎样才能更好地把握外国考古资料和理论方法呢？

许宏：惭愧，可以说我没有完整系统地读过外国纯考古学理论方面的书，我主要还是做中国考古，即便是看外国考古学者的书，也是和中国考古有关的，这是我的不足之处。但对于国外的考古学还是有些感性认识的。现代考古学本来就是舶来品，我和罗泰先生、宫本一夫先生、冈村秀典先生等诸国外学者都有比较密切的学术交流，发现我们需要学习的东西很多。现在的问题，不是我们应当不应当向国外学习、汲取、借鉴各类先行思潮方法，而是如何把外边好的东西本土化、中国化，把它们贯彻到研究实践中去。

比如理论建树，张光直先生就曾指出，中国考古学历来有漠视理论的传统，"特别重视考古材料的获取和考证，而不信任主观的理论，常以为'理论'不过是一种成见，因而把理论硬套在考古材料上便不是严谨的治学方式"，其实到现在这种倾向依旧存在。我们的思维传统与西方是不同的，我们长于直觉和综合，拙于演绎推理，接受不了硬性的模式，认为如果将其放在考古实践中可能就会牺牲文化遗存的丰富性。但是这种理论建构是必要的。我们必须要有问题意识，要思考中国考古学究竟要解决什么问题，下一步怎么走，尤其是在学科转型期间，这是一个大问题。国外考古学界已经走过这样的路，对我们来说是一个很好的借鉴。考古学是一门严谨的学问，我们一定要有研究的范式。比如说，我们中国学者很容易忽视推导过程，不太重视连接考古材料和人类行为的"中程理论"。随葬品是身份地位的象征，可随葬品为什么就是身份地位的象征，这样的问题都缺少一定的理论

▍1994年赴日研修期间，与日本学者、指导教官饭岛武次教授（左）在东京

▍2012年，日本著名演员中井贵一（前排左三）随NHK摄制组来到二里头，
考古队员也追星

思辨和探讨。

外国学者的视野一般比较开阔，知识面较广，这与他们的教育背景有关。我们从本科开始就把学生限制在过于狭窄的专业中，缺少通识教育。由于学科划分过细，现在的研究越来越趋向碎片化，学者的研究范围也越来越窄。就做学问来说，如果按年龄分段，你们作为初学者，应该从个案研究入手，学位论文不能做得太大；而到了我们这个阶段，就可以跳出田野，考虑一些中观、宏观的问题，我的《最早的中国》也是这个思路。当然，无论从事什么样的研究，整体史的意识和历史感的拥有都是必要的。这方面，我们要向国外学习的地方就很多。我常说现在光懂考古已经搞不好考古了，总自惭于知识面太窄。罗泰是什么"学家"？考古学家？人类学家？艺术史学家？他对古文字和文献也有较深的造诣。此外还有自然科学的方法手段，都需要汲取。最好有这样的学术储备，融会贯通。

另外就是超越当代国界的学术视野，这个尤其是我们缺乏的。我正在读以色列学者吉迪的《中国北方边疆地区的史前社会——公元前一千年间身份标识的形成与经济转变的考古学观察》，也强烈推荐你们读一读。他山之石，可以攻玉。看看一个外国学者如何用他的思维方式、论证方法和话语系统，讨论我们耳熟能详的当代中国境内的古代遗存，他从外面视角看古代"中国"，非常有启发意义。

人的精力有限，要把握好精与博的关系，我们的知识结构到最后应该是一个倒三角形，也就是既博（横向）且精（纵向）。我觉得第一要融会贯通，对宏观的历史文化发展进程有"通"的感觉；第二要往精细化的方向去做。这两方面都可以从国外考古学界学到不少东西。至于如何更好地把握外国的资料，还是要多读书，关注和自己方向相关的方面吧，具体还是个人把握。你们的小站名为"考古资讯"，在我看来，理论方法比资讯更重要。

问：现在有越来越多的女生加入考古大军，但现在的考古工地似乎依旧是以男性为主导的，这会不会影响我们对过去社会的完整解读？还有您对考古女生有何建议？

许宏：这个问题很有意思。其实这样的分工也是整个社会的缩影，我觉得没有必要在招生、就业上搞性别歧视，还是尊重自然选择。女生要是愿意做这项工作，就不应该有限制和束缚。女性有独特的视角，有男性无法替代的作用。以前有许多令人敬佩的女考古学家，比如邵望平先生，文章十分大气，文笔也非常好，但从那个时代以后，非常优秀的女考古学家越来越少，这应该还是一种自然选择。我的观点是女性有学考古的意愿，就应该鼓励支持。对于学者来说，是没有性别差异的。

问：您希望学考古的学生应该具有怎样的品质？

许宏：应该全面发展，拓展知识面，争取一专多能。下得了田野，写得了文章，上得了讲堂。这个时代，你除了做学问，还得能表达。最重要的还是要具有独立之思想、自由之精神吧。

问：能说说对您人生影响最大的一句话吗？

许宏：老老实实做人，踏踏实实做学问。

问：您认为当今考古学家最重要的使命是什么？

许宏：就用我在博文上给"考古"下的简短定义吧：研究人类遗存，探索逝去世界。

1991年秋，许宏（前排左三）第三次在丁公遗址带队实习。又有领导来视察，难得师生们拍了张"全家福"

问：请您为立志于从事考古事业的青年学生说一句话。

许宏：有人说我们的考古工作是"在田野上放牧青春"，那要看你是以怎样的心境"放牧"。只要喜欢，放牧之后，你会有对青春的收获。

2012年9月30日，采访人邓玲玲、汤毓赟

本文为节选

探源中国，情系三代

——中国考古网访谈

　　记者：许老师，您好！您从山东大学毕业留校任教，耕耘讲坛8年之后又师从徐苹芳先生攻读博士学位，从事城市考古的研究，直至现在任夏商周考古研究室主任兼二里头考古队队长，您的学术视野更加开阔。能否回顾一下您的研究历程，尤其是研究三代都邑文明的心路历程？

　　许宏：我个人的研究领域基本上可以用"中国文明化进程的考古学探索"来概括。主要的着眼点是文明化、城市化、国家化和社会复杂化，其中"三代都邑文明"是关注和研究的重点。

　　1984年我本科毕业留校时，研究方向就定在先秦。先是当辅导员，做学生管理工作，现在想来那也是一段难得的历练；同时给讲新石器考古的老师当助教，准备幻灯片、辅导学生。当助教时又在职攻读了硕士学位，学位论文做的是山东地区的商代文化；攻读学位时又参加了国家文物局举办的田野考古领队培训班。1989年硕士毕业，同年领队培训班结业，第二年拿到了个人考古领队资格，提上了讲师。这期间多次带学生实习，发掘的是出有陶文的丁公城址，此遗存属于新石器到商周这一段。后来因教学需要，给学生上过"战国秦汉考古"课。从专业领域上看都属于中国考古学的前段。这就是我在山东大学任教8年的经历，回想起来趁年轻还是干了不少事儿，挺充实的。从新石器到东汉考古的学习、发掘、教学和研究，初步奠定了日后业务发展的基础。

1992年我到中国社科院研究生院读博士，师从徐苹芳教授，专业方向是城市考古。徐先生主要研究的是历史时期考古，从秦汉一直到明清。但是徐先生是一位贯通的学者，他任所长的时候组织召开了两次关于中国文明起源的研讨会，就极大地促进了中国文明形成的研究。我和徐先生商量学位论文选题的时候，先生说既然你的学术背景

1984年在学校迎新晚会上表演快板书

是前段，那么你就做先秦城市考古吧，研究下限就定在战国——写中国的前帝国时代。这样我的学术积累就全用上了。论文涉及范围从社会初步复杂化的仰韶时代后期开始（"中华文明探源工程"将课题研究的上限定在公元前3500年），一直到战国，上下3000年，纵横几千里，要把中国城市的起源及其早期发展这么大一个主题梳理清楚。4年之内终于完成了论文，这使我对中国城市起源及其早期发展的宏观进程有了初步的把握，也就奠定了我的学术基础，让我对早期中国有了一种"通"的感觉。

1996年我博士毕业后留社科院考古所工作，所里把我安排在夏商周考古研究室，搞的还是早期中国。我个人本想避开精兵强将成堆的夏商考古，专攻东周考古，这一段在中国历史上太重要了，而所里基本上没人做。领导从学科布局上考虑也认可了我的想法，于是我接下了同仁们视为畏途的《中国考古学·两周卷》中的"周代墓葬"部分，准备在这个领域大干一场。东周城市是我博士论文中的重头戏，如果把墓葬再熟悉起来，这一块基本上就可以驾驭了。

当然最终还是要服从工作安排。那时正值夏商周断代工程实施阶段，王巍所长（时任室主任）带队大规模发掘偃师商城宫殿区，我也受命作为"机动部队"的一员临时借调参与会战。没想到一干就是两年半的时间，总共5个季度。白天发掘，晚上和业余时间做东周墓葬的卡片。凭借以往的工作基础，我一个人负责1000多平方米的发掘，带几十个民工，手下只有1个技师，田野图都是自己画的。到最后一个季度，王巍先生升任副所长，于是责成我作为执行领队，完成了最后的发掘任务。两年半下来，我手写的发掘记录达数万字。正由于这段经历，我与夏商考古、与河南偃师结下了不解之缘。

■ 1997年在偃师商城发掘现场，左起王巍、许宏、杜金鹏

1999年，我被任命为二里头考古队队长。从三代考古的尾端东周，跳到了三代考古的开端——二里头文化，这倒真的和在大学当教师、做博士论文一样，让我从二里头一直到战国有了一种"通"的感觉，而不是限于三代中的哪一段。

对于接手二里头，我知道自己最大的不足是对于二里头文化和大家习称的"夏文化"没有研究，几乎是一张白纸。但同时这可能又是有利的，一张白纸可以画最新最美的图画。正因为没有研究，没有参与关于夏文化和夏商分界问题的讨论，没有观点也就谈不上偏见，所以我是带着学习的态度和问题意识来的，边思考边做，边做边思考。

在关于二里头的族属和王朝分界的问题上没有观点，本身就是一种观点。我的想法是，作为二里头遗址的发掘主持人，学界最需要我做的，不是积极地参与论战，成一家之说引领风骚，而是尽快地向学界和社会提供更翔实、更系统的考古学基础信息。我是学城市考古的，研究的是聚落形态，而学界争议了数十年的二里头遗址的聚落形态并不清楚。我当然要从这一问题入手来做二里头了。于是二里头有了准确的现存范围和面积，有了城市主干道网的发现、宫城的发现、带有中轴线的宫殿建筑群的发现、围垣作坊区的发现、绿松石器作坊的发现、车辙的发现，等等。就二里头都邑的王朝归属来说，这些收获并没有直接解决什么问题，而是提出了更多新的、可以引发学界思考的问题。这些发现，正是可以显现考古学强项的地方。暂时不知道它是姓夏还是姓商，并不影响我们对二里头在中国文明史上的地位和分量的把握。

总体来说，我的研究领域可以分成这么几大块：二里头遗址与二里头文化，早期城市研究，文明、礼制与国家的形成，以及相关研

▌遗址宫殿区大路上的车辙

究理论和方法论的思考。一个学者的研究要有点有面，既深且博。作为一个出身于田野考古的学者，田野是立身之本，我个人的这一个"点"就是二里头，从这里钻进去，力争吃透，进而"感知早期中国"；"面"则是与其相关的城市、文明、礼制、国家，衍生出的副产品就是理论和方法论的思考。坦率地讲，我几乎没有系统地读过纯理论的书，这些思考都是出自田野的实践，一边发掘，一边思考。我不甘沦为发掘匠，不敢成为思想家，起码要做个思考者吧。

看你们的采访提纲上总希望对青年学者提些建议，或问及要加强哪方面的训练，我觉得上面这些偶然和必然相混杂的人生经历及切身体会，可能已经给出了些许答案，不敢好为人师，就不单独谈了吧。

我知道自己天分并不高，于是崇尚的人生信条是：老老实实做人，踏踏实实做学问。

记者：作为二里头考古队队长，您和您的队友们一起发掘着"最早的中国"，二里头已经有了这么多重要的发现。这些发现，比如宫城，您曾说是"想"出来的，通过二里头以及其他遗址这么多年的发掘，您对考古发掘有什么体会？

许宏：前面说到我的博士论文做的是先秦城市考古，日后接手二里头遗址，就得到了一个深入探究的平台，就可以较有把握地解剖麻雀了。我在工作中，是把二里头放在整个中国早期国家和城市文明发展史的框架中来探究的。中国最早的宫城的发现、最早的城市干道网的发现等，都得益于若干学术理念与构想，而这些理念与构想，都源于在徐先生指导下完成学位论文时的思考与收获。

统观中国早期城市的考古学资料，可以得出这样的结论：具有权力中心功能的中国早期城市，其外围城垣的有无在东周时期以前尚未形成定制，除二里头外，晚商都城安阳殷墟、西周都城丰镐遗址等都没有发现城墙。但作为统治中枢、王室禁地的宫殿区却不应是开放的，一般都带有防御设施，形成封闭的空间。在二里头遗址的考古工作中，我们也相信其宫殿区外围应该有防御设施。正是在这样的信念和工作思路下，通过对已掌握的遗迹线索的综合分析和勘查发掘，我们最终发现了中国最早的宫城。

著名的二里头1号、2号基址，是20世纪六七十年代发掘的两座大型宫殿基址。通过分析，我们认为位于宫殿区东部的2号宫殿一带最有可能搞清防御设施的有无。勘探结果表明，2号宫殿东墙外侧紧邻大路，大路以外只见有中小型建筑基址，因此可以肯定2号东墙及其外的大路即是宫殿区的东部边界。而二者之间已不可能有墙、壕之类防御设施存在。鉴于此，当时我做出了这样的推测：如果宫殿区围以垣墙，那么早已发现的2号宫殿基址的东墙有可能就是宫城城墙。

▌2003年春，二里头宫殿区发掘现场

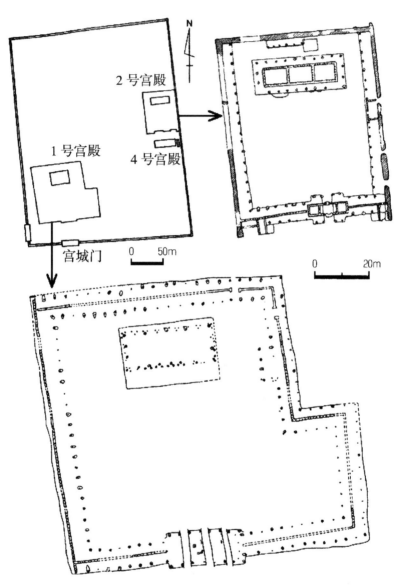

2 号宫殿

1 号宫殿

4 号宫殿

宫城门

0　　50m

0　　20m

二里头1号、2号宫殿及其在宫城中的位置（冈村秀典《中国文明：农业与礼制的考古学》，2020年）

在二里头遗址这样持续兴盛数百年且遭后世严重破坏的大聚落上，用洛阳铲进行的钻孔勘探仅能提供些微线索，而无法摸清地下遗存的详细情况。对上述推断最简单的验证方法是，先揭开2号基址东北角，看看2米宽的宫殿东墙夯土是否继续向北延伸。

2003年春季，正当"非典"肆虐全国之际，发掘工作按这一思路开始实施。当在新揭露的探方中，与2号宫殿东墙完全一致的条状夯土果真像上述推想的那样向北笔直地延伸时，你可以想见一个考古工作者的暗喜。为什么只能暗喜呢？因为这还不能排除它是2号基址以北又一处院落的围墙。那就要看它在2号宫殿东南角以外是否也向南延伸。于是，我又安排揭开2号基址东南角及其以南区域，当得知同样是2米宽的夯土墙继续向南延伸的时候，欣喜之情才溢于言表。于

▌ 2003年5月，在"非典"特殊时期发现中国最早的"紫禁城"，每个队员的心情既兴奋又复杂

是我们又向北、向南一路追探，并开探沟解剖加以确认。这样，到了春夏之交，这道夯土墙可确认的长度已近300米，可以肯定属宫城城垣无疑。

伴随突发事件而来的复杂心情感受与面临突破性发现的兴奋心情交织在一起，构成了2003年春我和我的队友们的心路历程。我们甚至要感谢"非典"，当时中国农村的"严防死守"让我们减掉了许多惯常的应酬，可以更专心于扩大我们的战果。此后，我们又乘胜追击，一举发现了保存完好的宫城东北角。至此，这座中国最早的宫城被揭露了出来。

机遇属于有准备者。二里头宫城不是我们幸运地碰上的，而是通过学术设计"想"出来并且验证到的。

记者：许老师，读您的博客现在是我每天的功课。除了读您的文章，还有就是通过您的博客了解您。您的博客对专业人士和大众来说，可以说是雅俗共赏，为大众了解考古提供了一种途径，您开博客的初衷是什么？博客开通这么久，很受大家的喜爱，对此您有什么感触？

许宏：开博客源于一次访谈的触动。

我们研究生院的一帮校友，2008年在母校建院30周年时想做点事，决定为母校编本书，就想到了"三十年三十人"这样一个题目。于是在研究生院的毕业生中，各行各业之间找30个人做访谈，考古这行就找到了我。这本书的编辑有研究各个专业的，访谈之后，他们看到了考古人的思考，感觉很兴奋，说大家的思考是共通的。作为"封闭"了太久的考古人，其学术思考能为人文社会科学其他学科的学者所认可，并产生共鸣，这让我从外界评价的角度，意识到我们这个学科潜在的意义和价值。原来讨论的内容一旦上升到理论和方法论层面，上升到思想的层面，上升到人和社会的层面，每个学科都是相通的。我觉得考古人这样的思考，应该让更多人了解，与他们分享。

开博客之初，只是想把已经发表的文字贴上去，算作多年研究成果的电子本，让大家找起来、用起来方便。时间渐长，有网友跟帖提问题，有些问题很具有启发性，我也就开始试作回答。圈内朋友的问题还比较容易回答，比如回答什么是水桶这样的问题，但是回答什么是水，就很难了，就涉及学科的本源问题了，你必须用准确的学术术语来回答，这也是激发自己思考的过程。如果是一篇论文，我可能翻来覆去不肯下笔，但这个问题就一句话、一个概念，你为"小朋友"们讲明白，还是很有成就感的，也富于挑战性。

我觉得博客还有一个好处是，弥补了我现在没有做大学教师的遗憾，因为我乐于和年轻人交流。尽管我是社科院研究生院的教授，但是我们的学生不多，和学生交流的机会也少。而在博客上主要是和年轻人交流，博客上的交流已经超越了师生关系。因为是师生，他们见了面会很谦恭地喊我"老师"，我若说点什么想法，他们就会随声附和"是是是"。我就怕这样，这未必是他们真实的观点。而在博客上他们完全可以不同意我的意见，甚至批评我，反正是隐身的。这是朋友间的交流，这种感觉我特别珍惜。我觉得最大的快慰就是年轻人把我当朋友。坦率地讲，当目前学界主流意见与他们的看法相左时，我更看重他们的意见，因为他们是我们学科和我们这个社会的未来。我也以我的观点能得到他们的认可为荣。

有位朋友说我博客的主题是"学术与人生，历史与思考"，我觉得比较恰切，这也是我个人的定位。作为一个中年学者，以前认为学术是学术、人生是人生，为了学术无暇他顾，现在有一种学术和人生融为一体的感觉。其实学问、工作、家庭、亲情这些东西都是生活不可或缺的一部分。做学问则重在享受这个过程，而不是要一门心思地达到一个什么顶点。我现在有这样一种通达的感觉。

记者：我们熟悉夏商周考古的学子都能感受到您对二里头的热爱，近期您和刘国祥研究员合作主持的"走进二里头，感知早期中国"公众考古活动反响很好。活动设有专业学术论坛和公众论坛等，活动设计既具有专业性，又贴近公众。首都博物馆刚结束的《早期中国》展获得了多方的赞誉，听说您在策划中也起了很重要的作用。目前考古正在走出象牙塔，向大众普及，体现公众价值，在这个过程中，您认为专业学者应该有什么样的意识或责任？

许宏：我们的学科积淀到了这种程度，个人有了一定的学术积累，也到了这样一个年龄段，可以说越来越强烈的社会责任感被激发了出来，我觉得作为学者，我们应当而且能够回馈社会了。

▌2009年在"走进二里头，感知早期中国"活动中，为来宾讲解

中国现代考古学在诞生伊始，本来就是应大众尤其是知识阶层的需求而出现的。它要解答的，都是国人乃至国际学界想要了解的一些大的本源问题，譬如中国人是怎么来的，作为全球文明一个重要组成部分的中国文明是如何起源的，中国古代文明的特质是什么，等等。近百年来，考古学界付出了艰辛的努力，为了解决这些大问题，必须从田野实践的精微处做起。整个学界花费了几代人的精力，建构起了对中国史前文化至早期文明的框架性认识。经过几十年来学术成果的不断累积，学科不断成熟，考古学已开始尝试解答一些大众关心的问题，考古学的成果已开始贡献于人文社会科学的一般法则。

　　历史学家吴晗认为，把历史变成人人都能享受并从中得到鼓舞的东西，史家才算尽了责任。这种提法似乎偏于"致用"的考虑，但细想起来，任何对历史的阐述都包含了当代社会的需求。从接受访谈谈考古人的思考，到写作出版面向公众的《最早的中国》一书，到组织公众考古活动、参与大型展览的策划，贯穿其中的都是这种被唤起的社会责任感。我愿意沿着这个方向继续前行，用自己的所学、所思、所获回报社会。

2009年11月16日，采访人孙丹

本文为节选

一位"最具产品思维"的考古人

——中国网访谈

2014年12月24日,田野考古报告集《二里头(1999—2006)》以"重大人文基础研究成果"形象亮相"中国社会科学院2014年创新工程重大科研成果发布会"。发布会上,一位学者用了10个"之最"来概括二里头遗址新世纪以来增添的新纪录:在这个东亚地区青铜时代最早的大型都邑遗址上,又发现了中国最早的宫城、最早的多进院落大型宫殿建筑、中国最早的中轴线布局的大型宫殿建筑群、中国最早的城市主干道网、中国最早的官营作坊区和最早的绿松石器作坊、中国最早的双轮车车辙;从研究的角度看,二里头遗址是迄今为止我国自然科学等相关学科介入最多的一个遗址,而田野考古报告集《二里头(1999—2006)》是迄今为止中国遗址类报告中体量最大、参与编写作者人数最多的一本考古报告。

"这个报告可以用'15年磨一剑'来形容。所有科学研究的成就都是站在前人肩膀上取得的,二里头遗址的考古工作也不例外。"

这位对二里头了如指掌的学者，正是现任二里头考古队队长许宏。他还被媒体誉为"公众考古的践行者"：将自己的研究心得通过写博客、微博等方式分享给社会公众，解答网友有关考古的疑问，帮助考古学科走出象牙塔，也把神秘的田野考古带入公众的视野。

懂需求、会沟通、善分享，许宏是一位具有互联网精神的学者，若要送一个"之最"给他的话，大概是"最具产品思维"的考古人。

■ 《二里头（1999—2006）》，文物出版社，2014年（左）
■ 《何以中国》，生活·读书·新知三联书店，2016年（右）

中国网： 在大家的印象里，好像考古学家尤其是田野考古学家都会刻意与媒体和公众保持距离，撰写的报告也仅仅用于考古圈内部交流，外人一般接触不到，即使接触到了也很难看懂。

许宏： 是这样的。这是职业考古人以往的想法，有一部分原因是社会发展的局限性。中国现代考古学诞生的契机就是因应大众的渴求。近百年来，为了解决一些本源问题，考古学界付出了艰辛的努力。从田野做起，建构起了对中国上古史的框架性认识。由于专业的特点，考古学必须建立起一套自身的话语系统，来解读这部无字地书。我们的前辈包括我们这些当代考古人，花了大量的精力泡在田野上苦苦探索、推敲琢磨，寻找解译地书的密码，这就使得有相当长的一段时间，考古学给人以渐渐与世隔绝的感觉，甚至与这个学科关系最为密切的文献史学家，也常抱怨读不懂考古报告，说解读无字地书的人又造出了新的地书。经过几十年来学术成果的不断累积、学科的不断成熟，考古学已开始尝试解答一些大众关心的问题。考古人也开始抱有更多的自信，社会责任感在增强，开始有走出象牙塔，把自己的成果回馈于社会的自觉。按理说我们拿着纳税人的钱来做考古，让考古学科走出象牙塔、把考古成果转化成公众产品回馈社会，应该是我们的义务，以前的封闭和保守是不正常的，当然也有历史的、学科发展阶段性的原因。

中国网：我看完您写的《最早的中国》和《何以中国》后，和一位微博网友产生了共鸣，他的微博是这样写的："如今真正有学问的人越来越少，会讲故事的虽然有那么一些，又都去写小说了，又有学问又会讲故事的可是凤毛麟角，这位许宏先生也算是一个……"的确，据我所知，不是所有的主流学者都愿意写这样的书。

许宏：应该说是因缘际会吧，这是时代造就的。我觉得让考古学科走出象牙塔应该是考古人的一种文化自觉。还有，时代的发展对于一个人的人生际遇也是很重要的。数千年以来个体在东亚传统中不受重视，现在互联网发达了，大家都可以发声，这是亘古未有的。今天我们这种考古人全然不同于我们的老师、前辈考古人，他们把毕生精力都花在田野发掘、写田野考古报告、发表学术论文上，考古报告印上1000册，供学术圈子里的人用也就够了。所以，可以说公众考古、互联网的推动，都是一个时代的产物。

其实这种转变是有一个过程的。拿我自己来说，记得1996年《读书》杂志曾经约请几位人文学科的知名学者来讨论考古学与公众的问题，几位学者坦言对考古学话语系统的疑惑、慨叹和望而生畏，其中我的同事陈星灿教授的文题是"公众需要什么样的考古学"，读了之后尽管颇以为是，但当时的想法仍然是：公众需要什么样的考古学，并不是所有的考古学者都需要思考的问题。一方面不满于充斥坊间的考古大揭秘类的"攒书"，另一方面又不肯或舍不得拿出时间和精力参与到公众考古的行列中来，这基本上道出了包括我在内的考古界相当一部分同仁的心态。而这十几年我观念的转变大家都看到了，有点与时俱进的感觉吧。"穿越"于田野考古与公众考古、主流学界与网络之间，保守与"任性"并重。有年轻朋友说我是"完成

▌担任青少年夏令营的学术顾问

了一个学者前行路上的漂亮蝉蜕"，我个人也有种活出了一个新我的感觉。

中国网：您到目前已担任二里头考古队队长15年了。数据显示二里头遗址一共300万平方米，您是第三任队长，您的团队和前两代考古队共在二里头发掘了55年，但才发掘了4万平方米，也就是总面积的1%多一点。您怎么看这样的进度？

许宏：这就是所谓的"愚公移山"，"子子孙孙无穷匮也"。这也就注定了考古是找回文化记忆、造福子孙的长远工程，而不应该是短期的形象工程。

我们现在要做的这些工作，从宫城开始系统钻探，全面勘查，这些都是从长计议的，而不是想挖一些什么好看的、值钱的东西。文化遗产不可再生、不可复制，在可持续发展理念深入人心的今天，应该控制发掘面积已经成为学界和公众的共识，因为发掘本身也会造成一定的破坏，我们应该把遗产更多地留给子孙后代，相信他们会比我们更聪明，能从中提取更丰富的信息。所以，考古人应该适当压抑和束缚住好奇心。明代皇陵的发掘就是一个惨痛的教训，所以我们现在坚决支持国家文物局关于严格控制帝王陵墓发掘的禁令。现在我们已经转换思路了，不能在我们手里竭泽而渔。

我在去年"纪念二里头遗址发现55周年学术研讨会"的专题报告中提到，我们的成就是站在前人的肩膀上取得的，正因为前辈在二里头遗址的发掘中保留下了重要遗迹，才使得我们在更新工作理念的前提下，又有了新的重要的突破，这是我们要深深感谢的。同时，我们的发掘也只是做到重要遗迹的表面，尽可能地利用晚期遗迹的剖面来了解更早的重要遗存的情况，让后人能在我们的基础上进一步探究。

中国网：您在发布会上提到有年轻朋友悲观地形容考古工作是"在田野上放牧青春"，但看您学考古、从事考古工作已经30余年，做得很快乐。

许宏：我现在的确很享受探索求知的过程。民国时期的那些大学问家里面，有非常睿智的人说过，做学问，首先是自娱，然后才是娱人。人生不应该为了一个辉煌的顶点而忍辱负重耗尽生命的灯油，那就没意思了。就是说我喜欢这个东西，于是研究它的过程就是充满乐趣的。"在田野上放牧青春"，是我在山东大学任教时带学生实习，一位同学参加田野实习的感慨。那时我是助教，比他们大不了几岁，很欣慰于他们把我当朋友坦露心迹。我的回答是：那要看你是以怎样的心态看待这种"放牧"，是悲观的还是乐观的。如果是后者，你会有放牧后对青春的收获。回想起来，可以说人生最大的幸福就是做你自己喜欢做的事儿。

1989年，丁公遗址考古队"领导层"合影，领队栾丰实（右二）、山东大学考古教研室主任蔡凤书（右四）、许宏（右六）、杨爱国（右七）及德国学者王睦（右五）等

中国网：我发现您从2009年开始一直坚持写博客，还从2010年起使用微博。到今天微博已经积累了15万粉丝，转发、评论、点赞量都很高。看来您很愿意和网友互动交流，和年轻人交流。

许宏："学术乃天下之公器"，考古人许宏也成了"半透明"的人了。我把自己的论文、发言、心得，还有大量自己搜集的文献之类的贴到网上，这是一个新型教师的形象。有朋友归纳得好：自媒体就是免费赠阅，但不保证按期出刊。是这样。我每天从事学术研究就是在自娱，同时跟年轻人互动。玩学问的同时如果还能娱人，那就是一件很快乐的事儿了。在网上，没有身份地位之别，没有长幼大小之分，没有圈内圈外的歧见。大家在"潜水"，没必要恭维，尽可以批判，这种平等的交流可以让大家共同受益。我回帖只看你的问题是不是具有典型性，是不是好多人都想问的问题，只要我有时间就愿意回复。而且这种公开的交流，很有可能一句话影响了很多人，这就是一种远程教学交流啊。我有朋友是大学教授，他说起课后被学生提问，就回复道：回去看看许宏先生的博客吧。（笑）还有同学说，听老师讲课，好像和许宏老师说的不一样，课下得看看许老师怎么说。刷了我的博客、微博：哦，原来这个问题还可以这么看！——我这个网络公众考古践行者的价值就体现出来啦。

未来是属于年轻人的，坦率地讲，当目前学界主流意见与他们的看法相左时，我更看重他们的意见，因为他们代表着学科和社会的未来。我也以我的视角、方法论和观点得到他们的认可为荣。

中国网：近日看到新闻说，将在二里头遗址修建国家考古遗址公园，方案里说"正在发掘的遗址现场根据考古工作开展情况设置可移动的临时保护展示棚，并设置游客参观平台；未发掘的宫殿遗址将得

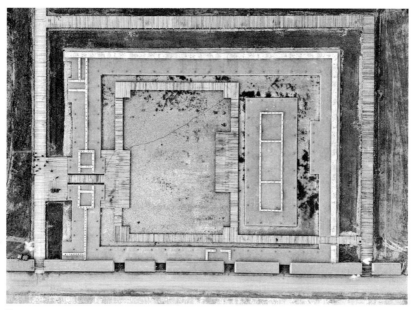

▌二里头考古遗址公园2号宫殿鸟瞰

▌二里头考古遗址公园一角，2021年6月摄

到大面积绿化，种植酸浆草或大花马齿苋"。对此您有什么评价？

许宏：还是挺好的。我接受不了的一种做法是，在遗址上原址复建一些假的东西，打个也许不太恰当的比方就是像影视城。首先，它把遗址本体彻底压在下面，难以重见天日。就上古建筑而言，没有多少复原依据，学术争议大。如果你拿这个来申请世界文化遗产，符合其最起码的要求——原真性吗？同时，上古的宫室建筑本来就是"茅茨土阶"，茅草屋嘛，你已经做了不少出于当代想象、符合当代人审美观的美化工作了，但公众还是不买账。为什么？对于那些具有东方特色的、不具有视觉冲击力的土木建筑等遗存，我们是否应该给公众一定的想象空间，把复原当时场景的任务交给遗址陈列展示中心和各种高科技手段？总之，作为考古人，我们最大的期冀就是把原真的遗址留下来，可以再考古。其实公众也应该是冲着"真"东西和如何发掘出这些真东西来的吧。

这样看来，所谓考古遗址公园，首先一定必须可以再考古，否则还叫什么"考古"遗址公园呢？如果遗存不是被彻底破坏，任何考古工作都应当具有"可逆性"，即可以再发掘，再发掘的现场本身就是一道风景，可以用来参观，然后又可以按照发掘的结果进行展示，展示遗迹本身。这样，草皮、观赏植物、卵石、砂砾加上说明牌就不失为一种适宜的方式，欧美和日本等都有很好的实例。这就引申出考古遗址公园的第二个特质，那就是它一定要是"遗址"公园。正像我们反对圆明园复建一样，遗址公园展示的不是遗址还能叫"遗址"公园吗？

中国网：《二里头（1999—2006）》一书可谓15年磨一剑，您在发布会上介绍说，发掘了7年，整理编写了8年。二里头考古队今后的方向是什么？

许宏：我们已开始着手编写《二里头（2010—2011）》发掘报告和洛阳地区区域系统调查报告，希望尽早公之于世。今年由于是暖冬，我们的队员现在仍在二里头遗址上进行钻探。在可持续发展的理念下，今后的工作也将是以无损或微损的勘探工作为主，通过系统勘探搞清二里头遗址的地下遗存的面貌，对这一重量级的既是"国保"又是"国宝"单位，做到心中有数。同时，配合国家大遗址保护工程和考古遗址公园建设，还要在都邑的关键部位做重点发掘，提取科学资料，提供翔实的复原依据。

文物保护，考古先行。没有扎实的考古工作，文物保护和展示利用就无从谈起。在这方面我们也有很强的责任感。期待在不远的将来，一个贴近公众的二里头考古遗址公园和博物馆能够和大家见面。

2015年1月13日，采访人张若梦

本文为节选

考古学是时代产物，个人何尝不是如此

——《中华读书报》访谈

"中国社会科学院考古研究所研究员，中国社会科学院研究生院教授、博士生导师，1999—2019年曾主持二里头遗址的考古工作。"这是考古学家许宏在接受本报记者采访时，对自己目前身份的确切表述，他说，对各种主流媒体、自媒体和活动现场介绍他的文字中时有错讹，很感无奈。

2021年的许宏很忙。两年前，他辞去二里头考古队队长一职，理应有更多属于自己的时间做学问、写文章，但是，多年致力于以不同方式向公众传播考古知识、解读考古事件与阐释考古观念所形成的影响力，以及近年来随着一系列考古发现走入大众视野，公众对考古这门学问的兴趣日渐浓厚，加上对考古事业有着区别于主流的独特思考，自称考古学界的"少数派""搅局者"……这些因素使得他根本闲不下来。

前不久，许宏的新作《发现与推理》出版。这是他首次讲述考古发现背后故事的一本书。

5月初，坐在记者面前的许宏刚从二里头回北京不久。他是去担任国家文物局夏文化考古研究高级研修班的班主任，还做了专题讲座。说起新书、与网友互动、考古事件的公共化、考古的可持续发展等话题，许宏兴致盎然、滔滔不绝。此后，他的新书《东亚青铜潮：前甲骨文时代的千年变局》《踏墟寻城》将陆续问世，与此相关的一系列讲座、对谈也会展开，忙碌还将继续。

在视频节目《十三邀》中，许宏回到二里头考古队，对保管室架子上的"宝贝"如数家珍。走出考古队驻地不远就是二里头遗址，他站在高处远眺，那里曾有最早中国的模样，也是他留下20年生命印迹的地方。他告诉记者，直到现在，他还保持着每月往返于北京和二里头一次的节奏，"像候鸟似的"。

■ 《发现与推理》，山西人民出版社，2021年

中华读书报：现在，很多考古事件越来越公共化，像曹操墓的发掘、三星堆的新发现，央视会直播，其他媒体乃至自媒体也会报道。或许，这会对考古这门学问的普及有帮助，但考古似乎应该是一项"寂寞"的事业。您怎么看待考古公众化的这种有点双刃剑性质的效应？

许宏：当然，你举的这两个例子都有这样的问题。许多考古发现需要沉淀二三十年之后才能比较客观地看待。我是考古学者，会把这些考古发现当成学术问题来研究，当这些考古事件进入公众视野后，有时候看法和评价就会走偏。学术史上，我们的前辈已经意识到这个问题，如果不从学术角度谈论考古发现，就不是学者应该做的。说句实在话，我们应该把考古研究对象当作他者，毕竟是几百年、几千年前的东西，不应该马上把它们跟我们联系在一起。

▮ 与专题片《文博河南》的主持人张歌（左）协商拍摄方案，2021年4月摄于二里头考古遗址公园

中华读书报：公众对考古话题感兴趣无可厚非，考古学界以及官方媒体对于考古事件的推广、报道的态度、趋向很重要。像三星堆这样的考古发现，如果宣传推广上更得体，对考古事业本身也有好处吧？

许宏：对呀，肯定是这样。考古学从一个不受人关注的学科，发展到现在这样被媒体广泛报道、被公众热情关注是好事，甚至现在考古学科居然成了热门，我们这些学者也走进公众视野了。我对此持积极正面的评价，这些年也在做这方面的努力。

中华读书报：作为常年在考古一线的学者，面对如今考古事件在公众中的关注度，内心是否也有些矛盾？

许宏：矛盾的心情确实存在，那就一边推广一边祛魅吧。像这本《发现与推理》，就是要告诉大家一个真实的考古人是怎样工作的，一个真实的考古发现背后有怎样的故事。我承认，对媒体过度参与考古事件的宣传心存隐忧，非考古专业的作家写作考古题材的文学作品，我接受不了那些文本中穿插着用来吸引读者的、臆想的文学描写和叙述。历史本身已经够丰富了，在我看来，额外的文字书写不太有必要。只要实录，读者就足以感受到历史的厚重。所以，我在写作上追求忠于历史的风格。

我们相当于站在前人的肩膀上向公众解释考古学，我挺享受现在这样面向公众的写作。我在意网友的提问是否靠谱、是否有代表性，那样我才有兴趣回答。以前大家说我的博客和微博是知识帖，但我觉得不仅是知识帖，也是思想帖啊。我向公众发声的价值在于，在这样一个众声喧哗的时代，大家在读到、听到关于考古的主流观点之后，通过我的文章，觉得"哦，原来这个问题还可以这么看"。我要从逻辑、常识、学理的角度说清考古这件事，说出表达的边界。我是考古学界的"少数派"，但我不在乎别人怎么评价我。

中华读书报：说说您是怎么决定写作《发现与推理》这本书的吧。

许宏：这本书其实是计划外的产物，本来我想退休后再写，没想到因为疫情，2020年有大半年时间在美国，每天可以安排自己的写作时间，把握生活节奏，于是写完了这部书稿。"后记"还是我去年国庆节回国后在天津的隔离点写的。

"发现与推理"这个书名是出版方定的，但"考古纪事本末"这个系列写作计划的名称是我想出来的。我觉得写写考古人和考古发现背后的故事是挺有意思的。我以前的书，从《何以中国》《大都无城》再到最近的《东亚青铜潮》，都是针对某个研究对象的写作，即使图文并茂，也很难特别生动。但《发现与推理》不一样，我的写作除了考虑内容之外，对写法也有很多考虑。对于非虚构的写作，我很喜欢何伟（彼得·海斯勒）的《江城》。《发现与推理》是"考古纪事本末"的第一本，我先从好写的入手，亲历记肯定好写，所以这本书中有9篇文章都是我的考古亲历。但也有其他内容，关于"秦代造船遗址""武威铜奔马""西晋周处墓铝片"3篇文章，涉及的考古发现并非我亲历，也不是我的研究专长，但这是公众感兴趣的，作为考古人，我终归比公众离考古更近，所以就写了这3篇。你看这本书的腰封上有一行字，"考古队长二十年亲历记及其他"，一定要加上"及其他"。"考古纪事本末"的内容，其实无法用二里头考古发现来涵盖，也没法用偃师商城的考古发现来涵盖，总而言之，这个系列的写作不限于早期中国的考古发现。《发现与推理》可以说已经形成了"考古纪事本末"的大致架构。

说起来，这个系列的第二本我已经动笔了，这次一本书就写一个考古遗址，像三星堆这样的，一个考古事件都可以单独写一本。第二本我写了差不多1/4，内容偏学术。这样的写作要求真，按理说每句话都该有出处，但要那样写的话，就难以面向公众了。我现在的写法，公众也能接受。

中华读书报：您不止一次在公共活动现场的发言以及《发现与推理》中，都提到考古学界前辈苏秉琦先生的那句话，"在考古工作中，你只有想到了什么，才能遇到什么"，似乎考古存在某种必然，但就如您在《丁公龙山文化文字发现亲历记》中记录的，当年那片刻字陶片是位女农民工偶然发现的。所以，联系苏先生那句话，您如何理解考古工作中的必然与偶然？

许宏：现在看来，苏先生这句话是经验之谈。我有了一些亲身经历，才能对这句话有深切的感悟。有人会说，许宏很幸运，撞上了二里头遗址这样的考古发现。但是，如果没有我的学术背景，没有我在进入二里头工作队之前那些年的学术积累，很难解释我后来的考古收获。考古是一门经验学科，考古工作很多时候就是一个试错的过程，一边发现一边思辨，每一次发现都在思辨、推理的基础上实现。要有这些准备，才能迎接那些可能"遇到"的考古发现。

中华读书报：以您的经历为例，为了做到"想到了什么，才能遇到什么"，需要考古人有怎样的理论、实践或者观念上的准备？

许宏：还是要有问题意识吧。我当年接手二里头考古工作队是偶然，但其中的必然是，当时中国考古学界的学科背景正好处于转型期——从物质文化史研究为主的学科倾向，转向以不动产研究为主的社会考古。这是考古学界的大趋势，我正好是这个潮流中的一分子，加上我的学术积累，就使得后来我在二里头的发现成为必然。我的考古研究是时代的产物，我个人又何尝不是时代的产物呢？

▌1999年夏，两件大事前夕的期待与不安：当父亲与当队长

中华读书报：您之前提到，在文章中也回顾了20世纪90年代二里头遗址考古发现过程恰逢中国考古学科"由文化史为重心的研究转向全方位的社会考古"转型，这是全球考古界的必经之路，还是当时中国社会乃至考古领域所处大环境使然？

许宏：考古学是舶来品，理论、方法、思潮是从西方来的，对我们来说，考古学是全新的学问，这就有个吸纳的过程。如果让我以考古学人的角度来做学术史分期，可分为三代：第一代是傅斯年、李济、梁思永等人的时代。这代学者既通国学，又懂外文，跟国际考古学界没有隔阂。第二代出现在新中国成立后的前30年，由于夏鼐先生的学术辉煌期是在这个时期，我把他放在第二代最先，还有苏秉琦先生等，也是新中国成立后引领考古学学科潮流的。这个时期当然有大发现，但跟国际潮流有一定隔阂。我的老师辈基本上都是第二代，总体思维就是从考古学角度探索中国历史发展进程，有民族主义的成分，但这里的"民族主义"不是贬义词。第三代，从20世纪八九十年代开始，一直到现在。所谓转型期，现在还在转型中。我们这代人，乃至接下来的一两代人，都处在过渡期，从以物质文化史为主的考古研究转型为面向世界的全方位的社会考古。

1980年，夏鼐先生在翻阅《考古学报》　　1985年10月，苏秉琦先生在侯马工作站库房观察陶器

我的一个学术自信在于，从不同角度反馈的信息，我得到越来越多的年轻学者和学生的认可，我的思考是要留给历史的。世界归根结底是年轻人的，考古学的未来属于年轻人。

中华读书报：随着时间的推移、技术的进步，某种意义上尘封在地下的潜在考古资源必将越来越少，这样一来，在对古代遗存直接发掘之外，对此前考古发掘成果的"再发掘"就显得尤为重要，这会成为未来考古发掘工作的主要趋向吗？

许宏：这是肯定的，关于不同时代的历史会不断重写，有些电影也会隔一段时间就重拍，不同时代看待问题的观点不一样，审美也不同。我们说考古是个经验积累的过程，挖得越多思考得越深，会不断地有新发现，这也增加了考古学科的丰富性和复杂性。像这些大家已经知道的考古遗址，会建成遗址博物馆，会有考古报告出版，田野考古的工作或许告一段落，但对于考古发现的重新阐释永远没有终结。

中华读书报：您曾在一个节目中说到考古事业的可持续发展问题时，特别提到要给后代留点考古发掘的余地，这个分寸怎么把握？

许宏：我说的这个问题，应该是这个学科的发展乃至学者个人思想成熟的一个标志。如果我们急功近利的话，肯定希望在有生之年，在本职工作范围内，把考古发现进行得更彻底，解决所有问题。但现在，我有了这个想法，像我主动辞去二里头考古队长职务，也是基于这种考虑。

我意识到"吾生也有涯"，人生有限，像二里头这样规模的大型遗址，怎么可能在一两代人手中彻底搞利索呢？按理说，考古学首先解决的是满足人的好奇心，这是第一位的。但是，等到我有了这样的田野经验和研究经历，又感觉到要适当压抑住自己的好奇心，要相信后代考古人能比我们做得更好。文化遗产是不可再生的，发掘本身也是一种"破坏"。这使得我意识到文化遗产的珍贵，而我们这一代人的研究能力是有局限的。

以三星堆为例，现在发掘和30多年前发掘，从学术储备到技术准备，绝不是一个概念。只有"精耕细作"的考古发掘，才会有更完善的考古成果留给后人。

中华读书报：从您开始写博客、在微博上回答网友问题，到参加公共活动、上视频对话节目，这些公众范畴的表达，以及随之收到的公众反馈，是否反过来对你的考古事业也有帮助？

许宏：那当然，这些都很有意义。考古前辈王仁湘先生曾经说过，和公众的交流是一种良性互动，对学者有反哺的作用，做考古科普工作，公众会向你提问，这让你回到学术领域再进行一些思考。我深深认可这种说法，也在这些年的实践中找到了这种感觉。实际上，从事考古工作与向公众普及考古，两者不矛盾，是互动的。而且，从一开始我就没觉得向公众普及考古知识是一项任务，我是乐在其中的。

与博物馆志愿者交流，2015年10月摄于洛阳

中华读书报：您这几年除了做案头研究、写作和参加一些公共活动之外，是否还有精力参与一些一线的考古工作？

许宏：有啊。虽然我2019年就提出辞去二里头考古队队长的职务，领导也口头答应了，但到现在为止还是没有正式宣布。国家文物局召集的一些国家级考古项目、线上线下的考古研讨，我一直在参加，只不过不是以二里头考古队队长的身份，而是以专家的身份评点和提建议。我现在还是二里头考古队队员，还没有完全离开田野。

中华读书报：说到这里，我能感到您对这项事业的热爱，所以，很多媒体提到您时都爱用"放下身段""坚守"这样的词，我觉得也不准确。

许宏：是的。谈不上放下身段，因为没有身段。而坚守，是指思想层面上，我承认自己对于某些学术精神是坚守的。

2021年7月7日，采访人丁杨

斗

二里头是什么

从二里头出发，探索"最早的中国"

——《长江日报》读+周刊访谈

二里头遗址远眺

我们该怎么看中国5000年文明史？许宏根据考古发现认为，作为政治实体的中国，只能上溯到二里头，再往前就没有"中国"可言了。从二里头文化起始到现在，大约是3700年。但是中国文明"上下五千年"的说法广为流传，许宏认为这两种说法不矛盾，"我们确认一个生命体，可以从婴儿呱呱坠地开始，但是这个生命应该从胚胎成形算起，还是应该从精子和卵子碰撞的那一刻算起？就看你怎么看了，其实不矛盾。狭义地讲是3700年，但是它还有一个发生发展的过程"。

许宏认定的"中国"，是把它看作一个政治实体。他认为作为政治实体的"中国"，从西周开始展开制度性建设，从而奠定了后世"中国"的文化底蕴。西周往前，从殷墟上溯到二里岗，从二里岗上溯到二里头，"中国"多指中央之城，或者中央之邦。在二里头之前，人们熟悉的石峁遗址、陶寺遗址，再早一点的良渚遗址，都是散布中国大地的新石器时代区域性邦国，没有一个可以被称为中心王权的"中国"存在。二里头的重要性在于，它处于我们这个族群、后来"中华民族"从多元到一体的节点上，中原崛起，往下就开了中国文明的先河。

◎ "夏"的存在还没有找到铁证

读+："中国"的提法，最早的出处在哪里？

许宏：在大约3000年前的青铜器何尊上，最早出现了"中国"二字。这一重器于20世纪60年代出土于陕西宝鸡，长达122字的铭文讲述了周武王在灭商之后计划营建东都的重大决策，其中"余其宅兹中国，自之辥（乂）民"，意思是想要建都于天下的中心，在这里统治人民。然而这已经是西周的事情了，早在西周王朝建立之前，在中原地区，最早的中国已经在展开她广袤悠长的画卷。

读+：根据碳-14测定，二里头文化的绝对年代是公元前1900年还是公元前1700年？难道科学手法也确定不了吗？

许宏：有意思、有争议的地方就在这里。从20世纪80年代直到"夏商周断代工程"，二里头文化的年代上限被估定在公元前1900年前后，即基本在"夏纪年"的范围内，因而大部分学者认为二里头应该是夏王朝的遗存。但新世纪以来最新的系列样品测定，精度提高，把二里头文化的年代上限压缩至公元前1750年甚至更晚。那二里头都邑初现辉煌的年代就要晚到公元前1600余年了，很可能进入了商纪年。

所以我在一些场合提到，易中天的"中国文明3700年"的说法，是有根据的，他吸纳了我们的研究观点。当然这是最狭义的"中国文明历史长度"。作为政治实体的中国，它肯定不是横空出世的。一开始，中国这片大地上呈现出无中心的多元文化并存的局面，二里头既不是最早的，也不是最大的都邑，它处于由多元到一体的节点上。以它为先导，东亚大陆进入了有中心的多元文化发展的新阶段。

读+："上下五千年"的说法是怎么来的？

许宏：这个我还没有好好追究过。也许跟司马迁《史记·五帝本纪》的记载有关，五帝之首是黄帝，粗估距今5000年。加上一些近现代名人可能有类似提法，久而久之成为公众话语。民国时期有过民族主义高涨的时期，有的人甚至提出了"黄帝纪年"。"上下五千年"并不是基于考古学的结论。

但是，大体上在距今5000年前后的东亚，各地的史前文化的确经历了一个趋向复杂化的过程，阶层分化加剧，贫富差距扩大，中心聚落出现，等等。不少人认为中国文明可以上溯到这个时期。

读+：夏朝是否确实存在？夏朝坐实不了，最关键的证据缺失是什么？

许宏：在考古学上，我们还没有找到铁证。夏朝，仅见于东周至汉代人的追述。像殷商的存在，有了甲骨文出土，这就可以证实。但是二里头出土的陶文，是不是文字都还存疑，可能只是一些刻划符号。由于我们还没有在二里头发现像甲骨文那样可以自证其族属和王朝归属的文书类证据，所以只能暂时存疑。

关于二里头遗址，大部分学者认为是夏王朝的都邑，我说不排除它是早商都邑的可能。由于缺乏铁证，到目前为止，我们还不能排除任何假说所提供的可能性。因此我们的结论比较谨慎，那就是，"二里头遗址是探索夏商文化及其分界的关键性遗址"。我们一定要知道，在这个事上，暂时不要奢望有唯一的答案。

◎ 国家和文明不是一道门槛，而是一个过程

读+：为什么说二里头是"最早的中国"？

许宏：二里头那个时期，已经奠定了"中国"的雏形。从二里头到清代，你看"紫禁城"的演进，可以看出中国的发展轨迹。以二里头为先导，到了二里岗、殷墟、西周，又往外扩散。二里头都邑还偏小，3平方公里，到二里岗已经有10平方公里以上的大都邑。几百年时间，一下子扩展到这么大。

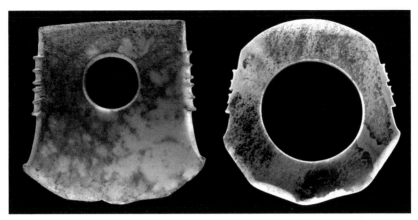
二里头玉戚（左）、璧形戚

再看玉器。中国人爱玉源远流长，这是属于中国人意识形态的东西。到了二里头，青铜开始部分地替代玉器。在二里头，玉器和青铜有一个兴替，如果说玉器时代是偏于缓慢的、优雅的，青铜时代就开始了加速度、建设性和破坏性的进程。

几千年的中国新石器时代的发展是相对缓慢的，但从二里头开始，中国历史上首次空前大提速，几百年之后，庞大的殷墟都邑出来了。而二里头就处于金玉共振的节点上。

几千年前的东西，离现在一点都不远，我们是一点一点地走到现在的。国家和文明不是一道门槛，而是一个过程。

读+：可以说二里头是华夏文明的开端吗？

许宏：这个说法不确切。中国考古学近百年的研究探索，使我们知道华夏文明的源头要上溯到更久远的新石器时代，而二里头遗址和二里头文化，则是华夏王朝文明的开端，我称其为"最早的中国"。

距今5500至3800年间，也就是考古学上的仰韶时代后期至龙山时代，被称为东亚"大两河流域"的黄河流域和长江流域的许多地区，从大体平等、自给自足的生活状态，进入了一个发生着深刻社会变革的时期，众多相对独立的部族或古国并存且相互竞争。那是一个"满天星斗"的时代，开始出现了阶层分化和社会复杂化现象，人类群团在相互交流、碰撞的文化互动中，逐渐形成了一个松散的交互作用圈。

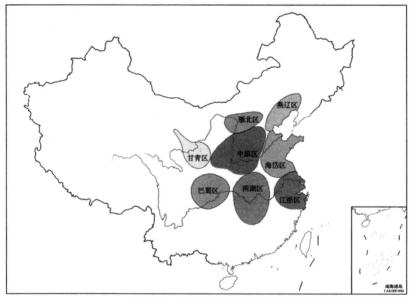

史前时代东亚"大两河"黄河、长江流域的主要文化区（严文明《中国史前文化的统一性与多样性》，1987年）

到距今3800年前后，继周边异彩纷呈的各区域文明衰落之后，中原龙山文化系统的城址和大型中心聚落也纷纷退出历史舞台。代之而起的是二里头文化迅速崛起，出现大型的都邑——二里头遗址，可以说，这里是中国乃至东亚地区最早的具有明确城市规划的大型都邑，表明当时的社会由若干相互竞争的政治实体并存的局面，进入到广域王权国家阶段，"月明星稀"。黄河和长江流域由多元化的邦国文明走向一体化的王朝文明。

读+："最早的中国"为什么不是仰韶、不是龙山？

许宏：在仰韶和龙山时代，我们看到的只是部族、邦国林立的状态，呈现出多中心的相对独立的发展态势，没有一个大的中心。我们把最早的"中国"，定义为东亚大陆最早出现的广域王权国家。与其相应的考古学遗存，只能是二里头。二里头那么大范围，统御那么多人群，有着强大的国家动员能力，有诸国之精神领袖、盟主的味道。这都是不见于仰韶和龙山时代的。"中国"的前缀"中"字，说明它是一个中心，是国上之国。我们没办法说最初有"两个中国""七八个中国"，因为只要"中国"出现，就该是唯一的和排他的。

◎ 中国文明从一开始就与外来文明密不可分

读+：在您看来，是什么催生了中国？

许宏：青铜冶铸技术，此外还有先后引进的小麦、绵羊、黄牛、车、马……甚至甲骨文都深刻地影响了早期中国的进程。甲骨文还没有找到源自当地的线索，让人感觉非常突兀。二里头还没有文字出现的确切线索，二里岗也仅发现了若干字。甲骨文是怎么出来的，我们需要继续探究。

如果把外来的东西刨去，那么什么是"中国"？"中国"的形成离不开外来文明的刺激和影响。这种刺激，哪怕是观念的刺激，也关系重大。具体是什么刺激，如何刺激的，也还需要继续探究。

读+：二里头是一个开放的、充满活力的都邑吗？

许宏：通过多学科综合研究，现在我们大致可知，在距今3800至3500年，二里头都邑的气候温暖湿润，二里头人在土质肥沃、濒临伊洛河的阶地上建立居住地，人口最多时有2万多人。当时人的健康状况似乎较好，可能存在人口流动的现象。二里头都邑是中国历史上第一个大型移民城市。

▌在记者的镜头里，这些二里头出土的陶器显得小清新又文艺

读+：外来文明是如何影响东方这个文明的？

许宏：青铜的冶炼技术很有可能是从外面传过来的，但是到了这里之后，跟中国人的意识形态相结合，跟我们几千年前玩泥巴模制陶

168

器的传统碰撞，就形成了独具特色的青铜礼器文明。从总体上看，东亚大陆青铜时代的到来，是偏晚近的。现在学术界已经能清晰地勾画出青铜文明从欧亚大陆西部地区向周边扩散的态势，地处欧亚大陆东端的中国，与其相隔遥远，但仍有密切的文化交流。青铜冶铸及一系列远程输入品和技术成果，在催化早期"中国"诞生的过程中起到了重要的作用，这是毋庸讳言的。中国也是不断东渐的青铜潮的一个重要链条，向东继续影响到朝鲜半岛和日本。

据最新的分子人类学研究，现代人都应是同源的。中国文明从来都是世界文明的重要组成部分。中国文明既不是在封闭的条件下单纯土生土长的，也不是纯外来的。

读+：对于普通人而言，似乎自己民族的历史越悠久越自豪，这种心态对你有没有压力？会不会让你不太敢于亮明自己的观点？

许宏：在我们中国，历史有好似宗教一般的地位。我们以前笃信三皇五帝，到了近代又要救亡图存，希望建立更强烈的民族自信，就希望自己的历史越长久越好。建构认同，我们或许可以相信神话，在不同的语境下，神话也有其自身的价值。但是民族自信还是要建立在科学理性之上。

作为学者，科学理性是第一位的，你要求真，有一分证据说一分话。拜时代所赐，我觉得自己发表学术观点还是相当自由的，没有束缚。同时，对历史的观察需要距离感，与当世人的评价相比，作为学者，我还是更看重后人的评说。立此存照，一二百年后，人们看看当年许宏怎么说，想想都是很有兴味的事儿。

2016年3月5日，采访人刘功虎

考古需要想象的翅膀，更要严谨的推理

——澎湃新闻访谈

考古人许宏身上有很多标签，如学术明星、畅销书作家、意见领袖和学术网红等。二里头遗址一甲子时，许先生就希冀自己像英国著名考古学家保罗·巴恩一样，用深厚的学术功底和生动的文笔搭建起学界和公众间的桥梁。如今两年过去了，我们除了在《历史研究》《考古》等学术刊物上见到他的文章，他的首部"考古纪事本末"——《发现与推理》也在疫情期间问世，作为其首部学术史著作。他是如何用自己的亲身经历在为我们述说"考古好玩儿"的同时又秉持严密推理的呢？

澎湃新闻：您说《最早的中国》《何以中国》《大都无城》都是讲给大众的学术书，在《东亚青铜潮》暂未出版之前，即出版了这部具有学术史性质的"考古纪事本末"——《发现与推理》，为何有这种考量？

许宏： 三联书店的这套丛书叫"解读早期中国"系列，《东亚青铜潮》是第四本，每个出版社都有它的出版周期，等下月《最早的中国》出新版时，它大概就能问世。有可能这四本会收为一函，但不排除会接着这个系列继续写相关解读。

利用去年新冠肺炎疫情的当口，我有大半年的时间专心于研究和写作，这是非常奢侈的。作为一个学者，感觉疫情并没有耽误什么事儿，因为它减少了许多不必要的应酬和会议，反而使我们这些学者得以高效地从事自己的研究，也就是说《发现与推理》完全是疫情时代下的一个副产品。我怎么也没想到突然有一天我们会面临一个影响全球的大疫情，让自己有可以把握的时间来思考，居然还能完成一本书，这原来并不在我的写作计划内，说起来也是一种缘分吧。

我一直对学术史非常感兴趣，我的不少论文都涉及学术史的问题。尽管"述而不作"，但还是能看出问题来。有些学术观点根本不用我们自己说，一梳理学术史上前辈说了什么，按时序一捋，明眼人一看就能看出门道来。此外，我在微博上开设的《读史拾贝》栏目就很受欢迎，其中贴上的都不是我的观点，但我遴选它们的背后肯定包含我的史观。智者的警句恒言，是非常有价值、有意义的。

我本来是想等到退休之后，再利用空闲时间来捋一下考古学术史的，但万万没想到遇到这么一个疫情，便利用空当先动笔了。同时有缘结识尚红科先生，他向我约稿，便有了这本小书。我的前几本小书都是正论性质的，而《发现与推理》是讲故事，更贴近公众，这也是我愿意做的。

澎湃新闻： 在讲到丁公陶文时，您举出良渚文化陶文和陶寺朱书陶文等用"孤证不立"来举例，但这些例子又属于不同地域的考古学文化，它们能互相佐证吗？

许宏：是这样的，目前我们所面临的问题还是现有材料太少。按理说，我的研究一直秉持历史主义史观，也就是说要把这个问题放在一个大的历史背景下去看待，而且要具体问题具体分析。具体区域中具体的考古学文化应该是大体独立的，故对相关问题应该做独立思考。从这个意义上讲，不宜把这么一个大时间段内各地出土的东西放在一起来做大而化之的阐释，这是我们应该尽量避免的。

但在文字起源的雏形和探索阶段，各个地域不同的人群大致相对独立地创制出类似的字符，并在当时形成一种风潮，他们之间还可能有一定的相互影响和作用，这是不能无视和低估的。有学者认为丁公陶文是一种早夭了的古文字，但即使是这样一种被淘汰或失传的文字，李学勤先生等学者也已经试图把它们一一破译出来，那就说明它跟后来成为主流的甲骨文之间还是有一定关联的，否则我们完全不认识，就不可能把它解读出来，所以说这个问题应该辩证地看。

澎湃新闻：比上述遗址略晚且又是您最为熟悉的二里头遗址就出土有不少刻划符号，对此您没有提及。文字对不少考古人来说是个执念，三星堆直播时也提及文字对破解其关键问题的重要性，但对这个时期的考古学而言，文字是必要的吗？

许宏：对，我没有提二里头那些刻划符号，是因为我个人和绝大部分学者一样，不认为它是文字。文字确认的前提应该是已成为文书，也就是说，只有复数出现、连成字句的文书才能表达一定内容，甚至思想。我们不能肯定单个刻符是文字，所以它们都是存疑的，目前只有极个别学者认为二里头文化有文字。

不过，我曾推测二里头应该有文字，因为它的社会结构相当复

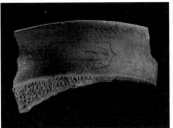

二里头出土陶器刻符

杂，已经有老师把它分成4级聚落形态，这么一个复杂的社会结构，如果没有文字的话，是很难想象它是如何对较广的地域和较多的人群进行管理和统治的。二里头作为中心，如何跟各层次的聚落进行沟通和交流？如果没有文字是不可想象的。

我们看到三星堆的中心聚落，或称之为都邑，但它是一家独大的，三星堆文化并没有显现出像二里头文化那样有比较复杂的聚落形态和社会结构。所以，如果说三星堆社会来组织铸造大型青铜器，三星堆人在现场完全可以使用语言进行交流，即使没有文字也无妨，即由于它的社会结构和聚落形态偏于简单，因此，没有文字是完全可以理解的。

中原的二里头和成都平原的三星堆时期，都属于原史（Proto-history）时代，也就是文献材料不足证、说不清楚当事人身份的时期。考古学的主战场本来就是没有文字的史前时代和这个原史时代的，它的最大特长本来就是在没有文字文书佐证的情况下探究逝去的人类社会，它擅长解决的是人地关系、聚落形态、生产生计和社会结构等方面的问题。文字什么时候必要呢？因为我们执着于狭义史学的概念，一定要解决人群的族属和王朝归属的问题，故而文字是必须的。但这些狭义史学的问题恰恰是考古学不擅长的甚至是根本解决不了的，所以要搞清楚这个问题。

关于二里头，什么时候文字是必须的？是因为我们要推断、判定二里头是夏，甚至想卡定它就是夏，在这个时候，像甲骨文那样的当时的文书材料就是必须的条件，是不可逾越的门槛。但我们擅长研究的是二里头的人地关系、聚落形态、生产生计和这个时期的社会结构等，这些都是不需要文字材料就可以解明的。考古学不可能单独解决狭义史学的问题，这个问题夏鼐先生在《中国文明的起源》中已经说得非常清楚了。他指出："夏朝是属于传说中的一个比商朝为早的朝代。这是属于历史（狭义）的范畴。在考古学的范畴内，我们还没有发现有确切证据把这里的遗迹遗物和传说中的夏朝、夏民族或夏文化连接起来……作为一个保守的考古工作者，我认为夏文化的探索，仍是一个尚未解决的问题。"

澎湃新闻：经过您的细致分析和再度考古发掘，将原认为二里头1号大墓更正为水井遗存，但在二里头时期，成组的高规格墓葬都埋葬于宫殿区内，这种葬俗反映了什么，对下有无影响？因为大众比较熟悉的妇好墓也埋葬于宫殿区。

许宏：成组的高规格墓葬埋在宫殿区仅见于二里头文化的早期，到了二里头文化晚期，宫殿建筑群内逐渐"纯净化"，富于生活色彩的遗迹统统不见于宫城的范围内，此时的贵族墓全在宫城以外。这跟二里头文化第二期成组的高规格墓葬分布在宫室建筑群的院子内形成鲜明对比。

在二里头1号大墓被否定之后，二里头墓葬所显现的国家社会结构的金字塔塔尖也就被削去了。到目前为止，还没有发现与大型宫室建筑相应的超大型墓葬。

┃ 二里头绿松石龙形器与青铜铃

所以，我们现在只能说像出有绿松石龙形器的3号墓和二里头发现的其他重要的贵族墓都属于第一等级，而没有一个独一无二的王墓，顶多就是十几座高级别的墓葬分布于二里头文化的大部分时段。

妇好墓跟二里头遗址的贵族墓葬不大一样，因为那时候已经有王陵区了，她没有追随武丁陪葬于王陵区的原因成谜。考古学解决不了这样的问题，考古学只能首先确认遗迹现象，至于背后的动因只能是推测。而二里头这种葬俗虽在表象上跟妇好墓大体相近，但不能说它就是直接的源头，可能是跟它相关联的比较早的例证吧。

但至少我们可以观察到的是，殷墟在当时就是"居葬合一"的，二里头也没有贵族墓葬有意避开当时生活区的葬俗，也就是说墓葬和生活区没有明确区分，这体现了当时的生死观跟后来是不同的。到了东周时期，尤其是战国时期，王级大墓才纷纷移出城外，甚至到了郊区，可以看出这样一个大致的脉络来。

澎湃新闻：除了夏商周考古学外，本书也收纳了三个历史时期考古学的案例，考古材料与解释之间似乎有一条鸿沟，即使是传世文献

较多的历史时期，我想这也是您用"发现与推理"一名的原因，怎么做到合理又客观的解释？

许宏：考古遗存本身是不会说话的，有什么就是什么，如果我们仅描述现象而不做过多阐述，它相对来说便是一种"实"的东西，跟它相对应的是我们的推理、阐释、假说和分析，这些东西相对来说是"虚"的，是仁者见仁的。

也就是说在上古史和考古学领域，不少问题具有不可验证性，多数研究结果是不能定论、需要验证的推论和假说，充满了扑朔迷离的色彩，而且聚讼纷纭、久议不决，这都是非常正常的。在这种情况下，作为学者就应该对自己提出的推论和阐释有一种自警、自省、自

▍ 2021年，三星堆3号坑发掘，跪坐顶尊青铜人像出土

惕的反思精神。我们做学问时应该把科学精神、学术规则和学术底线贯穿其中，要意识到真理再往前走一步就是谬误，我们应该随时有这样一种相对冷静和理性的思考。

怎样做到合理又相对客观的解释？我个人正在尝试走的这条路、形成的这种风格就是"述而不作"，等于说有一分材料说一分话。我们从考古材料出发，然后谨慎地推论到一定程度，同时又坦言自己所得出结论的相对性和不确定性，要留有余地。当然每个学者都有不同的风格，有人可能有一分材料说三分话，推想的成分大些，这都没有什么，但是必须承认大部分的研究都是推想，不能作为定论，实证不了什么东西，我基本上是想传达这样一个感受吧。

澎湃新闻：20多年来，就像热度再起的三星堆一样，公众对考古、对二里头的讨论热度和关注点恐怕是不太一致的，能否谈谈您的切身经历和体会？甚至有考古界以外的人说三星堆才是"最早的中国"，怎么看待这些不同的声音？

许宏：大家对二里头以及对最近的三星堆兴起的考古热，对考古人来说当然是件好事儿。要知道在三四十年前，考古就是个小学科，是极其小众的象牙塔学问，现在备受关注，今非昔比。但是，我又觉得应该在这种过热的情况下能有一些冷思考，希望我的这些书和最近我关于三星堆的发言等能够引导大家来一起探讨。

我们是不是应该更多地注意到相关问题背后的逻辑，以及运用逻辑从材料到结论的推导过程，甚至为什么有些问题我们说不清楚，都应该从学理上告诉大家究竟是怎么一回事。一方面，我们欣喜地感受到随着国家经济社会的发展，仓廪实而知礼节，全民的文化素养在不断提升；另一方面，又真切地意识到这种提升还任重道远。因而，我们跟公众的交流和沟通是很有必要的。

　　至于说有人认为三星堆是"最早的中国"，甚至把三星堆推定成"夏"，这些都是推论和假说，有些可能不着边际。到目前为止，在上古史和考古学领域，我们不能排除任何假说所代表的可能性，因而也就不应该一棍子把不同声音给打死，我们应当秉持的是学术面前人人平等的原则。作为专业人士，对相关问题做一定的澄清是必要的。我们完全可以对这些问题做进一步的探究和思考，这是我愿意和大家共勉的。

　　面对这种热潮，另外一个冷思考是我们同仁在想：考古学有那么重要吗？实际上，跟国计民生相比它常被看作无用之学，尽管我们会王婆卖瓜似的说"无用之用，方为大用"。我们考古人一直做的是长期默默无闻、踏踏实实的艰辛探索工作，所以像考古发掘这样的工作是不太适合做直播之类宣传的，它就好比把考古等同于芝麻开门式的重大发现，应该淡化这种倾向，然后大家一起来探讨我们所共同关心的历史文化的底蕴问题。

2021年4月20日，采访人杨炎之

5

二里头与三星堆

三星堆与二里头，到底谁影响了谁？

——猛犸新闻访谈

2021年3月，新发现6座"祭祀坑"、出土500余件重要文物的消息，让三星堆成了全民关注的热词。与此同时，造型怪异的青铜器从何而来、三星堆与二里头谁是"最早的中国"，这些讨论与争议，也在考古之外风声渐起。

3月23日的最新消息显示，专家对三星堆遗址6个坑的73份炭屑样品使用碳-14年代检测方法进行了分析，对年代分布区间进行了初步判定：推断三星堆4号坑距今3200年至3000年，属于商代晚期。

围绕三星堆和三星堆之外的讨论，记者与中国社会科学院考古研究所研究员许宏进行了一次对话。

◎ 三星堆不是蜀文化

猛犸新闻：三星堆文化与二里头文化，谁早谁晚？

许宏：三星堆文化要晚于二里头文化。

有四川本地的学者说，三星堆文化最早可以追溯到距今4000年前（约公元前2000年），这是不可能的。三星堆文化的最早阶段就发现了陶盉等二里头文化风格的器物，而这类陶盉在二里头遗址中的年代是二里头文化二期（不早于公元前1700年）。考虑到文化传播的时间差，三星堆文化的上限大致相当于二里头文化晚期甚至末期，也就是不早于公元前1600年。四川本地的另一些学者也持这种观点。而"中华文明探源工程"的最新测年结果显示，二里头文化的绝对年代是公元前1750—前1520年。所以我们说，三星堆文化的上限可以早到二里头文化时期，但不可能早于二里头文化。

猛犸新闻：三星堆能否代表蜀文化？

许宏：从目前掌握的证据来看，还不能说三星堆文化就是早期蜀文化。这要从两方面分析。

首先是缺乏文字的直接联系。甲骨文中虽然有关于"蜀"的记载，后世文献记载也说"蜀"参与了灭商联军，但三星堆本身并没有发现任何文字，目前还无法直接证明三星堆文化就是文献中的蜀文化。有学者就认为早期蜀文化应在汉中甚至关中地区。其次是认知体系和价值体系的重大差异。东周时期及以后的蜀文化深受中原文化影响，已经出现了像中原文化系统那样的大型墓葬，包括贵族和王的墓葬，还有大量的随葬品。这些是中原文化中王者和贵族本位的象征。但三星堆和金沙文化中目前还没有发现像东周蜀文化这样的突出显贵个人

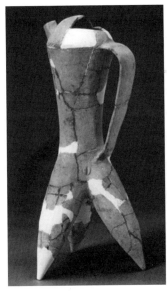

▎三星堆出土陶盉（左）与二里头出土陶盉对比

本位的遗存，仅仅是公共性的祭祀。因此，我们同意这样的观点，即不能说三星堆、金沙文化和东周以后的蜀文化一脉相承。

作为一名考古工作者，我们就是要告诉公众，哪些问题能说得清，为什么对于有些问题还说不清楚，这是一种治学上的审慎态度。所以，如果说三星堆文化就是源远流长的蜀文化，那暂时只能看作当代人对上古史前史的一种建构。

◎ 二里头、殷墟成就了三星堆

猛犸新闻：三星堆所代表的文明来自何方？它与中原文化、二里头文化有着怎样的关联？

许宏：学界公认的是，外来文化因素的渗入，导致成都平原土著文化发生变化而产生了新的文化——三星堆文化，而它形成的最大契机就是二里头文化因素的出现。

三星堆文化的早期受到二里头文化影响，这点可以从出土的陶盉、铜牌饰、玉石牙璋等看出来，而三星堆文化的晚期则深受殷墟文化的影响。可以说，正是由于中原文化的持续影响，才使三星堆文化由新石器时代进入了青铜时代，在四川盆地创造了灿烂辉煌的青铜文明，但其进入青铜时代的时间已相当于殷墟时期。

至于三星堆出土的面具、金杖、青铜神树则显示，三星堆文化还受到中原以外的文明影响。但这些因素具体从何而来，由于缺乏直接

三星堆金面罩人头像（左）、青铜人

的证据，目前还无法判断。

猛犸新闻：中原文化如何对三星堆文化产生影响？

许宏： 从中原向西、向南两个方向都有可能。

中原向西，从郑洛地区西去进入关中，或者顺着洛河上游到达汉中地区，再从汉中南下进入四川盆地；中原向南，从汉水流域进入湖北地区，顺长江流域经过三峡地区再进入四川。这些都有可能。

目前，四川盆地的东、北两个方向都发现了能够连接中原和三星堆、金沙的文化遗存。至于传播的方式，战争、联姻、结盟、贸易等都有可能。

◎ 三星堆消失，是人与神关系的退场

猛犸新闻：三星堆出土的纵目青铜面具，风格与已经发现的中原地区文物造型迥然不同。三星堆文化有可能来源于南亚、西亚吗？

许宏： 作为严谨的学者，我们不能把远距离的文化相似性当作文化传播的证据，但是不排除任何假说所代表的可能性。

从既往的考古发现看，文化的传播一般是族群之间接力式的、间接式的传播，而不是像张骞通西域那样，远距离直线传播而来。比如，殷墟中虽然出土了马车，但肯定不是从马车的起源地——欧亚大草原西部直接传播过来的。殷商集团很有可能是在和晋陕高原或北方的族群作战过程中，得到制作和使用马车的技术，而晋陕高原或北方的族群可能是从更远的内亚地区的人那里学来的。

这是一个以时间换空间的过程，所以现在很难找到确切的源头。

三星堆青铜纵目面具

猛犸新闻：三星堆文化为什么会突然消失？

许宏：三星堆文化和二里头文化比较类似，都没有发现宫室或其他重要建筑被火烧或者被捣毁的迹象，所以各种可能都有。比如一场瘟疫、植被破坏、水源污染等，当然也不排除外敌入侵或战略转移。

三星堆的衰落、金沙（十二桥文化）崛起的原因，目前学界有不同的认识，和二里头、郑州商城的此消彼长一样，都不能排除是同一人群的迁徙转移，比如三星堆的中心都邑转移到了成都金沙。

对于这个问题，我还有一个基于历史发展维度的解读：三星堆文化虽然有了国家形态，也进入青铜时代，但它的意识形态还停留在祭祀山川、巫术气息比较浓厚的原始状态；与此同时，中原地区注重世俗的祖先崇拜，后来有了宗法制度。宗法关乎政治，注重人与人的关系，代表着当时先进文化的发展方向。在历史发展的进程中，三星堆这种注重人神关系的文化逐渐衰落，比较早地退出了历史的舞台，而中原文化则崛起成为中国古代文明的主流，其背后的动因有待进一步探究。

猛犸新闻： 三星堆有没有可能来自外星文明？

许宏： 三星堆某些青铜器的造型大家感到怪异，那是由于我们的视野狭窄，考古发现中还存在着诸多待解之谜，我们不知道的远比知道的多得多，这很正常。但到目前为止，还没有什么发现超出了我们既有的认知范畴。至于外星文明的说法，那是开脑洞，与我们的考古研究无关。

◎ 考古与考古之外

猛犸新闻： 三星堆考古对于"中华文明探源工程"有什么意义？

许宏： 如果我们认可华夏族群是从多元到一体的，那么，三星堆考古恰恰提供了一个秦汉帝国一体一统化之前，东亚大陆各族群多元发展的例证，也正是不同族群的相互碰撞，才产生了基于共同文化认同的华夏族群乃至后来的中华民族。

猛犸新闻： 在三星堆的考古发掘中，有媒体邀请创作盗墓作品的作家对考古进行解读，也引发了"考古娱乐化"的争议。您对此如何看？

许宏： 考古是偏于严肃的科研工作。我们一直极力向公众阐明，考古跟盗墓具有本质的差异。而这次出现这样的安排，确实给人一种违和感。毕竟，文学作品和学术研究是两码事。

猛犸新闻： 对于二里头和三星堆，网上充满了各种天马行空的想法。那么，我们应当如何给三星堆勾画一个确切的图景呢？

许宏：在马牧河两岸3.5平方公里范围里，有这样的一个非常壮观的都邑，夯土城圈沿河而建。河的南北两岸已经有了不同的功能分区，河的南岸是祭祀区，大型建筑和居住区则建在河北。人们在广场上或神庙中的祭祀活动充满巫术和宗教色彩。可以说，三星堆都邑与二里头都邑的布局都是相当有章法的。它们既有相似之处又有所不同，都是中华文明满天星斗中的璀璨明星。在从"满天星斗"到"月明星稀"的历史演进中，我们的华夏文明如百川汇流，渐成兼容并包、兼收并蓄的大江大海。

2021年3月23日，采访人宋迎迎

从"满天星斗"到"月明星稀"

◎ 二里头的青铜文明比三星堆青铜文明，要早好几百年

按我自己的话语系统，中国古代文明史可以分为三大阶段。首先是满天星斗的无中心多元时期，这是我国考古学泰斗苏秉琦先生提出来的，也可称为前中国时代。从二里头开始直至西周王朝，是从满天星斗到月明星稀，即从无中心的多元到有中心的多元。三星堆就是这满天星斗中最亮的一颗星。

大家对三星堆出现如此辉煌灿烂的文明而没有文字感到讶异，其实这讶异恰恰说明我们的常识可能存在问题，那就是潜意识里的中原汉字霸权主义意识。日本和欧美学者就把三星堆看成内亚地区到南亚地区的纽带和桥梁，也是沟通中原的纽带和桥梁。

有网友曾说，许老师你就是大二里头主义、大中原中心主义，三星堆比二里头强多了。我回答，首先要先弄清谁在先谁在后，实际上

二里头的青铜文明比三星堆青铜文明的年代要早好几百年。三星堆器物坑属于三星堆文化晚期，与殷墟大体同时。

中原地区历来是中国历史的重中之重，从民国开始到新中国成立，考古田野工作做得扎实细腻，年代框架也比较清楚。三星堆发现之初搞不清楚年代，但其中的外来文化因素，尤其是中原来的文化因素，为其起到了断代的作用，提供了标尺性的线索。

三星堆文化的前身宝墩文化属于龙山时代，后来受包括二里头文化在内的外来文化影响，导致成都平原的史前文化发生变容，从而发展成为三星堆文化。这样看来，三星堆一直接受着中原地区的影响，但是二里头高精尖的青铜器铸造技术当时还未传过去。到了殷墟时期，三星堆才进入了青铜时代，比中原至少迟了三四百年，所以没有必要对三星堆的青铜文明做无限度的拔高。

我是一个搞中原考古的学者，没有发掘过三星堆，但我常说观史需要距离感，太远了看不清楚，太近了"不识庐山真面目"。三星堆本身是客观的，但学者对它的解读是一种建构，我讲的不是真理，不是事实本身，而是我作为一个学者对三星堆的解读和阐释。

◎ 三星堆文化和蜀国文化，在认知体系上很可能有重大差异

我倾向于先用"器物坑"来称呼三星堆发掘出的8个坑，暂时不宜直接称为祭祀坑。因为祭祀是当代人的解读，即便最大的可能与祭祀有关，也不排除属于第二现场，有些是祭祀后的埋藏坑。而没有当时的文字确证，便都是推测甚至想象。

如果我们以中原人、华夏人自居，会感觉三星堆出的东西"非我

族类"，充满浓重的巫术色彩，跟中原人及后来的所谓华夏人在认知上有比较鲜明的对比。这是因为后者注重祖先崇拜和宗法制度，而二里头及以后的中原王朝，成为后来中国古代文明的主流。

大家知道甲骨文中有"蜀"这个字，但此"蜀"是不是成都平原的蜀？是不是三星堆？存在争议。有学者就认为甲骨文中的蜀在汉中甚至陕西关中，早期的蜀对应于四川，都是后代人根据晚近文献所做的追溯。

我认为这些都属于非物质文化遗产。比如说"夏"，是春秋时期开始尤其是战国至汉代的人，在所谓的"夏"千年之后的说法，应先归于传说。所以如果没有类似甲骨文的文字材料出来，就说不清楚三星堆是不是蜀，因为没有扎实的铁证。现在看三星堆—金沙系统的文化和东周时期的蜀文化，二者在认知体系和价值体系上很可能有重大差异。作为考古人当然非常希望把"非物质文化遗产"前面的"非"字去掉，但那是需要铁证的。我作为一个保守的考古人，就是认可"知之为知之，不知为不知，是知也"。

实话说，考古学上的很多问题，我真的不知道。不是谦虚，而是没有证据。没有证据，就只能说不知道。在上古史和考古学领域，不知道的永远都会比知道的多得多。

◎ 三星堆是沟通欧亚大陆西部和东部文明的纽带？

最大的不同，在于眼界和视野。大家要知道，人类把世界看作一体化的空间来书写全球史只有五六十年的时间，五六十年之前是各自写区域史，比如西方人以欧洲为中心书写，而我们也是写我们自己的。500年前的大航海把全球串联起来，而从工业化到信息化，最后有了地球村的概念，只有五六十年。所以为什么我们的历史一直要重写？像老电影要重拍一样，就是因为我们的眼界在提升、史观在变化、审美在变化。

在全球史方兴未艾的情况下，许多海外学者已经不把新发现当作某一个国家的特殊发现，而是从全球文明史的角度去看。在如此大的背景之下，我们悠久的历史究竟是宝贵财富还是一个负担，就是个问题。如果我们执着于我者和他者，就好像一个人总说自己祖上曾经阔过，是不是反衬出自己作为子孙的无所夸耀、不肖？

著名学者王明珂先生曾经说过一句话，意味深长，大意是现在在做探寻本民族文化源头工作的，在全球范围内只有极少数区域，绝大部分区域的学者已经不这样考虑问题了。与之形成鲜明对比的是，我们中国有丰富的古代典籍，有证经补史的文化传统，这也是一种史学情结。我们这些学者也都一直致力于追溯我们悠久的历史，给自己的定位也是学术上的寻根问祖。

所以如果从全球史的角度来看，我们在反思，三星堆是不是沟通欧亚大陆西部和东部文明的一条纽带和桥梁？该如何看待我们丰富的历史文化遗产？这是每个严肃的中国文化人都需要认真思考的问题。这两天我的微信朋友圈里有位朋友说，智人的几万年历史、人类的几千年文明发展史上，从来不存在某个区域或某个民族的单独叙事。大家想是不是这样？

◎ 半月形传播带、"中国弧"是大众应该了解的文化概念

最新的"中华文明探源工程"测年数据，随着测年技术的进步，越测越短，越测越晚。现在二里头文化的年代是公元前1750年—前1520年，中间只剩200多年时间，以前的认识是从公元前1900年前后开始，延续了400年。在这种情况下，周边地区的考古学研究如果不随之调整就会发生时间上的错乱，导致各地区在探索早期中国过程中的困惑和混乱。

到现在为止，还有专家在推定三星堆文化上限时用距今4000年的概念。一方面承认三星堆文化受二里头文化的影响，和二里头文化在一段时间内共存过，同时又说三星堆距今4000年，这就比现在确认的二里头文化的上限早了二三百年，这是矛盾的。

说到文化传播，实际上欧亚大陆那时没有不可逾越的自然障碍，像青铜冶铸技术都是一点一点地传过来的。我的《东亚青铜潮》这本小书就勾勒了这个西风东渐的框架。探究历史非常不容易，有许多

学术以外的因素。探索源头更有这个问题，因为事物总是在变的。所以文明的传播与其说像流水，不如说像基因复制，复制的同时产生变异，可以变得面目全非。

青铜冶铸技术传到中原就发生了质变，二里头文化先掌握了高精尖的技术，之后是二里岗文化。二里头时代只有二里头都邑，二里岗时代只有郑州商城能够铸造青铜容器，这就导致了王权对青铜冶铸技术高科技的独占。这种中原独大的状态到殷墟时期被打破。从晚商到西周时期是中国青铜时代的顶峰，殷墟青铜器做得非常好，都邑大，人口多，但对外的统治范围反而收缩了，各地土著文化崛起，把独家秘籍的高精尖青铜冶铸技术学去了。技术泄密外传，这一外传自此改变了东亚大陆的"国际局势"。

《东亚青铜潮》，生活·读书·新知三联书店，2021年

给大家引进两个概念，一个是半月形文化传播带概念，这是已故四川大学童恩正教授提出来的。半月形文化传播带指的是从我国东北南部开始，经内蒙古、山西、陕西、甘肃、青海、四川到云南这一区域。后来英国的杰西卡·罗森教授提出了一个概念叫美丽的"中国弧"，是用另一个语汇来形容童恩正先生口中的半月形地带的概念。

从人文地理的角度看，在"中国弧"之外，是高原、戈壁、沙漠这样的地形地貌，"中国弧"以内才适合农耕。大家想一想，秦汉帝国的版图是不是就在这儿？后来所谓的中国本部是不是就在这儿？外边是西藏、新疆、内蒙古、东北"四大边疆"，里边是小中国，以中原为中心，外边是后来形成的大中华。开始是小中国加蛮夷戎狄，后来蛮夷戎狄融合进来成为大中华。所以一定要有中国是从无到有、从小

▌杰西卡·罗森教授的"中国弧"概念

到大演变的概念。二里头文化的崛起昭示了中原中心的形成。

回到三星堆。为什么三星堆既有中原因素也有外来因素？为什么三星堆用金子来制作权杖？我们说半月形地带既是文化交流传播带，同时也是一个保护膜，其中的鼎文化和爵文化都没有超越半月形地带，而从西边传来的权杖文化也基本上被挡在了这条弧之外。金和青铜都是从西边来的。而古代中国人好玉，对于金属制作不擅长也不喜欢，所以二里头时代才进入青铜时代，却还没有金器。殷墟时代的三星堆青铜文明，既接受了殷墟文化的影响，又有外来的使用金器和权杖的传统，是可以理解的。所以我们看历史考古问题，要使自己的思维复杂化。

◎ 夏商周断代的基点是武王伐纣，而这个时间点现在至少有44种说法

我提出二里头是最早的中国，是华夏第一王都。能够得出这样的结论，是我们站在前人的肩膀上，在老先生们探索的前提下，我们在二里头发现了众多中国之最，前无古人，继而开了后世古代中国诸多制度的先河。

二里头在中国文明史上作为都邑，既不是最大的，也不是最早的，为什么重要？就在于它是华夏族群从多元到一体的一个节点。另一个节点是秦王朝。从秦王朝开始才从有中心的多元演变到一体化的中央集权帝国模式，也即我们在开头讲的中国古代文明史的第三大阶段。

2018年在国务院新闻办召开的中华文明起源与早期发展综合研究成果发布会，给出了中华文明起源的三个时间节点。

第一个节点，距今5800年前后，黄河、长江中下游以及西辽河

等区域出现了文明迹象。第二个节点，距今5300年以来，中华大地各地区陆续进入了文明阶段，良渚等一批文明古国开始出现。第三个节点，距今3800年前后，中原地区形成了更为成熟的文明形态，并向四方辐射文化影响力，成为中华文明总进程的核心与引领者。这指的就是二里头文明的兴起，它开启了夏商周三代的王朝文明。

这是"中华文明探源工程"的一个基本结论，由于是考古学本位的粗略划分，问题较少。此后的夏商周断代，一旦涉及传世文献和较真的年代问题，就复杂起来了，还有许多问题没有解决。大家知道公元前841年中国历史才开始有了确切的纪年，而夏商周断代工程对于

二里头村民在"华夏第一王都"碑前驻足观看

此前的西周各王，只能提出比较准确的年代；商代后期的武丁以下各王，可以提出比较准确的年代，因为有甲骨文了；而商代前期，只能提出比较详细的年代框架；至于夏代，则只能提出基本的年代框架。这是因为我们无法把握一个确切的时间基点。夏商周断代的基点是武王伐纣，这样一个按说应该很明确的时间点现在至少有44种结论，前后相差112年。也就是说基点已经差了112年，学者们再采用关于夏、商总年数的不同说法，可以想见其累积误差，所以彻底解决夏商周年代的关键问题还任重道远。

作为一个学者，有一分材料说一分话，所以我是带着比较平和的心态来看这些探索的。二里头文化有了更细腻的年代框架，我们是在借着断代工程和探源工程之力，推进着学术研究。

我于1999年接任二里头考古队队长，那是二里头遗址发现40周年。在此之前，我们的两任老队长，都在任20年。我也干了20年，在二里头遗址发现60周年的那一年，我主动辞去了队长职务，把它交给年轻人去做。我觉得这成为一个传承，相信二里头在年轻学者的努力下能展现出更大的辉煌。我希望自己从田野考古学家转身为沙发考古学家，写自己喜欢写的书，做自己喜欢做的事儿。

最后要跟大家分享一句话，是我的责编从书中选摘出来印在《何以中国》初版封底上的一句话：我们永远也不可能获知当时的真相，但仍然怀着最大限度迫近真相的执着。——用这句话和大家共勉。

2021年3月27—28日线上讲座

《北京青年报》王勉整理

6

城邑与城市　有城与无城

由"城邑考古三部曲"说开去

——澎湃新闻访谈

◎ **并非有城墙的聚落才是城邑**

澎湃新闻：您的第一本著作为《先秦城市考古学研究》，前几年出版了《大都无城：中国古都的动态解读》，新近出版的《先秦城邑考古》，可视为您个人的城邑考古三部曲，三本专著的关系是什么？

许宏：三本书虽题名不同，其实是一以贯之的。《先秦城市考古学研究》是我的博士论文修订版，1996年我博士毕业，所提交的论文就是《先秦城市考古学研究》。当年的答辩委员有严文明、俞伟超、张忠培和张长寿等考古大家，加上我的导师徐苹芳先生，可谓阵容豪华。先生们对我的论文给予了较高的评价，也提出了不少意见和建议，让我受益匪浅。

博士论文的选题是导师徐苹芳先生定的。徐先生是著名的城市考古专家，宿白先生和他提出的"古今重叠型城市"的考古方法让后人

《先秦城市考古学研究》，北京燕山出版社，2000年

《先秦城邑考古》，金城出版社、西苑出版社，2017年

受益良多。他还亲自主持过元大都等都城的发掘，尤其是对宋元明清时期的城市考古用力尤巨。城市的起源与发展是我们必须考虑和研究清楚的，这也是先生心心念念的一件事。所以，他就让我从考古学的角度整理、总结先秦城市的发现与研究成果，综论中国城市的起源及其早期发展。我将关注的时段放在仰韶时代晚期至春秋战国时期（约前3500—前221年），来进行考古学的分区与分期，旨在从中国城市产生与发展的具体情况出发，探索城市的本质特征、中国早期城市的特点及其发展规律。

1999年，我出任二里头工作队队长一职，二里头的考古工作给了我一个对先秦都邑"解剖麻雀"的机会，使我对早期城市的理解更加深入，博士毕业后我也一直未曾间断地收集与先秦城市有关的田野考古资料和研究论著的存目。

2013年，我在《文物》月刊上发表了《大都无城——论中国古代都城的早期形态》一文，但由于篇幅限制，对这一问题未能全面展开，适逢三联书店约稿，我得以把"大都无城"这一问题进行深入剖析。《先秦城市考古学研究》出版以来的10余年时间里，各种杂务缠身，虽然一直想对此书加以修订，但未能如愿。《大都无城》算是先梳理出的一个限于都邑的缩略本吧。

《先秦城市考古学研究》出版多年，对它的修订完善一直是我不能释怀的，按理说最理想的是一个青年学者能在我的基础上做进一步思考，因为年轻人的精力好。但没人愿意做这么大一个时空范畴的东西，可能一般同学有畏难情绪，毕竟这个纵跨需要一些时间和精力，另外还要有所积淀吧。《大都无城》出版后，有年轻朋友说："许老师，您的《先秦城市考古学研究》年轻人还是需要的，好多人手里只有PDF，哪怕重印一下也好。"因为当初印的1000册在出版几个月后就售罄了。我说："那也成，反正版权在我手里，可以满足大家的需求。"

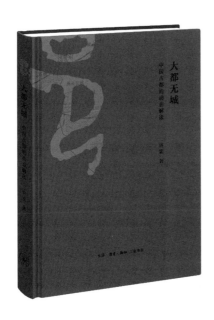

■ 《大都无城》，生活·读书·新知三联书店，2016年

203

在此之前还有个插曲。一个韩国的研究机构邀我访韩，后来得知，该机构的学者金龙星先生已经将我的《先秦城市考古学研究》译成韩文，等到了韩国，他便把译好的本子拿给我看，说韩国学界很需要这部著作，这令我百感交集：一位外国学者能把它译出来十分难得，我觉得这是好事，学术乃天下之公器。遗憾的是书中的材料太旧，就截止到1998年。我暂时又写不出新书，就觉得比较遗憾。

接下来译者金先生问的当然就是能不能在韩国出版韩文版。之前有网友抱怨说他在韩国留学时，买盗版的《先秦城市考古学研究》，很贵，而金先生尊重作者，征得我同意，我说当然可以，当场就签了授权韩文版的意向书。我说："那我再写个韩文版的序，说明一下情况，另外把我收集的1998—2013年这一阶段的中文文献存目放在书后吧。"他非常高兴。后来韩文版在韩国的ZININZIN出版社出版。

有了韩文版，我就想可以照这样来出，毕竟自己关于先秦城市总体演变的观点和大的框架没有变。最初想把它变成上、中、下三编：上编是《先秦城市考古学研究》的主体部分，加上最新的材料，作最小限度的修订；中编收入这本书出版后我个人关于先秦城市考古学研究方面的10篇论文，代表我最新的思考；下编把全部的基础表和搜集到的关于先秦城邑考古的文献存目放上去，因为工具书性质的著作比较好用。以此退而求其次，圆了我的修订梦。

出版社为这部书申请了当年的国家出版基金，很快就批下来了，这等于给我上了个紧箍咒——必须按规定的时间结项出版，可我在修订过程中摊子越铺越大，一点一点地陷进来了。比如全书的讨论重点从"城市"转到"城邑"；随着思考的深入，城邑的内涵从限于狭义"城址"的围垣聚落变成了现在的包括环壕聚落，这样，探讨的时间上限就从公元前3500年追溯到公元前7000年。工作量成倍增加，交稿期不断延后，这样只能跟责编解释，他们便一遍一遍地写延期结项报告，因为大家的共同愿望是要出就出个更理想的。

《先秦城邑考古》就是这么来的，本来是想做一个修订版，可由简入繁，自己给自己找了这么大的活儿来干，就像人们常说的"井无压力不出油，人无压力轻飘飘"。同时，经过一系列思考，以至于整体框架、书名都变了，完全成一套新书了。换句话说，《先秦城邑考古》是《先秦城市考古学研究》的升级版。

澎湃新闻：从"城市"到"城邑"的变化反映了什么？

许宏：这是其中一个最大的思考。如果比较这两个概念的差异，城市是一种定性分析，是从社会发展的角度观察到的一种高级聚落形态。我以前有篇论文叫《再论城市（都邑）是文明时代到来的唯一标志》，不理解的感觉是在哗众取宠，其实说的是所谓"文明"的诸要素大部分是考古学的具体研究对象，如青铜器等礼器、大型礼仪中心、大墓、文字等，它们都是具象的物，但城市是什么？城市的标志可不是城墙，这是我在这部书里一直强调的问题。迄今为止，城市概念的使用非常混乱，城市是被高度提炼的、抽象的而非具象的东西，上述具象的物（遗存）组合在一起、集中于一地，才能被抽象为城市。这样你就能理解我为什么把城市改为城邑，城邑是具象的考古学现象。

在研究中，比较复杂的是对城市（都邑）起源的推导，这是一个逻辑思辨的过程，它已经超出了考古学本位的研究范畴。后期的城市就是一个城市，尤其是东周秦汉之后，城圈的大小往往就是一个城市最重要的指标。但在城市起源的过程中，连夏商时代城墙的有无都不能作为城市或都邑的一个指标，它本身是不是城市是要进行思辨和分析的。这样一来，在《先秦城市考古学研究》中，我就一直在城市和城址之间相互切换，不能把龙山时代或之前的一个城址，也就是被圈围起来的一个聚落遗址直接认定为城市。

经过这么多年的田野工作和综合研究，我现在更强调考古学本位的研究——考古学擅长什么、不擅长什么，考古学应该扬长避短，而非扬短避长，我一直强调这一点。城邑所涵盖的面要比城市大得多，而考古学最得心应手的是聚落形态——聚落的空间结构及其演化过程。于是我便想，如果着眼于圈围设施的有无和存在状态等，那不就是城邑的研究吗？如果将研究的主题从"城市"转换为"城邑"，不就扬长避短了？

但什么是文明、什么是国家、什么是城市这些抽象的概念，大家都很关心又仁者见仁，我的这部专著，它肯定有我个人的史观在里面，对于上述问题都有明晰的界定，甚至提出了不同的见解。同时我又希望它是一部"引得"（索引）性质的工具书，做考古学本位的研究，不做过多的结论推衍。

举个例子，作为资料的考古报告是永存的，而学者的论文、论著等都是"各领风骚几十年"，有的几十年还不到。我希望这本书能成为工具书：上编是用来读的一个正文框架，当然插图也可以用来查，比如说加了二维码的400幅图；而下编的基础表格和论著存目就是用来查的。一般初入门的考古专业学生和爱好者，甚至考古工作者都读不进去考古报告，因为考古报告是用来查的而非用来读的。它必须形成考古"八股"的格式，必须是你想找什么，马上就可以从中找出来，如果你不按这个"八股"来，就找不到。所以，我对它的定位是一部述而不作的"引得"性质的专著。由于这样的定位，我便想这个书名是不是可以从《先秦城市考古学研究》改为《先秦城邑考古》，基本上是这样一个思路。

城邑已经超出用城墙围起的聚落（walled site），其圈围设施（enclosure）还包括环壕、栅栏和部分利用自然天险构筑的各类工事。同时，它不仅仅作为防御之用，也可能用于区隔不同的人群，在早期城垣出现之前，环壕常用来行使这种功能，所以城垣不是界定城邑的唯一要素。换句话说，我就是讲这些具象的、带有区隔或防御性设施聚落的早期演变史，是一部关于"围子"的上古中国史。同时要从城邑的嬗变中把握城市起源与早期发展的一个脉络来。

澎湃新闻：您在《先秦城邑考古》中划分了5个阶段：前仰韶时代、仰韶时代、龙山时代、二里头—西周时代和春秋战国时代，划分的依据为何？

许宏：在《先秦城市考古学研究》中是分成三大阶段的：仰韶晚期至龙山时代、夏商西周时代和春秋战国时代。现在分为5大阶段，由于研究视野从以前仰韶文化晚期的公元前3500年追溯到上山文化的公元前7000年，就包括了前仰韶和仰韶阶段，之前在《先秦城市考古学研究》中是没有的，它只限于狭义的城址（围垣聚落）。

前仰韶、仰韶和龙山时代的提法，即在史前时代当时没有文字的情况下，把原本用来命名考古学文化的小地名（如仰韶、龙山）扩展到指代其所处的大的时代，由于当时还没有像后世那样的核心文化出现，所以这种时代定名就是个权宜之计，一个代号而已。

所以这5个时代不是同一层级的，它们又可以概括为三个大的阶段：前三个时代（前仰韶、仰韶、龙山）是无中心的多元时代，二里头—西周是有中心的多元时代，即广域王权国家出现的时代，东亚大陆核心文化出现于二里头，这是一个重要的节点。对前仰韶、仰韶、龙山时代的叙述都是按照自然顺序先西后东、先北后南，以前的论著往往是先说中原，但那个时候还没有文化上的中原中心，我一直强调"满天星斗"是无中心的多元。从"二里头"那章开始，先说中原后说周边，因为一个强势的王朝文明出现了，这也是我这部书章节布局所显现的认知上的一个变化。以二里头为界，在此之前，不以后人的中原中心史观来驾驭无中心时代的考古学材料。春秋战国是从广域王权国家到帝国迈进的关键转型期，秦以后是一体一统化的郡县制的中央集权国家，进入到帝国时期。所以后半段基本上延续了我之前的分期观点。

澎湃新闻：在《先秦城邑考古》中，您用"二里头—西周时代"代替博士论文中的"夏商西周时期"，是基于什么样的考虑？

许宏：刚才已经提到，其实这是我博士毕业后到二里头工作多年的思考，二里头遗址的性质到底是什么？它能与族属或者王朝直接对应吗？我认为这个问题不能简单视之。

现在关于夏的记载都是后代文献的追述，其中夹杂着不少神话与传说，考古材料能否与这些历史文献对应，文献记载是否真实可靠，这些都是值得我们去反思的。二里头文化属于"原史时代"的考古学文化，它的族属、王朝归属等有着极大的不确定性，所以不能轻易地联系。我认为只有到了殷墟（文化）时期，出现了甲骨文，中原地区才结束了"原史"时代，开启了"历史（信史）"时代，在此之前的二里头（文化）时期、二里岗（文化）时期都不能简单地对应为夏或早商王朝等，因为我们还没有确凿的证据去证实或否定古代文献中关于夏和早商的历史。

■ 殷墟甲骨卜辞

我一直认为二里头遗址是探索夏商文化及其分界的关键性遗址，但如果将遗址轻易地定性就超出了考古学的范畴，可以归为张光直先生所说的醉心于把器物类型学和以文献为中心的历史编纂学相结合的治史倾向，在相对客观平易的考古报告中如果提出明确的历史推断意见，就必然掺杂研究者的主观认识，而研究者个人的观点，还是应该在文责自负的论著中显现。我的偏于保守的观点，就这样显现在《先秦城邑考古》这部新书中了。

有学者根据我在《南方文物》上发表的《关于二里头为早商都邑的假说》一文，认为我是持二里头遗址为商代都邑的观点，那就是凭着思维惯性把本人拉回到"可知论"内部一起捣糨糊了。不少人没细读文章，但应该知道，迄今为止还没有哪位参与讨论的学者如我这样在文题中就明言作者所提只是假说吧？在某些推论假说被当作定论，而"有条件的不可知论"在国内学界基本上没有空间的情况下，不下一剂矫枉过正的猛药不足以从认识论上辩明道理，故文题有点"标题党"的味道。

澎湃新闻：您对城邑的线性发展论持有疑义，但以往的研究喜欢以发展论论之，试问"发展""规律"等研究范式是否能真正投射到城邑的考古学研究上？

许宏：线性或单线发展论是我接受不了的。不单是考古学界，大家都在深入思考的过程中有这种困惑。如果机械主义地面对考古材料，材料的堆砌有利于全面公布和提供翔实的信息，但如果我们不做高度的概括和分类就没法深入地进行研究。在研究中，人们总是试图把混沌、模糊的东西变得有条理，这是人的一个天性，或者说是研究者的一种偏好吧。同时，我们应该意识到这种归纳和概括必然融进了人为的、主观的聚类分析，它与史学和历史本身一样，完全是两个概念，这是我们要警醒的。

原来我们连考古学文化都划不出来，现在能划分出一个个考古学文化了，这是很大的一个进步。我们对于考古学文化的思索肯定比民国时的先辈更进了一步，这是好事。西方学界更喜欢归纳出一些model（模式），模式比较容易看清楚一些问题，但要注意的是，这些模式是不是对考古材料所做的人为的聚类分析？我们是不是也要充分意识到这些东西如果操之过甚的话，会影响到我们对历史复杂性的把握？本来是比较复杂的东西，一旦被我们条分缕析地聚类分析之后，那么它就倾向于定性分析了，我们就容易有思维定式，便不利于人们对于这个问题的深入思考。譬如说当下的西方学界已开始解构考古学文化了，这是极富启发意义的。

考古学文化的概念应该是比较适合物质文化史的研究，即在混沌模糊的情况下所做的聚类分析，但考古学文化之间不是泾渭分明的，并不像当代国境线那样，当时有飞地，也有犬牙交错，中心聚落和普通聚落受外来影响的差异明显，所以我前几年呼吁要做聚落本位的、精细化的研究，也契合考古学研究的潮流。立足于不受以往框架或单线进化论的影响，从具体的考古学材料出发，做大的梳理、最小限度的分类。

刚才提到的分阶段，如果连这个都不分，你就不能理解这1000多座城址究竟是怎么一回事，以及它的发展脉络、文化谱系、社会背景等等。我写这本书时，极力压抑自己对历史梳理的冲动，试图让它跟

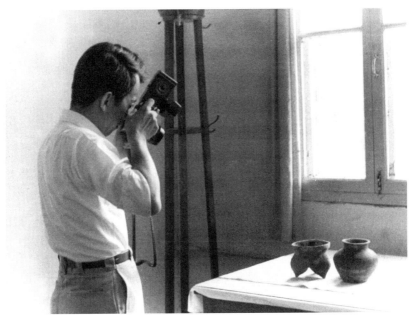

1981年，张光直先生在中国社科院考古所

考古报告一样具有可逆性：我做的初步分类你完全可以打破，你也完全可以根据我给出的东西做出另外的梳理。存在于如此宏阔复杂的时空和社会文化框架中的城邑，当然不能简单地用单线进化论的模式去理解。譬如经过梳理，我就不认为春秋战国时代的都邑承上启下，而是有很大的断裂，那是由当时特定的社会状况决定的。

无论是城市起源、国家起源、文明起源等都是非常复杂的过程，文化的发展具有不平衡性，如果做空间切片的话，它们在同一时段彼此都具有不平衡性，做大的阶段划分都是不得已而为之，说公元前2300年大家统一进入龙山时代，可事实并非如此。本书权且勾画出一个大的框架，在这个框架下，就会让人看出城邑及其所属考古学文化甚至人群的相互关系来，以此为线索可以做更为深入的思考，我相信从这部"述而不作"的著作出发，还可以再写出几本学位论文来。

澎湃新闻：您在本书中借用了"大数据"的概念，那么"大数据"的运用在网罗殆尽考古材料的同时，对以往的认识有无改观？

许宏：大数据为什么重要？以往我们在审阅学生的论文时，对那些建立在对资料随机取样基础上的论文评价不高，因为价值不大。几乎在所有问题的研究中，量化分析都是必要的，所以这本书中的材料收集是竭泽而渔的。这样才能让后人对全貌有一个了解，通过这部书能更好地使用原始材料，才具有可逆性，方便进一步深化研究。

通过这种"大数据"的梳理，我也提出了不少新的认识或给以往的认识提供了更确切的证据。如相比之下，进入"大都无城"时代的二里头—殷墟时期城邑大幅减少，人口集中于都邑及其所在区域的特征非常鲜明；从城邑数量和密集程度看，春秋战国时期迎来了中国历史上第一次大规模筑城运动，等等。

◎ 城墙未必是社会复杂化的必要条件

澎湃新闻：您在《先秦城邑考古》中使用了环壕聚落与垣壕聚落的概念，请问二者分别指的是什么？有无高下之分？在龙山和二里头—西周时代出现的垣壕聚落能否视为社会复杂化的表征？

许宏：顾名思义，从字面上就能推断出它们的意思。有些概念中国考古学界不怎么使用，环壕聚落与垣壕聚落是从考古学本位的聚落形态的角度来界定的。

一般情况下，圈围设施向下挖壕沟比较简单，它一般具有防御性，如防御野兽和外敌，或是仅具有聚落外围界标的性质，所以我界定的城邑只是带有防御或区隔设施的聚落，或者说城邑等于圈围聚落。

前仰韶到仰韶时代大都是环壕聚落，圆环状的，越早越没有"方正"的概念，方正的城邑是在龙山时期的中原才出现的。"圆"在自然界就有，而"方"在自然界中很罕见，方形、方位等词汇已经融入了人们早期的宇宙观。

"环壕"这个概念最初由日本学者提出来，比较好用，所以被引入国内。我不知道"垣壕聚落"之前有没有学者使用，我把它作为与单纯环壕并立的城邑圈围设施的概念，因为垣和壕二者相互依存。最初先是挖环壕，很自然地就把土堆在近旁，如果把堆出来的土去垒猪圈、盖房子了，这个地方就只有壕没有墙；后来人们注意到向下挖和向上堆可以增加高度差，与最早的一批环壕聚落大体同时出现的土垄（土围子）就是这样的，当时还谈不上土垣，不过这就是后来城墙的雏形，所以我认为就圈围设施来讲，垣和壕没有本质上的差别。

从埋藏学的角度来说，后来人们破坏的只能是地上的部分，所以说很多壕沟内侧本来应该是有墙的，都推光了，如二里头遗址一下去基本上就是二里头宫殿建筑的地基部分，上面的堆积被"剃光头"，现在看到的很多环壕聚落最开始也有可能是垣壕聚落，那么二者就更分不开了。但宏观上环壕聚落和垣壕聚落也能做出大的时代划分。到了龙山时代，既有壕沟又有墙的聚落就出来了，如地面以上堆出的、夯起的土墙和石头垒砌的墙，它们绝大部分墙外是有壕沟的，一高一低、一上一下。最初只有环壕，后来有意增加了墙的部分，因为壕与垣本来就是相依相生的存在。

在《先秦城邑考古》中，我指出长江中游地区"以壕为主、墙壕并重"，因为那边是水乡，壕沟在防水、泄洪、交通行船上都起到很大作用，当地盛行堆筑，没有夯土，土垣起到一定的挡水作用，它们

▌ 二里头宫殿区发掘现场

的坡度往往在20°—40°，起不到北方夯土墙这种主要是挡人的作用，南方地区在偏早的阶段盛行这种垣壕并重的圈围方式。等于说在这里，早期的圈围设施从以环壕为主过渡到了垣壕兼备的状态。

从工程学的角度来说，二者谈不上高下之分，但从考古学现象来看，垣壕聚落偏后，其数量增多是在社会复杂化程度增强的情况下，偏早的时段只有环壕。之后，向上筑起墙垣的作用就被认识到了，而且技术越来越高，甚至与社会复杂化相关联。我们说圈围聚落与城市最初不是一码事，不过从这个方面上看，它们是有内在关联的，环壕偏原始，因为不需要太多的人力、物力，但如果垒很高、很厚的墙，说不定周围几个村甚至更大区域的人都要来参与，在这种情况下，是不是就暗寓着它的社会整合程度、社会复杂化增强了。

但也有例外，比如说"大都无城"，它出现于龙山时代林立的土围子、石围子退出历史舞台之际，这是一种否定之否定，表面上回归于极简，但却是一种极大的进步。早于二里头的新密新砦大邑有三圈围壕，只是在中圈内侧可能有墙，尚未得到证实。能说这个时期比此前的龙山时代还落后吗？环壕的防御性肯定比垣壕差，但反而是社会进步性的表现。

在"大都无城"时期反而相对淡化防御，但二里头都邑内部的功能分区比龙山时期的中心聚落强多了，不能说没有城墙就发展程度低。一般情况下，中心聚落会加强防范，而一般村落就缺乏防御设施。从二里头到西周的广域王权国家，甚至到秦汉帝国，反而是"大都无城"，恰恰是相反的，所以我接受不了历史的线性思维就在于此。

可以认为垣壕聚落的增多是社会复杂化的一个侧面，但并不绝对，如长江中游地区屈家岭—石家河文化系统的城址，何驽先生认为这些城址的主要功能就是防洪。到了石家河文化时期，社会复杂化程度加深，人群的整合程度也相应加深，此时大规模的垣壕可以看作社会复杂化的侧面。但不是说有垣壕就社会复杂化，没它社会就没进入复杂化阶段。

澎湃新闻：从考古材料上看，早期华夏大地几乎是环壕聚落一统天下，到了龙山、二里头—西周时代，垣壕聚落开始增多，从时间上看，中原地区垣壕聚落集中出现的时间明显晚于长江中游地区，二者是否存在影响关系？

许宏：它们的出现应该是相对独立的，各地城邑都是因地制宜的产物。在龙山时代前期，长江中游地区的城址以垣壕居多，如屈家岭—石家河文化系统的城邑多以壕为主、垣壕并重，而中原及邻近地区的垣壕聚落却十分稀少，直到龙山时代后期才成群地出现。

但是，屈家岭—石家河文化系统的城址多利用自然河道，辅以人工挖掘的壕沟来构成防护圈，这些壕沟一般较宽，除防御外，大概还兼具运输和排洪的作用。相比之下，它们的城垣则常为平地堆筑而成，仅仅经过简单夯打，剖面多呈拱形，坡度较缓，如石家河城址的墙体坡度仅有25°左右，这样的城垣如果不与环壕配套使用，是很难起到有效的防御作用的。

实际上，这些城垣只是挖壕时对挖出的土做一定的处理，在石家河城址的城防工程中，真正完全闭合并起到防御作用的仅是环壕，环壕外侧散布着的一系列人工堆积而成的土台、土岗，上面很少有人类生活过的遗存，显然是开挖壕沟时堆土所致。因此，如严文明先生所说："这种以壕为主、垣壕并重的建筑风格一方面是因地制宜的产物，可以看作古代东亚大陆从环壕聚落到真正的城邑转变过程中的一种中间形态。"

1932年春，殷墟第六次发掘，用传统版筑法盖休息室。李济（前右一）、吴金鼎（后右二）在施工现场（《殷墟发掘照片选辑（1928—1937）》）

龙山时代后期，中原及邻近地区的垣壕聚落蓬勃发展，而长江中游的石家河文化城壕聚落则退出了历史舞台，但中原及其邻近地区的城址一般坐落于平原地区的近河台地上，地势都较周围略高。它们的平面形状虽不相同，但基本上都近（长）方形。城垣的构筑一般采用堆筑法，也就是在平地上起建或挖有基槽，个别城址已使用版筑法。各城址所在遗址的龙山文化遗存延续时间较长，但作为拥有城垣的城址，其存在时间只是龙山时代中极为有限的一段。考古学文化谱系的研究告诉我们，这些聚落分别拥有不同的文化背景和传统，而大量的杀殉现象、武器增多和一系列城址的发现又表明它们之间存在着紧张的关系，如暴力冲突和战争的频发。

到了二里头时期，城邑的数量大规模锐减，伴随着广域王权国家时代的到来，"大都无城"的模式在此时出现。因而，此时大量人口可能流向都邑及周边地区。同时，在相对安定的社会情势下，对军事防御的需求也相对减弱，与垣壕聚落相比，环壕聚落的比例显然有所回升。

澎湃新闻：在《大都无城》和《先秦城邑考古》中，您都提出了"大都无城""郭区"等概念，那么先秦时期的"大都无城"与秦汉之时的"大都无城"有哪些相同和不同之处？有学者指出，北魏里坊制的出现带有游牧部落军事化的特点，从"大都无城"到封闭的里坊制，是"走向封闭"抑或特殊时期的产物？

许宏：二者相同之处在于同处华夏群团上升期，共同怀有广域王权国家或帝国的文化自信，表现方式则都是"大都无城"。不同之处主要在于其所处社会背景。

二里头—西周王朝都邑和若干方国都邑中，外郭城垣的筑建并不是一种普遍的现象，即便未筑外郭城垣，也丝毫不影响其作为典型的中国青铜时代城市的地位，因为判断城市（都邑）与否的决定性标志是其内涵而非外在形式。而且早期的城垣尚不具有多少权力（神权或王权）的象征意义，大多是出于守卫上的需要而构筑的防御性设施。它的有无取决于当时的政治、军事形势、战争的规模与性质乃至地理条件等多重因素。

二里头—西周时代大部分都邑"大都无城"，尤其是殷墟至西周时代近500年时间王朝都邑均无外郭城垣，主要和当时的政治、军事形势有关。随着军事上的胜利和王权的确立，早期王朝都在王畿设置了许多可直接控制或有友好关系的诸侯方国，这些方国成为拱卫王畿地区的屏障和王朝政治、军事统治的重要支柱。而且与龙山时代相比，这一时期战争的性质和形式也有所变化，可能主要表现为以早期王朝为核心的政治军事联盟与叛服无常的周边邦国部族之间，发生地区与地区之间的战争，而在王畿及邻近地区，战争发生的可能性似乎大大减弱。国势的强盛和以周边诸侯方国为屏障这一局面的形成，使某些王朝都邑和诸侯方国都邑筑城自卫的这种被动保守的防御手段不太必要。此外，都邑及其所凭依的王畿地区尽可能地利用山川之险作为天然屏障，也是三代都邑建置的一个特点。

秦汉时期的不少都邑都是在战国时期的都邑基础上扩建的，如秦帝国的咸阳城就没有外郭城，这对汉长安城的影响巨大。考古发现告诉我们，长安城中内城（宫城）占约2/3，那么百姓在哪儿居住？文献告诉我们，在长安城的东、北外侧分布着相对松散的郭区，而此时是没有外郭城的，所以就这一点我是非常认同杨宽先生的意见的。

东汉洛阳城也是在战国城址的基础上发展而来的，南、北二宫所占都城面积很大，约1/2，此时仍处于以宫室为主体的都邑布局阶段，而城外分布着众多的礼制性建筑、居民区和手工业作坊等，说明秦汉之时，郭区已成为观念上的郭区，一般以都城所处大的地理环境为郭。

秦汉时代的这种都邑规划思想，既接续二里头时代至西周时代的"大都无城"的传统，又与当时大一统的、繁盛的中央帝国的国情相一致。因此，它的都邑建制不是战乱频仍的东周时代，尤其是战国时代筑城郭以自守的诸侯国的都邑所能比拟的，也不存在承前启后的关系。

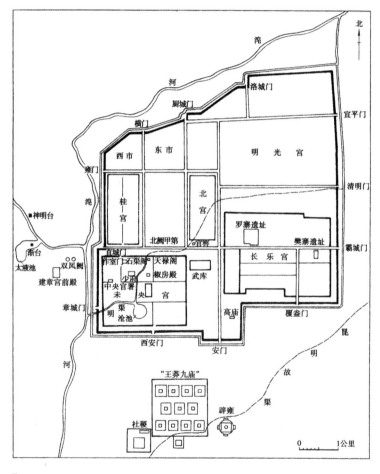

▌汉长安城平面（《中国考古学·秦汉卷》，2010年）

从文化自信的角度来说，二里头、殷墟、西周、秦汉等时期正处于华夏族群的上升阶段，因而才有了"大都无城"的大手笔。

我还提到"后大都无城时代"的三大要素：城郭齐备、纵贯全城的大中轴线和严格意义上的里坊制，但它们都是曹魏之后才出现的。北京大学李孝聪先生指出，中古以来马背上的民族"下鞍进房"，对中国古代城市规划贡献极大。"后大都无城时代"，恰恰是北方族群入主中原之时。从拓跋鲜卑的北魏、"大有胡气"的李唐，到元朝、清朝时期的北京城，种种举措其实都是在强化控制、加强防御以及严格管理居民。从某种意义上讲，入主的少数族群都尽可能地用华夏族群的治理方式来"营国"。"后大都无城时代"的三大要素，是不是反而折射了他们某种程度上的文化不自信？

一般认为，三代还处于各种制度的萌芽状态，而中古时期以后城郭齐备、规制完整，里坊制、中轴线俱存，才应是华夏正统的兴盛期。但事实未必如此，李孝聪先生的观点和我的"大都无城"说相互印证，总结起来就是——历史是复杂的。

澎湃新闻：您在《先秦城邑考古》中创新地加入了二维码，以方便读者下载本书中的图表，其是否与您早年撰写博士论文的经历有关？

许宏：我一直都认为"学术乃天下之公器"，我称这本书为"引得"性质的工具书也是这个意思。20多年前，限于条件，我们都是用硫酸纸、绘图笔来一一清绘这些图，耗时又耗工，现在科技手段便捷了，我觉得更有义务来为学界做点铺路搭桥的工作。

我本希望《先秦城邑考古》下编中的全部基础资料表格和《先秦城邑考古中文文献存目》也能电子化，这样读者利用起来会更加方便，但对出版社来说并不公平，电子化的问题是出版界面临的共同问题，希望今后能找到一个双赢的平衡点。

澎湃新闻：听闻您正在写一本题为《东亚青铜潮——前甲骨文时代的千年变局》的书，能否介绍一下？

许宏：这本书正在写，但因事务繁多尚未定稿。《最早的中国》《何以中国》和《大都无城》等书出版后，有同仁戏言我是考古学界的"中国"问题研究专家，但如果说前几本书是由"中国"而谈"中国"的话，《东亚青铜潮》则是想超越"中国"的疆域限定，将其置于东亚大陆，甚至欧亚文明史的视野中，以青铜冶铸技术及青铜文化为切入点来做一个纵横时空的文化比较研究，将清以青铜为首的一些重要文化遗存的来龙去脉，因为当时并无现代意义上的疆界可言。尽管铺展的框架比较大，但我还是想把它写成与前三本相近的小书，所谓"大题小做"，让更多的读者能够看到、看进去。

▌2012年，与北京大学李伯谦教授（左一）在曲阜考察

北大的李伯谦先生和孙华先生等都曾对中国青铜文化体系问题的探究有系统的思考，他们对中国各青铜文化区的材料做了系统整理，如李伯谦先生曾著有文集《中国青铜文化的发展阶段与分区系统》，他本来想写成一本专著，后来因公务繁忙而未能如愿。孙华先生多年讲授中国青铜文化体系的课程，曾写有一篇数万字的论文——《中国青铜文化体系的几个问题》（被收入《华夏文明的形成与发展——河南省文物考古研究所建所50周年庆祝会暨华夏文明的形成与发展学术研讨会论文集》）。

但目前还很少有学者超越三代的王统考古学，对东亚大陆的青铜文化进行宏观体系的建构，从青铜文化的视角来探讨东亚青铜文化的起源及发展，以此梳理出一个文化交流传播和异变创新的脉络，比如说青铜、小麦、绵羊等是如何传过来并本土化的，简单的青铜冶铸技术如何复杂化到能够铸造青铜礼器，又是如何催生出了作为广域王权国家的最早的中国，试图勾画出那个波澜壮阔的时代的历史图景。

今天，当中国考古学学科的主要着眼点逐渐从建构分期与谱系框架的文化史的研究移向以社会考古为主的研究，我们需要加深对作为考古学基础作业的"考古学文化"深度与广度乃至不足的认知和把握，构建考古学本位的关于中国青铜时代研究的话语体系。而这也是我在《东亚青铜潮》中想要尝试的。

2018年6月22日—23日，采访人杨炎之

"大都无城"，最早的文化自信

——《解放日报》读书周刊访谈

上古时期，城市是个非常复杂的概念，从考古学视角该如何理解"城市"的缘起？为什么说城市是文明时代到来的唯一标志？早期城邑"大都无城"这一文化现象，为什么是文化自信的体现，对当代城市实现美好愿景又有何借鉴意义？

"考古就像侦探探案，用支离破碎的线索通过推理尽可能复原历史真实，我们可能无法完全复原历史，但要怀有迫近真相的执着。"中国社科院考古研究所研究员许宏这样说。

许宏曾于1999—2019年主持河南偃师二里头遗址的考古工作，他在新书《踏墟寻城》中，条分缕析古代墟与城的况貌，从中权衡、思考上古历史，揭示中国古代城邑、城市遗址的特质。

◎ 早期城市都是"权力中心"

读书周刊：您是微博百万粉丝大V，大家都很关注您的作品。从2009年第一本面向公众的《最早的中国》到《踏墟寻城》，您已出版6本"大众学术"书，并把它们称为"小书"。印象中考古学者写的多是"鸿篇巨作"，您为何唯独偏爱"小书"？

许宏：《踏墟寻城》是我的第一本专题性自选集，所选文章集中于我的主业——中国早期城市考古。至于书名，应该是已出版"小书"中最有文学色彩的，但它又很确切，不同于当代地面以上的寻城记，而是通过对古代遗墟的发掘来"寻城"。

《踏墟寻城》，商务印书馆，2021年

我曾在2014年领衔主编了浓缩一系列重要发现的二里头考古报告，一共5卷本。整个团队发掘了7年多，又整理编写了8年，使这套报告成为迄今为止中国遗址类考古报告中体量最大的一部。但也有人"诟病"说："你们考古人挖了半天，写出来的东西还是天书，大家还是看不懂。"如果说考古报告像"文言文"，那么我这个曾怀有文学梦的考古人，希望把它变成大家都能读懂的"白话文"，通过自己的努力进行语言转换，把要讲的故事讲明白，把要说的话说明白，这就是我出版"小书"的初衷。

读书周刊：您用深入浅出的笔法，从考古发现的视角阐释了城市概念和起源问题，学界对此向来有不同看法。我们应该怎样去理解古代"聚落""城"和"城市"？

许宏：上古时期，城市这个概念非常复杂。相对而言，现在的城市，就不存在这个问题。但我们要讲缘起，这就是考古学的难点。

先说"聚落"。在考古学界，聚落指的是"人聚居的地方"，它对应中国古代文献中的"邑"，包含城市和农村两种主要居住形态，城市是人类社会发展到一定阶段而产生的区别于乡村的高级聚居形态。从具体的考古现象出发，如果聚落里有宫庙建筑、礼仪性建筑等，我们就可以判断它们已经具有政治、经济、文化中心职能，是国家的权力中心。而从手工业作坊、金属器、武器等，可以推断产业分工和阶层分化，说明居民成分复杂化。

再说"城"。它是指人们在聚落上构筑的区隔或防御性圈围设施及拥有这种设施的聚落，这种圈围设施一般为墙垣，但也包含其他构筑物如壕沟、栅栏等，以及部分利用自然之险形成的防御系统。因而城邑遗址，就是指拥有圈围设施的聚落遗址。

城市并不是"城"和"市"的简单组合，春秋以前，在中国古代城市发展的早期阶段，城市是一种以政治军事职能为主、作为国家及其分支机构权力中心的聚落形态。中国的初期城市既可以无"城"，也不必一定有"市"，它并不是商业发达的后果和动因，也不具备贸易中心的性质，直到秦汉乃至更后来的中国古代城市，都首先是作为政治中心存在的。有国外学者提炼的概念我觉得很在理，城市是人类历史上第一次出现的非自给自足的社会，也就是外部依赖型的社会。如果自给自足的话就是村落，但城市必须靠着其他聚落才能存在。

读书周刊：与原始村落相比，中国早期城市具有哪些特征？

许宏：其一，中国早期城市作为国家及其分支机构的权力中心而出现，具有一定地域内政治、经济和文化中心的职能；贵族与王者作为权力的象征产生于其中，在考古学上表现为大型夯土建筑工程遗迹，包括宫庙基址、祭坛等礼仪性建筑，还有城垣和壕，等等。其二，中国早期城市因社会阶层分化和产业分工而具有居民构成复杂化的特征，非农业生产活动的开展，使城市成为人类历史上第一个非自给自足的社会。同时，政治性城市的特点和商业贸易欠发达，又使城市主要表现为社会物质财富的聚敛中心和消费中心。其三，人口相对集中，但处于城乡分化不甚鲜明的初始阶段的城市，其人口的密集程度不构成判别城市与否的绝对指标。

世界各区域早期文明史研究表明，从农业文化中诞生的第一批城市，无一例外都是权力中心，可称为"王权城市"或都邑。中国的情形更是如此，"政治性城市"是贯穿整个古代史的主流城市形态。如果用一句话来概括，早期城市（都邑）就是人口相对集中、居民成分复杂的国家权力中心。城市的政治、军事职能一直占主导地位，经济职能则不断增强，这是贯穿先秦城市发展过程的一条主线，完全脱离政治军事中心的、单纯的工商业都市在先秦乃至秦汉时代尚未出现。

读书周刊：您还提出一个论断，城市（都邑）是文明时代到来的唯一标志。

许宏：人类社会在进入社会复杂化或曰文明化阶段，真正可以作为这个时代社会与文化发展标志物的，都是居于当时社会结构的金字塔塔尖的高级聚落形态——中心聚落或城市（都邑）。城市（都邑）自身的发达与复杂程度，和以其为中心的区域总体聚落层级结构，决定了所处时代的性质。

诚如我的老师、考古学家徐苹芳先生所指出的，文明要素，可以先后出现在各个地区不同的文化中，但一个文明社会的产生必须是诸文明要素出现在一个文化里。更具体地说，就是诸文明要素出现在一个地点、一个遗址里，这是最清楚不过的文明社会的产生。北京大学历史系教授朱凤瀚的观点是，只有文明诸重要社会因素的物化表现，在同一时间段、同一地理区域内均以较高的发展水准汇聚为一体，从考古学的角度而言即体现于同一种考古学文化的同一时段中，才有比较充分的理由说该社会已进入文明阶段。集中了文明诸重要社会因素的物化表现的聚落，就是城市（都邑），所以我认为城市的出现与国家和文明社会的出现是同步的。

◎ **二里头开启"大都无城"**

读书周刊：您通过几十年的田野考古"摸爬滚打"，提出二里头

时代（公元前1750年—公元前1520年）到汉代时期（公元前206年—公元220年）中国古代都城的主流形态是"大都无城"。有学者认为，这个概念的提出是一种颠覆，因为那段时期正是典型的华夏族群的上升阶段。您则认为看似没有太多章法的"大都无城"反而体现了最早的文化自信。我们该如何定义和理解这一文化现象？

许宏：我梳理中国古代都城布局演变的一个最大心得，是发现了早期都邑"大都无城"现象。简单来说，就是庞大的都邑一般不设外郭城，且疏于设防。

城市的发展与社会和国家形态的发展密切相关，新石器时代晚期"龙山时代"林立的各类围子，到二里头出现前夕，纷纷退出历史舞台。当时，位于现在郑州新密市的新砦大邑面积达到100万平方米，反而仅有环壕相围。对外防御设施减少，但聚落里的功能区分开始加强，这便是"大都"的形态。越注重防御，说明这个时代越不安定。防御最突出的是龙山时代，其次是春秋战国时代，越是国力强盛的时代越没有各类围子。

读书周刊：二里头时期，人们都往都邑中心去了，其他地方地广人稀，二里头都邑是"大都无城"的一个最早的典范吗？

许宏：二里头位于中原腹地，属于河南洛阳偃师区境内的一处大型都邑遗址，是中国青铜时代最早的都邑，在中国乃至东亚地区最早具有明确的城市规划。

至少自二里头文化二期始，二里头都邑的规模已达300万平方米，具有明确的功能分区，中心区先后出现了面积逾10万平方米的宫城、大型围垣作坊区和纵横交错的城市主干道等重要遗存。但在我们逾半世纪的田野工作中，一直没有发现圈围起整个聚落的防御设施，仅知道在边缘地带分布着不相连属的沟状遗迹，应具有区划的作用。二里头时代的设防聚落一改龙山时代"城垣辅以宽壕"的传统，在聚落内部流行窄环壕以明确功能分区，聚落外围则流行宽环壕，可以据此推断，相对和平稳定的社会秩序或许是二里头时代居民选择多开挖环壕而少筑造城墙的原因。从聚落形态的角度看，二里头可能是最早集聚了周边人口的中心城市，人口由众多小规模的、彼此不相关联的血亲

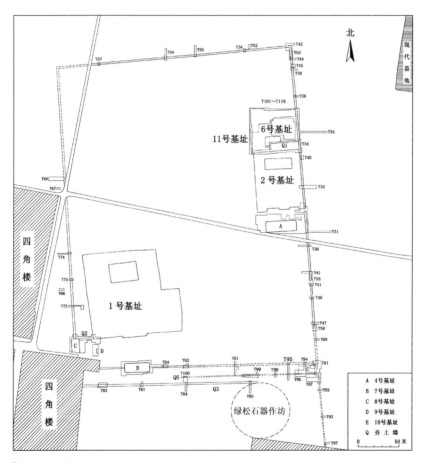

二里头都邑中心区

集团组成。所以说，二里头都邑是"大都无城"的一个最早的典范。

读书周刊： 您在书中梳理出几个阶段，二里头至西周时代——"大都无城"是主流，春秋战国时代——防御性城郭兴于乱世，秦至东汉时代——开启"大都无城"的新阶段，此后还有"后大都无城时代"。

许宏： 从二里头都邑开始，到安阳殷墟，再到整个西周时期的三大都邑丰镐、周原和洛邑，统统都是"大都无城"的状态。很有可能《逸周书·作雒解》中所谓"郭方七十里，南系于洛水，北因于郏山"的"郭"并非指城郭，而是周围的自然山川，贯彻的是因形就势、师法自然的营国策略。经过春秋战国时期的战乱纷争，一时筑城以自保，但到了秦咸阳、西汉长安和东汉洛阳，早期帝国之都又是大都无城，形成庞大的首都圈，彰显出巍巍帝都的宏大气势。而从三国时期曹魏的邺城和洛阳城开始，一直到明清北京城，就都是城郭齐备了，此外还有纵贯整个都城的大中轴线和严格意义上的里坊制度，这是"后大都无城时代"的特质，与此前"大都无城"的格局形成鲜明对比。

整个中国古代都城史可以依城郭形态的不同划分为两个大的阶段——实用性城郭阶段和礼仪性城郭阶段，由此，可以揭示中国早期都城发展史上的几个重要现象。其一，自二里头至曹魏都城近2000年的时间里，"宫城+郭区"而非"宫城+郭城"的布局，是都城空间构造的主流，这一现象可以概括为"大都无城"。这与广域王权国家强盛的国势及军事、外交优势有一定关联，也因为这类"移民城市"居民成分复杂化，甚至受当时"天下""宇内"等思想影响。其二，只有二里岗时代和春秋战国两个时期为城郭布局的兴盛期，两者都有特殊的历史背景，共性是军事局势的高度紧张。其三，战国时期城郭并立的布局，是社会矛盾尖锐、列国对峙兼并这一特定历史时期的产物，前无古人，后无来者，并非像以往认为的那样，属于一脉相承的中国古代都城史上一个承前启后的环节。其四，处于都城发展史早期阶段的防御性城郭的实用性，导致城郭的有无取决于政治、军事、地理等诸多因素，"大都无城"的聚落形态应即这一历史背景的产物；而后起的、带有贯穿全城的大中轴线的礼仪性城郭，因同时具有权力层级的象征意义，才开启了汉代以后城、郭兼备的都城发展的新纪元。

读书周刊：再往后的"新大都无城时代"，似乎距离我们更近、更具有研究借鉴的价值。

许宏：是的。北京城成了一个新的"大都无城"，上海也从清代的小城圈到现在变成了完全的"大都无城"——国际化大都城。很多时候，我们研究的对象离我们并不远。从这个意义上讲，城墙的或有或无伴随着整个城市演变的过程，"大都无城"是其中一个波澜壮阔的重要组成部分，现在整个世界又变成了一个新的大都无城时代，这有利于我们考虑城市的本质问题。

◎ **"师法自然"营城理念有智慧**

读书周刊：无论是中国早期城邑的起源，还是"大都无城"时代的城市选址和营建，都在自然山水、人文环境等方面体现了古人的独特思想和智慧。

许宏：从考古发现看，新石器时代的城邑都是因地制宜、师法自然的产物。江南水乡水网密布，多见"水城"，这类城邑以壕为主、城壕并重，开挖很深很宽的壕便于行船和泄洪防水，多见水门，但这类城大多不能防人，可以看作处理人与自然关系的作品。水城的典范是长江下游的浙江余杭良渚古城，古城内外河道纵横，构成发达的水路交通体系与临水而居的居住模式。此外，众多水门、陆门等缺口的存在，似乎暗寓城墙的区隔功能远远大于防御功能，各个方向的城墙上几乎都能看到可能是宗教祭祀中心的莫角山土台，城墙又可能兼具"观礼台"作用，与中原等区域城址相比极为特殊。

中原左近的黄土地带盛行夯土筑城，这里最早发明了版筑技术，

▌龙山时代后期城邑分布

用以建造"土城"。仰韶时代后期至龙山时代各地城邑大量出现，恰值已产生严重的贫富分化和社会分化、征服与掠夺性战争频起的新石器时代晚期至末期，城防设施多是战争冲突和社会分化的产物。比如嵩山东南的豫中地区，共发现超过300处龙山文化遗址，其中错落分布着超过20处大中型聚落，应是各小区域的中心聚落。这些中心聚落中又有6处是垣壕聚落或环壕聚落，所有中心聚落都位于河流附近。

再向北的晋陕高原至河套地带以石砌墙，形成"石城"。考古发现，到了龙山时代偏晚阶段，偏北的内蒙古中南部定居的农耕文化聚落群消失，农业文化南退到了鄂尔多斯及陕北地区，这一带聚落遗址的数量明显增多，修建了众多防御性石城，其中不乏地处峭壁陡立、地势险要之处的城址，多利用深沟断崖和石墙构成封闭的防御体系。这种南北此消彼长的变化，很可能与公元前2000年前后气候趋于干冷导致局部环境恶化、资源竞争加剧、人群大规模迁徙有关。规模最大的陕西神木石峁城址，始建于龙山时代中期或略晚，毁弃于二里头文化时期。这是一处超大型的中心聚落，在北方文化圈中应占有核心地位，但逾百万至400余万平方米规模的内、外城圈围区域内，沟壑纵横、地势崎岖，有些区域显然并不适于居住生活，其具体功能用途究竟为何，是否用于畜牧或其他活动，均有待进一步探究。

读书周刊：我们能否借鉴和运用中国传统山水人文智慧，让当代城市也能实现"望得见山、看得见水"的美好愿景？

许宏： 随着帝制退出历史舞台，无邑不城的时代宣告结束，中国历史也被全球化浪潮所裹挟，进入了建基于工业文明和信息文明的新"大都无城"时代。这是真正摆脱了高耸、封闭、压抑的城墙的阻隔与束缚，打开天际线，能让当代城市实现"望得见山、看得见水"的美好愿景的时代。既往城市布局上政治礼制的束缚不断被打破，以人为本的理念得以落实，这是我们的美好希冀。

综观中国古代尤其是早期建筑，是以土木建筑为主的，与砖石建筑及后世光怪陆离的建筑相比，难以提升建筑高度、易损易毁是显见的不足，在佛塔出现之前罕有高层建筑。但也正因为如此，当时城市的景观很接地气，城市与自然浑然一体，而少有违和感。《管子》中说："凡立国都，非於大山之下，必於广川之上。高毋近旱而水用足，下毋近水而沟防省。因天材，就地利。"城市应是镶嵌在大自然这匹锦缎上的明珠。无度地破坏自然生态、无序地处理人地关系，终将褫夺城市的宜居性，走向美好愿景的反面。历史经验与教训并存，应时时引以为戒。

◎ 科技发展为考古插上翅膀

读书周刊：我们在探讨古代城市的过程中，越来越不可忽视科学技术对于遗址发掘的帮助，科技的发展对考古有何深远意义？

许宏：科学技术的发展为考古学插上了翅膀。说起来，号称"文科中的理工科"的考古学，本就是科技发展的产物。理念、方法和技术手段的进步，使我们可以从有限的发掘面积中获取更多信息。

就拿考古人接触最多的"土"来说。20世纪80年代末期，作为山东大学的教师，我刚从国家文物局考古领队培训班结业，在发掘中给学生上田野考古课。那时传达的理念和做法是，发掘区内，除了土什么都要，意思是，重视采集一切可能的人工制品，只有没用的土可以不采集。而新世纪二里头遗址的发掘，我们已开始在植物考古学家的指导下，对以往熟视无睹的土加以浮选——将土样放入水中以便使较轻的碳化植物遗骸浮出，结果获取了丰富的信息：二里头都邑的农作物遗存，包括粟、黍、水稻、小麦和大豆五种不同的种类，可以说是五谷齐备。

▋ 用浮选法获取植物遗存

就中国考古学而言，多学科整合研究的广度和深度都还有限，我们还有很长的路要走。如果做点前瞻的话，我期待全方位一体化的"科际整合"，其途径应该是考古人背景的进一步复杂化。我们考古人当然应当继续恶补各科，拓展知识面，更盼望着新一代"一专多能"的考古人的崛起。考古人拓宽视野、增强科技才能，参与多学科合作的研究人员也要"下田野"，从共同设计考古工作方案做起。可以相信，未来的考古学将会对人类文明史探索、文化遗产保护利用事业等做出更大的贡献。

读书周刊：近年来关于考古学的热门话题层出不穷，河南卫视春晚《唐宫夜宴》让河南博物院的唐代文物爆红网络，三星堆最新考古发掘成果通过新媒体传播为全社会所关注。对于全社会关注考古、大学生愿意报考考古专业的新趋势，您这位入行超过40年的老考古人怎么看？

　　许宏：考古这门"无用之学"逐渐"走红"，当然是件可喜的事，在我入行不久的三四十年前是不可想象的，从中可以窥见随着国家社会经济的进步，全民文化素养的提升。三星堆新发现通过全媒体向社会展示，包括我在内的考古人持续发声解读，起到了普及历史与考古知识，甚至纠偏祛魅的作用。而公众的关注和参与，有利于文化遗产的保护和文化传统的继承与弘扬。但与此同时，考古娱乐化的倾向仍然存在，公众考古工作任重道远。

　　至于青年学生愿意报考考古专业，一些家长鼓励孩子学文、史、哲等"无用之学"，从求学择业上注重维持生计的"器"和"术"，开始关注人文领域的"道"，这是可喜的倾向。所谓文化软实力，由此生发。

2021年6月19日，采访人栾吟之

考古学所见东亚大陆的城市缘起

大家上午好，很高兴有这样一个机会又和我们上师大的师生们见面。我也非常愿意利用这样一个契机，跟大家一起分享交流一下我的研究心得。几年前我就受陈恒老师邀请来讲过，当时讲的题目是"为何考古，怎么考古"。今天陈老师又请我讲一下，我想还是城市的话题大家会感兴趣些。

大家大部分应该都不是学考古专业出身的，我个人认为我是考古学家，但同时是广义的历史学家，我绝不会过分强调考古学的纯洁性，尽管我在有些问题上可能被看作严谨到偏于保守的考古学家。我认为中国考古学和历史学不是兄弟学科，考古学和文献史学才是兄弟学科。它们运用不同的方法和手段，但都致力于建构大历史，我做学问的理想是把自己的考古学研究升华到大历史的层面。城市是一个让我们能把握历史脉络的契机，是连通考古学和历史学的一个契机。那么在最初，我们说在文字产生之前悠长的时代，城市是怎么一点点起源的，经历了怎样的早期发展的过程？我想这是考古学家可以大显身手的地方，今天就给大家做一个汇报。

◎ 从城市到城邑

有些朋友可能知道我十几年前出版的博士论文《先秦城市考古学研究》，又过了十几年的时间，去年我有一套新著叫《先秦城邑考古》出版，我把这套书称为《先秦城市考古学研究》的升级版，而不纯是修订版。为什么？这十几年的思考已经使得我有许多矫正、完善自己研究脉络的心得，大家看到最关键的问题是连书名都变了。本来由我的博士生导师徐苹芳教授指定的论文题目——"先秦城市考古学研究"，后来我的新书书名变成"先秦城邑考古"。

大家知道考古学最擅长的是先揭示历史上曾经存在的现象，而很难探究再往上偏于抽象的东西。形而上的层次非常难把握，它不是考古学直接研究的对象。考古学首先是研究物的，但与其说是研究物的，还不如说是更注重研究物背后的"context"（背景关系）。不能说这个物就是城市，那个建筑就是城市。城市是我们的一个综合推导。但是城邑是我们考古学的直接研究对象。什么是城邑？它与城市的区别何在？今天我就从概念出发，辅以我写这两本书之间的心路历程，再结合考古学的发展历程，给大家把这个问题介绍一下。

先来个引子。我们谈东亚大陆城市缘起的问题必须先把学理的问题搞清楚，所以我们先从概念界定讲起。总体上看，我们现在面临着一大堆概念，首先是聚落这么一个大的范畴——人类的居住方式。如果再做划分，在这里边我们考古学可以观察到的就是两类，即有没有圈围设施。这里我不说防御设施，是因为偏早阶段的有些圈围设施没有防御性，就是起区隔的作用。围子及其圈围起的聚落就是城邑，我把它对应于英文的"enclosure"，而不是"city"，这一点非常重要。带围子的聚落里边有城市，但绝不能把围子这个东西作为城市的一个指标。有城市被圈起来，后来中国古代大部分城市是被圈起来的，但也有没被圈起来的。被圈起来的也有村子，比如二里头村，民国时期或以前就有一个围壕，老寨壕是防土匪的，它不是城市。我们先从圈围设施有无的角度区分出城邑和非城邑的概念。如果从社会复杂化角度来讲，那么是不是还可以区分为村落和城市？最初定居的是农耕者，那么最初全是村落，只要是定居农耕的就有村落。后来随着社会复杂化有了城市，城市里边有被圈围起来的，也有没被圈围起来的。

中国人特别纠结于"城市"的概念，因为我们的"城"的概念非常复杂。它有三种解说，我是以《现代汉语词典》（我找的是"汉英双语"）作为参考的，汉语这个"城"首先指的是城墙，如果按照刚才我做的解读，显然这个解说是极其错误的：城墙不是"city wall"，就是个"wall"。城墙以内的地方，就是被围起来的地方，叫城邑。只要有个将其围起来的东西，我们就可以把它叫城邑，这是我对城邑的一个解读，城是被圈围起来的聚落。这个城现在一般指城墙，但是也包括壕沟，甚至包括栅栏，环壕在功能上跟城墙比是一样的，尽管它偏弱势。城邑又不限于全用人工的圈围设施围起来的聚落，像内蒙古中南部和晋陕高原那一带，崇山峻岭，三面都是天险，只有一面平一点，只要用一堵墙一围。部分利用自然天险形成的圈围聚落是否也是"enclosure"？城邑是拥有区隔或防御性设施的聚落，而城市是跟农村相对应的。所以中国的"城"非常复杂，从这个意义上讲，在考古学上我们不用"城"作为城市的代名词。城就是城邑，就是被圈围设施围起来的聚落。为什么我把我的书名从"城市考古学"改为"城邑考古"？就是因为如果是"城市考古学"就比较麻烦，我们要先搞清楚它是如何从早期城邑中诞生的，然后再梳理出城市的本源来。

◎ 城市、国家与文明

下面看一看关于城市的问题。我个人自诩为"三早学者"，即研究方向、研究领域是中国早期城市、早期国家、早期文明。说起来这三者就应该是一码事，至少从词源上这三个概念是相近的，这个是我做博士论文时候的思考，当然融合了以前学者的思考。这三个概念是从不同的角度对同一历史现象所做的解释，我们把"文明"定义为狭义的文明，除非你把物质文明、精神文明都算在内，但那样的话就没有分级上的意义。狭义的"文明"是指国家产生之后的人类文化的存在方式，国家是文明时代特有的社会组织形式，而城市是与国家相对应的高级聚落形态。没有不存在城市的国家，这里我们当然指的是农耕定居社会的城市；也没有早于国家的城市。在上古时期，城市这个概念非常复杂。相对而言，现在的城市，或春秋战国之后的城市，就没有这个问题。但我们要讲缘起，考古学最难的就在这里。我的一个博士同学现在是清华大学的哲学教授，前些年他们组了一个团到二里头参观，回来有感而发写了篇札记，他说考古学是一门本源性的学科，能够给很多学科和公众提供灵感和给养。确实是这样。考古学的研究对象不是具体的领域，它研究的是人类过去的全部，所以我们大量引入社会学、人类学、民族学等学科的概念和方法，否则没法深化考古学研究。

落实到考古学家谈这么抽象的问题，就比较难。我是做考古的，我研究的是物，考古学家必须从具体考古现象出发，首先抽象提炼出什么是城市，然后才能上升到文明这样更抽象的概念层面。

▎向同行介绍二里头遗址的发掘进展，左一为黄建秋教授，左三为邓聪教授

我们先从具体的考古现象出发，如果聚落里面有宫庙建筑、有礼仪性建筑等，我们就可以概括为它（们）已经具有政治、经济、文化中心职能，是国家的权力中心。而从手工业作坊、金属器、武器等，可以推断产业分工和阶层分化，说明居民成分复杂化。有国外学者提炼出的一个概念我觉得很在理。什么是城市？城市是人类历史上第一次出现的非自给自足的社会，也就是外部依赖型的社会。如果自给自足的话就是个村落，但城市必须靠着其他聚落才能活，所以这个提法

是挺有意思的。至于城市的人口，我们只能说相对集中，因为最初出现的城市，是偏于分散的，但是总体上它还是跟一般的村落有一定的差异。所以我当时做博士论文的时候，把城市从这三个方面进行了界定，大家看这个能不能贯通从古到今的城市。我们现在如果给当代城市下定义那很简单，但是如果去定义最初的城市，就要看它是不是政治、经济、文化中心，也就是国家权力中心，它的居民成分是否复杂化，人口是否相对集中，这样一些要素聚合在一起的聚落才可以被推断为城市。

我们再来看聚落与社会组织的复杂化进程。最初都是村落，如果从农业产生开始算，至少一万多年以来就有了村落。到了数千年之前，先在村落上有大聚落，然后又形成中心聚落，结构越来越复杂，金字塔的塔尖逐渐成为都城。如果光从村落来看，我们现在中西部贫困地区农民生活状况，跟两千年前战国到秦汉时期铁犁铧发明之后农民的生活状况相比，几乎没有什么进步，但是你能说中国没有变化吗？看中国的发展，你要看县、市级城市和省会，看北京和上海，这就是我们研究城市、都邑的重要意义。还有一个问题，关于城市是文明发展的结晶，最初城市的出现、城市的缘起，有日本学者梳理出来，他们认为最初的城市都是政治中心和权力中心，没有作为经济中心的聚落。在中国，一般认为真正意义上的城市始见于战国，是王权型城市，而纯经济型的城市到宋代才开始出现。是否完全如此，还要进一步探索。

今天的讲座名，空间范围定义为"东亚大陆"，而不叫"中国"，因为相当长的一段时间没有"中国"可言。"中国"是不能够做无限制的上溯的，《先秦城邑考古》这套书梳理到前仰韶时代，浙江这一带的上山文化中出现了东亚大陆最早的围子。从城邑形态上

243

看，最初以环壕为主，后来垣壕兼备成为主流城邑形态。从社会组织结构上看，仰韶—龙山时代开始社会复杂化，可能出现了邦国。如果从文明的角度看，哪些地方是城市，哪些不是，相当长的一段时间内是模糊的，因为国家和文明的形成都不是一道门槛，都有一个过程。现在这个过程已经被限定在龙山时代前后。二里头肯定已是一个城市，是一个大都邑。再往前就是相对模糊的城市国家文明的起源期，这个就是城市的缘起。

◎ 中国古代史的三个阶段

我认为整个中国历史可以分成三个大的阶段。第一个阶段是"满天星斗"的时代，即前中国时代，整个东亚大陆根本没有核心文化可言，也没有中心可言。到了二里头时期，从无中心的多元演变为有中心的多元，即王国时代，这一时期是"月明星稀"的时代。中国最早的王权国家在这个时期出现，我把它定义为最早的中国，而"满天星斗"是邦国时代或古国时代的特征。第三个阶段就是以秦汉帝国为首的一体化的时代，即大一统、中央集权、郡县制的帝国时代，我称之为"皓月凌空"的时代。三大阶段，两大节点，第一个节点是二里头，第二个节点是秦汉帝国。在中国文明史上，二里头既不是最大的也不是最早的都邑，为什么如此重要？就是因为它正处于从多元到一体转化的大节点上，从这个时候开始有了中心之城和中央之邦。这样的划分应该便于我们把握中国古代城市、国家和文明演变的脉络。

学术界的古史分期话语系统已经变成相对平易客观的、以社会

东亚大陆国家、文明形态与城市演进

新石器时代 （前仰韶—仰韶—龙山）	满天星斗 （邦国·无中心多元）	前大都时代	定居农耕 **前中国**
青铜时代 （二里头—西周，春秋）	月明星稀 （王国·有中心多元）	大都无城时代 前期	定居农耕 华夏主导 **小中国**
铁器时代 （战国秦汉／魏晋隋 唐宋元明清）	皓月凌空 （帝国·一体一统）	大都无城时代后 期／后大都无城 时代	半农半牧 华夏+四夷 **大中华**

结构为中心的一个话语系统，但是一般的公众几乎都没听说过这样的话语系统，因为教科书上现在还是奴隶社会、封建社会这样的概念。在国家博物馆的《古代中国陈列》展上，开宗明义地说现在已经摒弃了奴隶社会、封建社会那套话语系统，改为使用邦国、王国、帝国时代这样的话语系统。同样在国家博物馆另一个大展《复兴之路》上，"半殖民地、半封建社会"等概念却还在用。宣传话语系统和学术话语系统并存，显然是我们学术和社会发展的重大进步。另一个例子是关于国家级重大科技攻关项目——夏商周断代工程年表的使用，2003年我去台北参加台湾地区"中央研究院"第四届汉学大会，参观了台北故宫博物院《敬天格物》玉器展，在序厅里我看到夏商周断代工程的年表非常醒目。而现在北京国家博物馆的《古代中国陈列》的序厅，就不用这个最新的年表，而是一直用"夏朝，约公元前21世纪到公元前16世纪"这样的传统表述。

◎ 前大都时代

　　谈完概念，现在进入第一部分——前大都时代（新石器时代）。我们来看东亚大陆是怎么一步一步地从前城市时代到城市出现，再到城市的初步发展。浙江义乌桥头遗址，面积约为3000平方米，是东亚地区最早的环壕聚落，在公元前7000年前后。到了湖南澧县城头山，壕沟的里边已经开始有城墙的感觉，城头山是公元前4000多年前的聚落。有学者说这是最早的城市，我认为这就有相当大的问题。判断什么是城市要看文化内涵，要看围起来的是什么东西，社会复杂化到没到那个程度，而不是看有没有围子。世界上最早的围子，出现在巴基斯坦的耶利哥，距今约1万年。那个时候还没有陶器，属于前陶新石器时代，但已经有石头墙了。我在《先秦城邑考古》里边，从头到尾梳理了东亚大陆城邑的缘起，前仰韶时代地广人稀，进入仰韶时代开始兴盛，一直到秦始皇，上下7000年串起来，共收录了1000多个城邑。仰韶时代，黄河中游这一带比较发达，向北都有仰韶文化的移民。我们有一个概念是"中国前的中国"，瑞典考古学家安特生先生提出

▌收藏于瑞典东方博物馆的马家窑人面形彩陶，1924年安特生于甘肃地区发掘出土

246

的，他在斯德哥尔摩成立了一个东方博物馆，有许多彩陶，该馆编了一本图录叫*China before China*（《中国前的中国》）。以后有机会的话，我愿意用这个题目写本小书，把这几千年波澜壮阔的发展过程再捋一捋，让大家都能读懂。

仰韶、龙山时代还没有中心可言，甚至我们的前辈所说的重瓣花朵中的花心，现在可以说可能是不成立的。华东地区社会复杂化的程度较高，华西的社会复杂化程度则偏低。但中心聚落的雏形已经在这里出现了。再看长江流域，湖南的澧县城头山遗址所处的澧阳平原，开始逐渐社会复杂化，我们的考古学家开始勾画这种区域性的众星捧月的态势，周围还有若干小的聚落。湖北天门石家河遗址群，最初有谭家岭小城，后来扩展为120万平方米的大城，有点城市的感觉了。我们再看郑州西山仰韶文化晚期的城邑，筑城的版筑法起源于此。这些处于社会初步复杂化阶段的城邑，都跟城市不是正相关，只是有点关联而已。到了公元前2800年以后，进入龙山时代，又分为前期、后期，河套附近黄河南流这一段开始出现石头城，因为随着环境的恶化，气温降低，资源竞争激烈，人们便开始用石头围起聚落。可见城的起源是与不安定、战乱、资源竞争相关联的，而从二里头开始的大都无城，到现在上海城、北京城都没有城圈，这才是进步的表现。有城与无城，这是一个辩证的关系。在前中国时代，江南水乡由于水网密布就以壕为主，城壕并重，挖非常宽深的壕，便于交通，里边都还能行船，便于防水，但基本上防不了人。石家河和良渚遗址，城墙的坡度只有40多度甚至更缓，如果外边没有一个非常宽的壕的话，根本就没有防人的功能。长江中游马家垸遗址那个垸子，就是挡水的围子。东亚大陆中间是黄土地带，版筑开始出现，可称为土城。再往北遍地都是石头，就砌石城。水城、土城、石城，都是因地制宜的产物。

水城的典范是良渚古城，良渚城周围有大的聚落群，社会复杂化程度相当高，但是还没有青铜器。最高层的贵族究竟是王还是宗教领袖，现在还无法确定。说良渚是比较复杂的国家形态，也是可以认可的。我虽然认为二里头是最早的中国，但不认为它是东亚大陆最早的国家。二里头应是一个更高发展阶段上的国家，即广域王权国家，国上之国，属于盟主的性质。这还关系到良渚跟后面文明的关系问题，我认为良渚应该是前中国时代满天星斗中最亮的一颗，与其说它是后世某大文明的序曲和先声，不如说它走完了其生命史的全过程，它的若干文化因素被后来的中原王朝文明所扬弃而已。如果跟外面比的话，良渚可以跟埃及比、跟苏美尔比，但不能把中国跟那些文明实体比。前面那些是政治实体间的比较，而那个时候还没有一个叫作中国的政治实体，这个概念要搞清楚。

天门石家河在20世纪90年代由北京大学的赵辉老师和张弛老师调查过，那时就已经画出城址分期演变的图，从自然的地形大势到开始出现城池，再到后来西周时期小城破坏，难能可贵。

最近发现的神木石峁，是北边石城的典范，有学者把它跟黄帝联系在一起，我觉得与其做这样的比附，不如说石峁城址的重要意义在于它是沟通内亚地区和中原的桥梁和纽带。

中间黄土地带"土城"的典型是陶寺，原来的小城已经被发掘者自己否定了，近年发现的这个小圈应该是个环壕，发掘者管它叫疑似宫城，后来到中期才开始建大城圈。到了龙山时期，在二里头出现之前，大约从公元前2400年到前1800年，这几百年中原腹地战乱频仍，可以说是逐鹿中原。"逐鹿中原"这个词最早出现在《史记》中，后来在《后汉书》《三国志》里边都有记载，实际上这种局面在龙山时代就已经出现。方形城池的出现是非常有意思的，南方地区包括良渚

▌良渚玉琮及玉琮"神徽"

古城在内都是圆形或不规则形的，因为圆形来自自然界，比如树木的横断面。（长）方形则跟人为的关系非常密切，中国人非常注重方正，注重坐北朝南，注重中轴线，可见方的概念从4000多年以前就开始萌生于中原。

有人说最初的东亚大陆存在玉器时代，如果叫玉石中国，那么中国就是个地理的概念，也可以称为玉石东亚。黄土高原这一带受到欧亚大陆青铜文化的影响。距今4000年的时候有一个文化的断裂，有多位学者说到这个问题，良渚就在距今4300年那个时候退出历史舞台，究竟是大洪水把它冲毁了，还是玉料枯竭导致精神信仰领域崩溃？良渚国家建立在单一农业基础上，只种植稻子，一场大水完全可以冲毁它的生产和社会结构，但是二里头那个地方是稻作和粟作两大文化圈的交会地带，黄淮流域涝了可以种稻子，旱了种粟黍等，后来又有了小麦，是多元农业立国。所以后来崛起了二里头文化，然后到西周最终奠定了中国的基础。

◎ 大都无城时代

我们再看"大都无城时代",这是我近年提出的一个概念。城市的发展跟社会和国家形态的发展是密切相关的,龙山时代林立的各类围子,到二里头出现前夕,纷纷退出历史舞台。这时的新密新砦大邑面积达到100万平方米,反而不筑城墙了,而仅有环壕。对外防御设施减淡,但是聚落里面功能区分开始加强,这就是大都的感觉。二里头都邑则完全没有防御设施。越是防御,就说明这个时代越不安定。防御突出的第一是龙山时代,第二是春秋战国时代,战乱频仍才城址林立,越是国力强盛的时代越没有各类围子。

二里头和二里岗时期,人都往都邑中心去了,其他地方地广人稀。当然也有学者推断,二里头和龙山之间是不是有黑死病之类的瘟疫发生,与此同时青铜冶铸技术引进来了,人口大规模减少,大的城市出来了,这里边有一个断裂,有待进一步探讨。我在《大都无城》里边有一个新的提案,即把整个中国古代都城的发展分成两大阶段:第一大阶段就是从二里头到东汉,第二大阶段是从曹魏到明清。通过梳理考古材料,我注意到从二里头到东汉洛阳的1900多年里边有1200年以上宫城外只有郭区,而没有外郭城。有外郭城的只有两个时期,一个是早商时期,也就是二里岗时期100多年,这个时期有帝国的那种感觉,它向外积极扩张,有点像赫梯、阿兹特克等。春秋时期,还有相当一部分都邑比如周王城、晋都新田、楚郢都和秦都雍城都还是"大都无城"。到战国时期完全变成内城外郭。冯时先生在《"文邑"考》中写道:"王都为无城之邑,正有使教命流布畅达的象征意义。"这跟我梳理考古材料的结论殊途同归了,大都无城墉,这个太有意思了。

我们看二里头，它没有外面的围墙，但是有中心区和宫城。中心区以外是一般居住活动区，中心区分三个部分，居中的是政治区——宫城，跟祭祀相关的宗教区居北，南边是中国最早的国家高科技产业基地——经济区，虽然没有城圈，但大中轴线应该是存在的。其中还有动态解读，当年我们没有PPT，都是带着大图卷从二里头回到考古所做年终汇报。我把这个图展开来汇报，刘庆柱先生当年是我们的所长，我们几年时间花了60多万块钱，主要就是为了把这几个道路和宫城墙的线条在分期图上画出来。刘庆柱所长对我们的工作高度肯定：

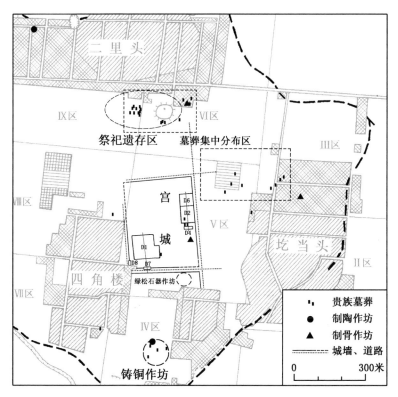

二里头遗址重要遗存的分布

这几个线条就值这个钱。这就是城市考古学的聚落分析，注重都邑的空间布局及其演变过程。我愿意自诩为是考古学界玩"不动产"的，中轴线啊，道路网络系统啊，四合院啊，我是玩这些东西的。这些东西从某种程度上讲比动产还重要，任何动产你都必须放在不动产的"context"里边才更有意义。

二里头在早期都邑中既不是最大的也不是最早的，但它的许多制度前无古人，这就是二里头的重要意义所在。以二里头为中心，我们在洛阳盆地700多平方公里的范围内进行地毯式的踏查，然后搞清了聚落分布结构，是众星捧月式的。

二里岗时期是个例外，军事性非常强。我认为二里头的扩展不是军事强力扩张，而是周边族群选择性地吸收它的文明因素，然后跟风导致文明的扩散。但是二里岗就不一样，它向外强力辐射，二里头时期的34种陶器变成了七八种，而且连尺寸都高度一致，有点体制美学的感觉。郑州商城从二里头末期的没有城，只是个大的聚集点，到开始有内城，然后开始有外城，最后达到十几平方公里的规模。我们已经能够画出这样的分期示意图来。若要用"总平面图"的路数来解析城邑的话，那它就是静止的，而不是动态的，动态解读则能看出城邑早晚的差异来。

有人问怎么看三星堆是二里头的源头这个观点，我说要先搞编年，搞清楚考古学上的先后。三星堆那两个器物坑代表着高度发达的三星堆青铜文明，但那个时代比二里头晚三四百年，是相当于殷墟时期的。二里头高度发达的时候它那边还没产生。

殷墟时期的人口也是集中在一个大的都邑周边，到了西周时期随着分封开始较广泛地分布。在二里头文化结束100多年之后，殷墟又回归到二里头这样的大都无城的状态，而且一直到整个西周王朝的500多年时间，都是大都无城的状态。

丰镐、周原、洛邑完全都是大都无城。到了春秋战国时期，局面开始乱了，城郭随之建起来了。这一时期的城邑达600多处，都邑则有70多处。

我们的文献中有好多关于周王城的想象图这样的东西，它们实际上源自《周礼·考工记》等文献。这些规制几乎没有在先秦时期的筑城实践中实现过，后来的元大都反而是按照这个来的。被认为跟这个规制最接近的曲阜鲁城，一开始并不是回字形的。西周时期根本没有城，就局限于西北区域这一点。曲阜鲁城是春秋时期开始建城，战国时期宫殿区扩大到城址的西南部，等到汉代，帝国之都硕大无朋，郡、县城等各有差，必须把大的拆毁，留下小的城邑，最终形成帝国城市网络系统。春秋到战国的都邑变化极大，春秋时期最初都是内城外郭，而后宫城都移到了一角或干脆独立出去。比如郑韩故城，最初的郑都内城外郭，到了韩国灭郑，就在城中部筑一堵墙，把内城外郭变成西城东郭，使得功能区大变，这是敌国的角色。燕下都，发掘者认为从春秋时期开始就有都城了，因为文献中有记载。但经过梳理，我们可以知道从战国中期开始才有了超出一般聚落的内涵，成为都城，到了战国晚期，才有了现在总平面图上显现的最终的形态。出于考古学上的辨伪，我们常常可以得出这样的结论：考古报告编写者给出的材料并不支持他在结语中的结论，千万不能说印在书上的都是正确的，这个要靠剖析考古材料的功力。

无锡、常州交界的阖闾城，跟苏州的木渎古城对垒，在考古学上争吴国都城的名分。那边说我有一个大的城圈，这边说这个小城早知道了，但外边还有一个大圈，外围的现代水渠能达到近3平方公里的面积。然后我在《先秦城邑考古》这套书里也做了解读，我托朋友找

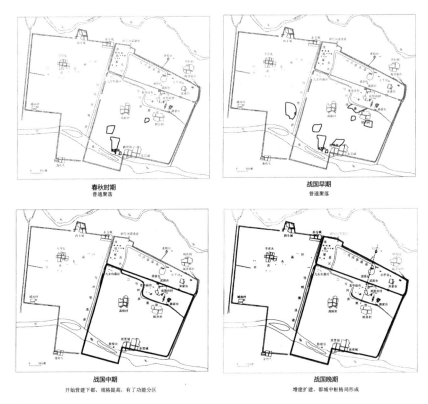

春秋时期
普通聚落

战国早期
普通聚落

战国中期
开始营建下都，规格提高，有了功能分区

战国晚期
增建扩建，都城中框格局形成

▌易县燕下都布局演变示意

到了美国地质局1966年拍的航片，又淘到了一本《江苏省无锡市地名录》，1983年出的，在这个地图上和美国的航片上根本没有这个圈。也就是说，这个圈是80年代以后才出现的水渠，这就是考古上辨识的功夫。至于苏州木渎古城，连发掘者现在也淡化原来认为可能存在的大城圈了，因为围起来的大部分都是水，跟北方的"围子"不一样。考古学界总是习惯于用中原的概念来想象解析，现在看来吴越时期的都城聚落形态跟中原是不一样的。江苏丹阳葛城那一带的西周遗址群，一般认为应属西周时期的吴国都城，但中间就是一个3万平方米的

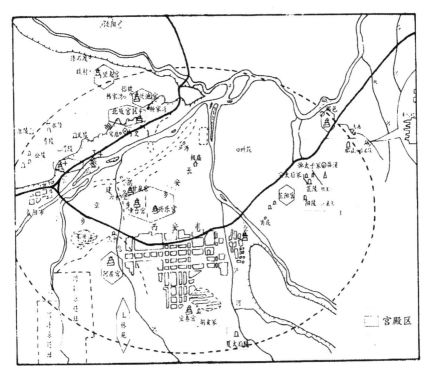

秦都咸阳城遗址（许卫红《秦都咸阳城考古琐记》，2016年）

小围子，周边出了不少大型土墩墓、青铜器窖藏等高等级遗存，那就是一个都邑圈，不是中原大都城的概念。解析吴越都城的形态，这是一个重要的参考。

我们再看秦都咸阳，有个别学者一直坚持说有城墙，但挖了几十年了，多个大剖面没发现任何痕迹。依战国秦国和秦始皇那种气魄，一直是向外扩张的，所以根本没有筑城的必要。连阿房宫一带都是整个都邑的一部分，法天、象地、象北斗，如此巍巍大气，还需要用土围子围起来？汉长安也是这样的，最初是围一个圈，等到汉代中期人口高度膨胀，这30多平方公里围的圈里面住着大量的贵族，主要是宫殿区和贵族用地，居民几乎没有多少。城外则有大量离宫、别馆和市场、作坊、民居等，从秦到汉大量迁徙到关东六国的人民来给他们的帝陵守灵，也便于管理。这就形成了一个大首都圈，这是帝国的气象，也是大都无城的典范。随后的东汉洛阳也是这样，大都无城。

◎ 后大都无城时代

下面就是后大都无城时代。刚才说在1900多年的时间里面有1200多年是大都无城，那么此后内城外郭的格局就无一例外了。我管它叫礼仪性城郭时代，不是说城郭的实用性消失了，而是说帝国的礼仪等级制要求你必须有城，县城就是县城的规模，郡城就是郡城的规模，这是和实用性城郭时代的巨大差异。

以汉魏洛阳城来看，在东汉时期有南宫和北宫，几乎塞满了内城。也没有外郭城，只是用小桥或者牌坊作为郭门的象征，出了小桥和牌坊就是出了郭了，说明它有郭区的概念。到了曹魏把南宫给平了，其后从南宫门到内城南门出现了一条中轴线。邺北城也是这样，这是"后大都无城"时代的特征。宿白先生绘制的北魏洛阳城示意图就是后大都无城时代的典范：城郭兼备，还有纵贯全城的大中轴线，以及严格意义上的里坊制。

去年我在北京大学做访问教授，听了北京大学历史系李孝聪教授的讲座，他的讲题是："下鞍进房：马背上的民族与中国都城规划管理"。有学者说许宏先生提出的"大都无城"是一个颠覆，从二里头到汉代，这是典型的华夏族群的上升阶段，中国都城的规制理应是这个时期形成的，但是许宏说这个上升期反而是大都无城。而按照李孝聪先生的观点，从北魏到元到清，严整的城郭布局居然是在北方少数族群手里进一步齐备完善的。这个太有意思了。如果说大都无城是文化自信的话，那么是不是这些少数民族政权来统治庞大的华夏族群在文化上存在不自信？比如城郭兼备，壁垒森严，还有严格的里坊制度，大中轴线，建中立极，这都是用华夏族礼制来拉拢你、管制你。除了鲜卑的北魏、蒙古的元和满族的清，隋唐也不是纯汉族，却都有这样的概念，有没有一定的道理？再往下梳理，我们来看开封汴梁，看元大都和明清北京城，动态解读，就能看出一点一点的变化，这就是"后大都无城"时代的特质。元大都是最接近《周礼·考工记》的，汉族人刘秉忠作为总管，他积极地运用"九经九纬""左祖右社"的概念。我研究先秦城市考古，可这套制度根本没有付诸先秦的建筑实践。

现在，北京城也成了一个新的"大都无城"，上海从清代的小城圈现在变成了完全的"大都无城"——国际化大都城。这都很有意思，把它串起来，就是一个新的大都无城的时代。很多时候，我们研究的对象离我们并不远。从这个意义上讲，城墙的或有或无伴随着整个城市演变的全过程，大都无城是其中一个波澜壮阔的重要组成部分，现在整个世界又变成了一个新的大都无城时代了，这非常有利于我们来考虑城市的本质问题。

这个就是我今天想要和大家汇报的。谢谢大家！

◎ **交流提问环节**

提问1：我是河南商丘人，我们那里经常会有水灾，旁边的菏泽都认为自己是国都，您对此是怎么看的？

许宏：我们知道张光直先生生前做的最后一件事就是在商丘寻找商城，他一生中最后这个举动究竟是成还是败，大家是有不同看法的。我们传统的学者、老一辈学者是先树立了一些信念，包括二里头发现者徐旭生先生都是先处理文献中比较靠谱的记述，然后圈定河南西部和山西南部是夏的中心活动区域，这样才找到二里头。张光直先生也是这样，他觉得商的起源应该是在东面。现在大家的评价至少是通过这个努力找到了被认为是商的后裔的宋国国都商丘宋城，但是现在由于地理条件的限制，考古工作也不够，这个问题还没有解明。所以这个也是我不愿意轻易地把我们的考古结果和文献记载上的资料结

▋ 1994年，张光直先生在商丘南关古城发掘现场观察出土陶片

合的认知前提。你说二里头是没有异议的，就是指那批物质文化的东西，但是你要说夏，你得跟我说是哪个先生口中的夏，那是不一样的，有些学者口中的夏就是二里头，另外的学者口中的夏不但包括二里头，还包括龙山文化。邹衡先生认为先商是下七垣文化，但张光直、栾丰实先生不同意，认为在豫东鲁西。我们说夏是有不确定性的，而二里头文化则无疑义，至于鲁西的遗址定性也是历史解释的问题，已经脱离了客观的材料。张先生含恨离世，没有在他离世之前找到先商的都城，但是张先生的精神，以及循着历史文献中的线索来找这个思路是值得肯定的。

提问2：老师，您刚刚说城市探索中有一个"context"。那么"context"是怎么样参与历史叙事的呢？

许宏：因为今天讲都城，捎带说下二里头出土的绿松石龙形器。不少人说我一生中最重要的考古发现就是那条龙，因为专家都说是"超级国宝"，但我自己最看重的应该说还是中国最早的宫城，那是我带着学术思考把它找到的，那是作为一个不动产的考古学的成果。这条龙肯定是可遇而不可求的，但是我们没有像以前那样只见树木不见森林，才能最终把它完整地清理出来。考古学肯定是研究物的，但与其说是研究物的，不如说更注重物背后的"context"，这不就是考古学研究和具体的单独的一件器物的收藏和鉴赏之间的本质差别吗？组成龙形器的绿松石片这些东西在潘家园市场上出现，跟在二里头的墓里面出现，概念是一样的吗？在这里，二里头的墓就是"context"，绿松石龙形器是在二里头遗址的宫殿区最接近中轴线的一个贵族墓里面，就这么斜放在墓主人身上。此外还有海贝，应该是从印度洋或其他热带海域来的奢侈品项链，还有大量的陶器、玉器等，这就是我所说的"context"。要把物放在一个大背景关系里面去看，考古学就是研究这种背景关系的。

▌绿松石龙形器出土时的情形

大家知道中国的世界史学科没有包括中国史，但是中国从来没有自外于世界。今天只讲城市，其实青铜器技术和海贝，还有小麦、绵羊、车、马等等，大量的文化因素都是外来的。现在把中国放在欧亚大陆文明史乃至全球文明史的框架中来看，也是一个大的"context"的思考。

提问3：您今天的题目是"东亚大陆的城市缘起"，现代中国和历史上的中国，刚刚有学者已经提到了，能不能理解国家观念或者是中国的观念肯定是要涉及这个问题的，您能不能谈一下您如何理解早期的中国跟现在的中国？

许宏：首先，"中国"这个词在民国以前是没有用于国名的，这个是可以肯定的。所以我们说的"中国"是文化上的概念和作为政治实体的东亚大陆上最早出现的广域王权国家。要往上溯源，我们在文字材料中发现的"中国"最早见于西周初年的何尊，那个"国"还没有框，国可以解释成域，中域指的是中土或是中央之域，文献中也叫"土中"。

在二里头之前有几百年逐鹿中原的征战，各地的人都往中原涌去。以前的分析都是兵家必争之地，或者比较适合于农耕和人类繁衍，但其他的地方不一定不适合。于是有学者开始推断，有没有可能从那个时候开始，已经生活在东亚大陆大两河流域的人群逐渐在思想意识上有了"中土"这个概念了？当然这个论证起来是比较难的。冯时先生他们认为在先商时期就有了这种概念，二里头大体上吻合在天下之中立都的发想。我从考古学上分析，最早的广域王权国家只能是二里头。

古中国跟当今中国，肯定有情感上和文化上的关联，但是那种断裂性也比较大，这是一个非常复杂的问题。我个人觉得复杂就复杂在我们中国考古学有个非常罕见的特征，即在考古学诞生之初研究者就是以本土学者为主，世界各地大量的区域都是白人学者去挖、去做的。而中国本土学者就是做学术上的寻根问祖，我们把过多的情感融进了本来是理性、科学、客观的研究上。我自己可能倾向于理性和科学的层面，认为研究的对象即便是我们的祖先也要先把他们当成他者。我们现在正在融进世界考古学的学术大潮里面去，观史需要距离感，现在可能还看不清楚，可能过段时间会稍微好一点。

提问4：我想提一个外行的问题：从历史考古的历程来看，历史发展的主要动力，这方面能不能请教一下？

许宏：历史发展动力问题是特别难回答的一个问题，我觉得这是一个非常好的问题，是每个历史研究者、历史观察者都应该思考的问题，但对我们这些考古人来说更难。搞历史（文献史学）的老师本来就是研究形而上的东西，他会更直接地考虑这个问题。而考古学研究的对象是形而下的，我们一直希望透物见人，甚至窥见他的思想，但这个太难了。历史发展动力这个问题既有必然性又有偶然性，从考古学者的角度来简单地思考这个问题，我觉得还是在于人们要先解决人与自然的关系、解决人与人的关系，这就涉及社会了。

在最初地广人稀的时候，像广东岭南那一带不可能有太发达的文明，果子随手就摘下来了，太容易生存，那种地方很难有文明，沙漠里面因为环境特别严酷，也很难有文明。所以文明产生在大河流域，北纬30—35度，这是一个规律。环境既不是太有利于人群生存，又不太严苛，这种情况下才最可能产生出文明来。人和人在基本上都没有关系的情况下，当然就很少发生冲突，随着人口的增长，资源出现短缺，就会有争执，就会有你死我活。为了避免你死我活，就应该有一个大的建构来确保大家都能活，你吃肉我也得喝口汤。从二里头之前

郑州商城遗址出土兽面乳钉纹青铜方鼎（左）、兽面纹青铜爵

几百年的逐鹿中原到最后二里头出现，是不是就是几百年征战的一个结果和说法？到最后一个更大的社会组织出来了，有的人成为人上人，有的人认可自己处于中下层，这样就逐渐地社会复杂化起来了。

张光直先生曾经指出，中原王朝扩张的动因很有可能是为了攫取当时关系国家命脉的铜料等。在二里头时代和二里岗时代，只有二里头和郑州商城能够铸造青铜器，其他地方不敢也没有能力来造。二里头的铸铜作坊，是最早的国家高科技产业基地，到了殷墟时代，这种高度发达的技术泄密，导致江西新干大洋洲、湘江流域和三星堆那些青铜器群都出来了，包括关中地区的先周文化都能铸造青铜礼器了，从此改变了东亚大陆的国际局势与政治面貌，到了那时，青铜文明已经不是中原一枝独秀了。动因何在？这些都是有待于大家共同思考的问题，我只能说到这里了。

提问5：说到东亚大陆城市分三个阶段，我读文献里关于早期
　　　　文明的说法，最早连都城还没有建立的时候，是"邑
　　　　有先君之主曰都，无曰邑"，我特别想知道考古学家
　　　　有没有这方面的考虑？谢谢。

许宏：东周文献里有好多提法，要特别指出的是这些文献大多
不是纯正的文献记载，而是当时各国为了自己的生存发展，甚至为了
谋求自己的华夏正统性而阐发的政论。"邑有先君之主曰都，无曰
邑"，有先君宗庙的牌位的这个地方是都邑，还是靠谱的。"邑"单
个字肯定没有阶层性。因为从大城到最小的邑，都叫"邑"。但这里
面说的是君所都、王所都。祖先祭祀是被中国人看作重中之重的，我
们的祖先把青铜这种高科技"拿来"之后，用在他们认为最重要的祭
祀祖先上面来。而现在据我对早期都城的梳理，最初的宫和庙根本分
不开，宫庙一体。后来说左祖右社都是以王权为主，王居主殿，那是很
晚近的事。这条文献里面提的这个至少是君王统治者所居的邑为都，这
大体上是和考古发想与研究结果相吻合的。

2018年11月15日，于上海师范大学讲座

7

中国与世界　历史与当下

考古学视角下的早期中国

——《上海书评》访谈

上海书评：许多学者喜欢引用陕西宝鸡贾村出土的何尊铭文里据说是周武王克商后告天的语句"余其宅兹中国"，把"中国/中原"看成一个久远的概念。而周武王之所以能够"宅兹中国"，是在克商之后。在此之前，"宅兹中国"的显然是商人，周人则在"中国/中原"之外。也就是说，周人的"宅兹中国"一个是由外而内的动态过程。从这个角度来看，秦、北朝、唐、元、清这些后来朝代的"宅兹中国"，同样也存在一个由外而内的动态过程。由此推想，夏、商这两个朝代是不是也存在这样一个过程呢？既然如此，我们再继续"身在中原找中原"的起源，是否合适呢？

许宏：我一直讲，我们不知道的东西，要比知道的东西多得多。最近说到中国、中原，就涉及夏和商，只有到了商的晚期，考古学和历史学的话语才能够契合，这是因为有了甲骨文。现在看来，20世纪40年代徐旭生先生在《中国古史的传说时代》中的断言，即甲骨文之前的时代基本上可以看作"传说时代"或者"前信史时代"，到现在为止，还没有被新的考古材料所推翻。也就是说，前殷墟时代由于文献记载的匮乏而模糊不清，属于原史（proto-history）时代。"原史"这个词来自日文，由于和"原始"同音，所以不太好用，但是如果不用这个词，而把中国的上古史做两分的话，就像夏鼐先生等在《中国大百科全书》中写"考古学"这个词条一样，那么二里头划在哪儿呢？只能划在史前，根本不属于历史时期。现在以甲骨文为界，此前的商代早期或二里岗时期都应是前信史时代。安阳殷商王朝当然地处广义的中原，至于再往前它是哪儿来的，已经是比较模糊的状态。二里岗现在被认为是商代早期，也是一种推测，缺乏文字上的确证。当然它们是有密切关联的。但殷墟

■ 1937年春，殷墟第十五次发掘（《殷墟发掘照片选辑（1928—1937）》）

有大量的因素也是根本不见于二里岗的，比如大规模的杀殉，又比如带有多个斜坡墓道的大墓，再比如体质人类学上的一些特征，等等。就是说，二里岗和殷墟既有关联又有区别。武丁以前，还没有能够自证王朝归属的甲骨文出现，推测商代的先王和先公肯定是有的，但是具体在哪儿、是不是在中原，要打一个问号。我觉得这个质疑是合理的。考古学不完全是实证的学问，更多的是一种阐释。这一点能够被公众所接受，是我们考古人最大的欣慰。

我们不能排除殷墟一直到二里头的部分人群是从中原以外过来的，但是"中国"这个概念不一样。这个概念比较复杂，时间上从金文来看最早是西周初年，区域上主要指的是都邑及其周边地区，具体地理位置则是在中原。基于文献本位这样一个前提，我想大家都会认可。"中国"这个词相当于最早的广域王权国家——这是我的用法，因为王朝跟血缘、世袭制相关联，很难从考古学上去论证。既然"中国"这个概念从文献中来，是一种认同，那么，去中原以外的地区寻找这样一个政治实体，就背离了文献本位的认知框架。

考古学最重要的方法就是从已知推未知，我们研究远古，可以从上古乃至中古的研究当中得到很多启发。举个例子来说，我们常说，抛开了中国北方，一部完整的中国古代史就无从谈起，北方族群南渐的浪潮很有可能会上溯到早期中国广域王权国家兴起的那一阶段。伴随着青铜技术的发展，我们在二里头发现了最早的青铜礼器群，在它前后，从龙山到殷墟这样一段时间内，有大量的外来文化因素进来，成为"中国"的东西。这些不见于中原的东西如果不被认为是中国的，那么有什么是中国的呢？比如小麦、绵羊、黄牛、车、马、骨卜（用骨头占卜的习俗）；再往后就是甲骨文——这么高度发达的文字系统，究竟是"无中生有"地从中原及其左近的东亚大陆一点点地发展起来的，还是受到外

来文明的影响和刺激而产生的，至少现在在中原地区还没有找到它的明确的前身。同理，像二里头这样一个广域王权国家的架构，究竟是自己产生的，还是受到外来影响，都有待于进一步的探索。一句话概括，那就是中国从来就没有自外于世界，一定要把"最早中国"这个概念的产生和发展，放到全球文明史的框架里面去审视。

上海书评：您的意思是，很多东西在进一步的文献证明之前，只能存疑。

许宏：我的思考很明显是考古学本位的。文献话语系统和考古话语系统的契合点只能是甲骨文，在此之前试图对这两大系统进行整合的，都是推论和假说，都不是实证性研究。自我评价这些年来我们在二里头的工作，我说对解决它的族属和王朝归属问题没有什么进展，但是，在二里头都邑的聚落形态和社会形态的研究上面，我们团队的业绩是当仁不让的。可以说它是东亚大陆最早的广域王权国家或者说最早的中国，但从狭义的史学角度来说，我们是不是确认了它的王朝归属问题呢？没有。与其说解决了什么问题，不如说是提出了更多问题，让我们的思维更加复杂化。

我跟刘莉老师在《文物》杂志上发表过一篇文章：《关于二里头遗址的省思》。这篇文章本来是用英文写的，发表在英国的《古物》（Antiquity）杂志上。其中有句话说，"四十多年来，关于二里头文化的族属与王朝归属问题，几乎了无进展"，在学术上其实没有问题，这就是实情嘛。译成中文的时候，有审稿者提出要考虑国内读者的接受度，最后处理成了"这个问题还有待于进一步的发现与研究"之类的表述。现在的公众习惯于标准答案，从小就被灌输说凡事都有个标准答案，但是在上古史与考古研究当中，根本就没有标准答案。说起来好像我是考古学的专家，我讲的就是权威定论，其实也只是一家之言。

我一直提醒大家，如果有任何学者提出原史时代在考古上——尤其是考古学文化与族属问题上——对号入座的定论的话，都需要打个问号。我希望大家更多地独立去思考。在这一方面，我的态度是一贯的：到目前为止，我们还排除不了任何假说所代表的可能性。以前在很多考古问题上，大家所持的都是非此即彼、非黑即白的立场，把假说当作信仰：我是正确的，那么你肯定就是错误的。在这样一个环境下，考古学者要么会被指责为观点一直游移不定，因为不断会有新的考古发现推翻旧有的假说，要么就会被看作僵化保守，用一套成说来审视所有新的材料。

上海书评：您这种开放的态度在国内考古学者中似乎很少见，感觉更接近西方学者的思路背景。

许宏：我没有在西方长期留学的学术背景，是完完全全的土博士，是带着问题去发掘的一线考古人。我接手二里头的时候，有点忐忑。因为我以前在山东大学当教师，主要做山东地区的考古，博士论文是做先秦的城市，从来没有参加过二里头的论战。但是我又认为这是我最大的长处，因为我是带着问题意识而不是固有成见来做二里头的，"一张白纸，可以绘最新最美的图画"。做二里头的前几年，我一句话都没有讲，很多人说第三任二里头考古队的队长关于二里头夏商分界的意见是很重要的，没有想到我最后说"我不知道"。实际上，这是一个认识论上的巨大变化。中国考古学发展到今天，我们在认识论上开始反思。像我这样不带任何学术成见、近乎白纸地进入田野进行考古工作的学者，最后得出的结论，与罗泰教授这样的西方考古学家的认识相当接近，这就是殊途同归了。让我比较欣慰的是，我之前受罗泰教授的邀请，在加州大学洛杉矶分校（UCLA）做了三个月的访问学者，和那里做埃及考古、两河流域考古、中美洲考古的学者对话，大家工作的区域不同，但可以做很好的交流。因为大家其实都是在用相同或相似的研究理念和方法来处理学术问题的。

去年我有一篇文章，题目就叫《关于二里头为早商都邑的假说》——我大概是中国考古学者里面第一个在论文题目中就明言自己这是假说的。假说代表着一种可能性，而可能性与可能性之间是不排他的。关于二里头、二里岗和殷墟这三种考古学文化，我们要么统一看成商代，要么夏代和商代两分。其实，关于二里头属于商代早期这个话题，徐旭生先生在1959年就已经说过了，此后二十几年间一直是主流观点，我只不过是旧话重提而已。三十年河东，三十年河西，主

流观点一直在变，那么哪种观点更接近历史真实呢？根本无法判定。其实，除了把它们都看成商代，或者分为夏、商两代，还可以先看成是三个不同的人类集团。完全有可能。目前二分是主流，但在我看来，商代一分和三分都是有可能的，都是开放的。我在上海博物馆的讲座《对早期中国的叙事与想象》，说的就是这个话题。

上海书评：中国的考古学研究依然高度依赖于类型学方法，而您在《何以中国》中说过，考古学文化所讨论的时间跨度动辄以数百年为单位，要依靠类型学排序，其实有很大难度。您怎么看待这种方法的困境？

许宏：其实，在我看来，不是说类型学的方法已经过时了，而是我们现在做得还太过粗疏，应该更加努力地把它精细化。比如说，我们以前说的考古学文化也是一种人为的聚类分析和归纳，适用于文化史阶段的研究，现在看来偏于粗疏，所以我们在呼吁聚落本位的精细化的研究。我们现在认为，从20世纪90年代前后一直到世纪之交，考古学界经历了一个大的转型，从以陶器为中心的、注重编年和谱系的文化史研究，逐渐转到以聚落形态为契机的社会考古研究。而这在欧美考古学界已经是几十年前经历的事情了。现在回过头来看，中国考古学界也跟西方一样走过了相似的发展道路，只不过时间上晚了一些而已。事实上，考古学本来就是舶来品，对中国考古学界来说，很多既有的考古学方法和理论并不存在是否该学习借鉴的问题，重要的是我们把这些方法和理论"拿来"之后如何避免将西方经验教条地引进研究当中，而是要使之本土化。我们做的区域系统调查即地毯式的踏查，收获颇丰，都是因应学科转型期提出的新课题，采纳了新思路和新方法，理论方法论的本土化是需要大力践行的。

上海书评：说到理论问题，您在一篇文章里面提到，中国考古学历来有漠视理论的传统，"特别重视考古材料的获取和考证，而不信任主观的理论，常以为'理论'不过是一种成见，因而把理论硬套在考古材料上便不是严谨的治学方式"。

许宏：这是张光直先生的原话。这里面存在两难，如果没有一个理论模型的话，就很难对纷繁复杂的考古发现做出概括和归纳，但是如果存在一个理论模型的话，又可能把本来复杂的历史事实简单化。然而必须得有这样的东西。举个例子来说，像塞维斯（Elman R. Service）提出来的人类群团、酋邦这些概念，目前在中国考古学界就存在争议，有的考古学家认为，使用这些学术概念是食洋不化，我们应该接地气，从中国的考古实践和文献当中提炼出中国特色的东西。这个大思路当然是不错的。比如，我们中国考古学界的前辈苏秉琦先生就提出了"古国""方国"这些中国化的概念。但是，有学者就指出，如果按照普遍接受的现行的科学理性思维来看，这些概念的内涵和外延是比较模糊的，有点像中国哲学那种大而化之的混沌意蕴，一旦拿到国际学术界里面，很难和西方学者展开对话。因为一旦叫了"国"，那就是定性了，日本学者在这个问题上面是比较敏感的。日本的弥生时代受大陆东周秦汉文化的影响，引进了青铜器和铁器，《后汉书》《三国志》上面也有"倭国"等众多小国的记载。"诸国"这个概念，日本的博物馆专门用片假名写作"くにぐに"，而不用"国"这个字的叠词，一旦用了就意味着是"states"，而他们认为那些见于中国古典文献的"国"，其实就是"首长制社会"，相当于"酋邦"（chiefdom）。而我们用的"邦国"这类概念，就模糊了前国家社会和国家社会的区别。按理说，"酋邦"在西方语境中也是模糊不清的，争议很大，但无论如何，它是前国家阶段的复杂社会是没

日本学者量博满教授（中）来到二里头遗址考察

有疑义的，平等社会—酋邦—国家社会这条路径是很清晰的。而到了我们这儿，古国、方国、邦国这些概念到底指的是不是"states"，就都成了问题。

我们要走中国道路，做自己的探索，这个方向是对的，但在具体研究实践当中，的确还任重道远，如何和走在我们前面的西方学界并轨对话，这还需要进一步思考。我们要是就在汉语世界里面自说自话，倒也罢了，但我们还是要走出去的，这就有问题了。夏鼐、苏秉琦先生所处的时代，我们称为"大家时代"，由某位大家提出理论方案，然后各地学者去执行这个方案就可以了。而现在这个时代已经一去不复返。有学者提醒说：对此，整个学科必须有充分的思想准备。现在，已经进入了"后大家时代"，好处是思维的多元化，坏处是学术权威的丧失、学科缺乏领头羊，把握学术发展方向靠学者的自觉。科研管理只能靠量化排比，比如用核心期刊的论文数量来评定学者水平，这其实是很令人悲哀的一件事情。年轻学者思维活跃，但在这些期刊上发不了文章，还没有话语权，他们即便赞同某种学术观点，也难以发声。像我这个年龄段的考古人其实是过渡的一代，比起在学术理论上做出贡献的前辈大家，我们能做的是通过自身的研究实践来推动整个学科的转型，比如提倡聚落形态研究和多学科的合作。这样的理念都融入了我们做的二里头考古报告中，它的出版，可以看作是中国考古学学科转型的一个缩影。

上海书评：自20世纪50年代以来，通过考古发掘，涌现出了诸多考古学文化，先是仰韶、龙山文化，继而是豫、陕间庙底沟文化，接着是长江下游的良渚文化、辽西走廊北部的红山文化等，这些符合文明萌发基础的文化遗址的发现，变成了苏秉琦先生所说的"满天星斗"，它们不仅分布在"三代"核心的中原，更分布在传统"华夏"的边缘。找来找去，"三代"的源头没找到，反而找出一大堆"星斗"。对这一现象您怎么看？

许宏：我觉得，这恰好支持了本人的论断：作为政治实体的"中国"是不能够无限制地上溯的。我们可以从广域王权国家开始追溯，就像李零先生说的，最早奠定后世中国基础的是西周，这是绝对没有问题的。基于这个前提，我们可以往前追溯，尽管人群种属会有不同，但文化有其传承性，西周往前是殷墟，殷墟往前是二里岗，二里岗再往前是二里头。再往前，没有核心了。我的"二里头中国说"其实是两头不讨好，国外一些学者认为秦汉后才是中国，国内大家都说中国文明5000年，我说是3700年。从二里头再往前，就是"满天星斗"。既然我们把中国定义为"最早的广域王权国家"，那它就具有排他性，我们不能说最初有七八个中国，后来成为一个。甚至可以明确地说，像良渚文化只是前中国时代比较大的一个邦国或者酋邦，它就像你前面举出的庙底沟文化一样，属于"满天星斗"中比较亮的一颗星，走完了它生命史的全过程，对后来的华夏文明产生了一定的影响。

我们现在看上古的东西，其实都不可避免地带有当代人的思维，正所谓"叙事和想象"，这是难免的，关键看你如何去想象。我们说通过历史来建构中国认同，这是没有问题的，但是考古学者首先一定要求真求实。好在，我们这个时代，考古学者还是可以自由地表达自己的学术观点的，不必太过顾忌一些政治或社会的因素。

上海书评：最近《科学》杂志刊登了一篇文章，声称给夏代找到了科学依据，不知您如何评价这篇文章？

许宏：这篇文章一出来，《知识分子》和《知社学术圈》就来找我谈意见。现在看来，我是国内比较明确地对这个事件表态的学者。就像以前评价郭静云教授的研究一样，我对包括民间研究者在内的各领域学者的研究都持开放的态度，我认为对他们提出的假说不能一棍子打死，不能说人家没有资格做研究。你不能说易中天先生没有权利来对中国上古史做出自己的研究，他当然有这样的权利。从这一点上来说，我大概算体制内考古学者里面比较开明的。但是，就像人家评价我写的《何以中国》时说的那样，尽管我的文笔是通俗活泼的，形式是图文并茂的，但是态度是比较严谨的，观点是偏于保守的。从学术规范来看《科学》上的这篇文章，涉及夏朝，涉及大禹治水，但文中有关地貌和地震洪水的研究，与夏和大禹治水这些议题之间没有清晰的证据链，而且最大的问题在于年代学，这一点后来也有学者指出了。夏商周断代工程以后，"中华文明探源工程"是国家级的大工程，有研究成果公布。最新

■ 汉画像石上的大禹

的研究成果表明，二里头的上限不早于公元前1750年，我们再放宽一点，取个整数，至少不早于公元前1800年。这篇文章却完全不提这个研究成果，而是用了比较早的研究数据，这篇文章里的大洪水就和二里头文化形成了年代学上的冲突。这是一个很大的矛盾。

另外还有一个很大的矛盾。既然提到了大禹治水，这就是一个文献本位的问题，那就应该从文献出发，大致认可文献给出的时空背景。夏商周断代工程从文献推导出来夏代始于公元前2070年，夏王朝的空间范围一般认为是中原左近。而这篇文章直接把夏代定位在了公元前1900年，只采用了夏、大禹治水这些概念，实际上把具体的时间与空间的语境都抛弃了。而且也没有作考古学的分析，只是提了一句二里头始于公元前1900年，也即中国青铜时代的肇始。关于东亚大陆青铜时代的开始时间，本人做了最新的梳理，可知甘青地区和中原地区只有齐家文化的晚期和二里头文化第二期才大量使用青铜器，都不早于公元前1700年。这也跟公元前1900年存在很大的差距。

这篇文章传播得很广，但正因如此，考古学界必须有人站出来指出它的问题。这个团队里面有我很敬重的、很优秀的考古学和年代学学者，但他们是否都认可这篇论文的推导方式和结论，这是要存疑的。

上海书评：有人说，"发现龙山、红山以及良渚的前人或许提供了不错的榜样，不必畏惧中原／中国的源头不在中原"。还有人由此重提曾盛行一时的"华夏文明西来说"。对此您怎么看？

许宏：很多民间研究者热衷于"华夏文明西来说"，但作为一个保守的考古学者，我认为目前的考古发现不足以支持这样的观点，只能说，中国早期文明当中存在着许多外来文化因素。至于这些因素是不是接力式的，一点一点地由外面的人传过来，不排除这种可能性。

结合石器时代的考古学研究，我认为，在秦汉时代形成中国主体之前，中国对外来文化比后来的时代还要开放。整个新石器时代后期至青铜时代"改革开放"的前沿阵地是大西北，是陆路上的大通道。连旧石器时代的人都翻山越岭地过来了，怎么到了新石器时代和青铜时代，反而不大来往了呢？所以我一直说，民间研究者的思路不能一棍子打死，但是要说证据，那是严重不足。一方面，我主张要有坚实的证据；另一方面，我对这种思考持开放的态度。

外来文明的传入这种可能性是不能排除的。旧石器时代的人都可以用时间换空间，后来的人就更不用说了。青铜时代中国与外来的联系是大大地增强了，很多发现可以校正甚至颠覆我们的认识。比如，关于三星堆，可以引用王明珂先生的话做个反思："经常考古发掘使得一些'过去'出土时，对此'过去'我们感到十分惊讶。此'惊讶'便表示，考古学发掘所见的'过去'与我们的历史知识理性不符合。"其实，"'异例'（anomaly），是我们反思自身知识理性的最佳切入点。"为什么我们认为三星堆不合情理，这是不是我们的思维定式出了问题？对这种完全不见于文献的东西，我们觉得它不应该有，可是为什么不应该有呢？它本来就在那儿。所以我一直持一种谨慎且开放的态度，不排除各种理论和史实上的可能性，但是有一分材料说一分话。

"中国"概念讨论的多元化是很正常的，本该如此。就像有的学者说的，现在存在一种整体上的中国焦虑，我们都想弄清中国从哪里来，向何处去。葛兆光先生的《宅兹中国》、许倬云先生的《说中国》，还有李零先生的《我们的中国》，其实都在讨论这个问题。我那几本小书，也是讨论这个问题的。《最早的中国》如果有副标题，可以叫"二里头文明的崛起"，这是微观的；《何以中国》的副标题是"公元前2000年的中原图景"，这是中观的，追溯到二里头之前几百年；《大都无城》的副标题叫"中国古都的动态解读"，以二里头为起点，看它之后的影响，这是宏观的。我已经给第四本小书拟定了题目：《东亚青铜潮——前甲骨文时代的千年变局》。东亚青铜潮是大宏观的，到了这个层面，"中国"这个概念已经不够用了。而这股席卷东亚的"青铜潮"其实可以追溯到新疆——地理和文化上新疆属于中亚，联合国教科文组织编的《中亚文明史》甚至把甘青地区作为中亚东部。然后，从甘青地区和北方草原开始，经过中原地区，一直到日本，随着青铜潮的西风东渐，几千年发展缓慢的东亚新石器时代迎来了一个大的提速期。我们考古人写史当然最终还是为了"解读早期中国"，这是我这套书的名字。在一个学术碎片化的时代，从整体史的角度给出这样一个宏阔的图景，我觉得很有意思。

2016年9月18日，采访人郑诗亮

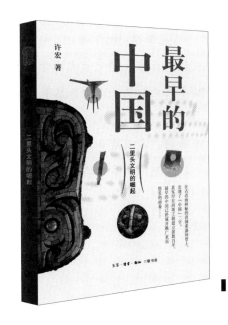

《最早的中国》新版，生活·读书·新知三联书店，2021年

目前还无法确认二里头文化姓"夏"还是姓"商"

——第一财经访谈

再没有什么考古学争论，比夏文化更有吸引力了。随着一部50多万字的夏代研究专著《鼏宅禹迹：夏代信史的考古学重建》（生活·读书·新知三联书店，2018年）问世，再次在学界引起了强烈反响，引发了又一轮关于夏的争论。作者孙庆伟，北京大学考古文博学院院长，为"信古派"中坚学人。当了20年河南二里头考古队队长的许宏，自认是眼下中国学界"极少数"抱"疑古"态度的人。他认定，二里头文化是最早的中国，但也始终强调，在没有如甲骨文这样过硬的材料出土前，不可轻易言"夏"，也难以断言出土文物到底姓"夏"还是姓"商"。

◎ 夏不应该是一种"信仰"

第一财经：你如何评价孙庆伟对"夏代信史"的重建？

许宏：我觉得孙老师的这本书，是延续了从徐中舒、范文澜等先生开始的假说思路，补充完善并总结概括了徐旭生、邹衡再到李伯谦等先生的研究框架。与其说是超越，不如说是集大成者。

孙庆伟老师在书中写到，徐旭生夏文化研究的基石是他对夏代"信史"地位的笃信。很明显，孙老师自己也是这样定义的，也就是先信。但是，这个"信史"的"信"应该是确凿无疑的，是一种可以凭信的"信"，而不应该是信仰的"信"。这样的一种共同信念，我不知道在学术上应该往哪儿放。因为信仰和科学不是一个范畴的。

关于这个副标题，我没有和孙庆伟老师聊过。我的《何以中国》第一版封底就有这样一句话："我们永远也不可能获知当时的真相，但仍怀着最大限度迫近真相的执着。"

第一财经：《鼏宅禹迹》出来以后，你和作者已经在三联新知大会上有过交锋。你们争论的焦点，已经不是"有没有夏"，而是考古学究竟能否辨认夏、考古学家是否应该相信夏。这是不是意味着，你们的分歧其实已经转移到方法论层面？

许宏：对。网上很多人说，我不承认夏的存在，其实不是这个概念。夏肯定是一个客观存在。什么叫"客观存在"？就是它见于从东周尤其是战国，到汉代两晋人的口中、笔下，是他们对曾经可能存在过的一个族属或者王朝的追述。夏，到目前为止还是属于"非物质文化遗产"。

第一财经：所以你的观点是，夏作为一个"文化观念"或者"共同记忆"，是存在的。但在考古学上，目前还无法得到肯定？

许宏：我不否认夏的存在。但在考古学上，目前夏处于既不能证真也不能证伪的状态。在没有出土如甲骨文那样的自证性文书材料之前，这个问题不可能彻底解决。所以，现在无法说有没有夏，无法下定论。

第一财经：但一部分学者的研究，是先承认有夏，然后在这个前提之下去构建夏的历史。

许宏：这一下子就指到了焦点问题上。如果在考古材料被揭示之前就已经认为它是信史，那这样的结论就和考古学没啥关系了。

所谓"信史"应该是确证的、唯一的、排他的。而推论和假说，则只代表可能性，是不排他的。在没有出土文献的情况下，徐中舒先生曾经推论仰韶是夏，范文澜先生等推论龙山文化是夏；到现在，大家基本认同，二里头或者从龙山文化到二里头文化是夏。这些都是推论和假说，至今没有定论。

然而，这些学者总体的方法论是一致的，那就是，他们相信古史的记载，认为其中总有一条是真的，属于"信史"；认为文献中的"夏"的遗存，可以在当时的文书材料出土前被指认出来。只是他们内部还存在纷争，被指认为信史的文献各不相同，被指认为夏的遗址也各不相同。我把这些学者称为"可知论者"。

还有极少数的"有条件的不可知论者"，就像我这样偏"轴"的，轻易不肯言"夏"，认为当时的具有内证性的文书材料的出土，是一道不可逾越的门槛。

◎ 除了文字，锅碗瓢盆肯定推导不出夏

第一财经：你担任二里头遗址考古队队长近20年，一直被置于争论的风口浪尖，也向公众发表过很多关于夏的看法。对工作了那么多年的二里头遗址，你是怎么看的？

许宏：二里头遗址极有可能是夏，或最有可能是夏，但我不能说它肯定就是夏。但不论是姓"夏"还是姓"商"，它肯定是最早的中国，是存在于3700多年前的中国最早的广域王权国家。那里有中国最早的城市主干道网，最早的宫城，最早的中轴线布局的宫室建筑群，最早的四合院和多进院落宫室建筑，最早的官营手工业作坊，最早的青铜礼器群等，开了后世许多制度的先河。二里头再往前，就是"满天星斗"的状态，是一种无中心的多元。所以说，暂时不知道二里头是属于"夏"还是"商"，并不影响我们对它在中国文明史上地位的认知。

第一财经：你是一位以考古学为本位的考古学家。但另一方面，许多学者也强调文献资料和考古实物的结合。因为考古材料也是孤立的，撇开文献，就会出现各种方向上的解读，很可能走向谬误。海昏侯墓文物大量出土后，很多人提出了颠覆史书之类的言论。去年，北京大学历史系教授辛德勇出了一本《海昏侯刘贺》，强调了古史文献的可信度和权威性，其中一部分内容就是对一部分考古学家轻言"颠覆史书"所作的回应。他曾说："总的来说，考古新发现，大都只能起到补充细节的作用，通常很难对历史文献的记载做出根本性改变。"

许宏：辛德勇老师说的是非常有道理的，但是要补充的一点是，海昏侯是信史时代的人物，而夏是处于史前时代和信史时代之间的原史时代，是非常扑朔迷离的。现在，我们所有关于夏的记载，都是夏

终结近1000年甚至1000多年之后人们的追溯。战国时期，各国为了争夺华夏正宗，都会有自己的历史主张。我们现在所知道的，只能是春秋之后，尤其是战国到汉晋时期人们笔下的夏。

在信史时代，文献对历史的构建作用当然比考古学重要得多。但即便是这样，依然没有绝对正确的记录，我们依然讲究互证，也就是王国维所说的"二重证据法"，地下出土文书和传世文献的互证。注意：二者都是文字材料，只有这二者互证，才能卡死一个族属或王朝，比如说，晚商就是因为殷墟甲骨文的出土，我们才能认可殷商进入信史时代。

曹操墓为什么在社会上引起如此大的争议，从一个文化事件上升到社会事件？刨去社会方方面面非学术的因素，还有一个重要原因，就是缺少铁证。在洛阳邙山上发掘的曹休墓就没有什么争议，因为在主墓室中发现了一枚刻着"曹休"两个字的印章，这不就是铁证吗？

二里头也是同样的道理。我说它极有可能是夏，最有可能是夏，但你说要下定论，我接受不了。

▌篆书白文"曹休"二字私印

第一财经：孙庆伟也对被视为金科玉律的"二重证据法"提出了反思。他认为，既然"二重证据法"是王国维基于殷墟考古提出来的，只适用于出土文字资料，不适用于"哑巴"材料，那么在对夏文化的研究上，应该用其他方法。你怎么看这个观点？

许宏：有人认为孙庆伟老师在书中采用的考古材料和文献互证的方法，叫作"二重证据法"，并不是很妥当。"二重证据法"是需要古史材料和出土文字相互印证。孙老师采用了很多考古学材料，但没有考古出土的文字材料。我把这称为"二重证据法"的泛用。

在考古学上，锅碗瓢盆肯定推导不出"夏"。或者，你推导出的"夏"和我推导的根本不是一回事儿。孙老师在做新的推导，他的很多观点也与他的老师李伯谦先生不同。这些推论都没办法被视为一种定论。

◎ 站在国际视角看问题，而不是自说自话

第一财经：在主流学者中，和你持相似观点的学者是少数派，大多数学者依然主张夏是存在的。这个时候，是否会感到一定的压力？

许宏：正如孙庆伟老师总结的那样，很多学者都是一个"证经补史"的思路，他们是在历史学的语境下做考古学研究的。但是从根本上说，这种纷争不可能终结。在上古史和考古领域中，我们很难用正确和错误来评说一种学说，因为我们的研究对象往往是具有不可验证性的。学者们的观点，都是其中的一种说法而已。

我们的研究应该放到跨国界的视角去看，应该是和国际学界平等交流，而不是在汉语世界里自说自话。如果我们把关于"夏"的研究放在全球文明史的角度去看，我们就要考虑现在的学科关注点是不是对头，学科

使命究竟何在？我们对考古学自身的擅长和短处是否有明晰的把握？

我不在乎当代人怎么看我，我所写的和说的这些话都留到一二百年以后的人回头来看吧，都留给历史吧。我觉得自己现在的确是少数派，但这也是分年龄段和群体的。和我同龄的学者或者我的前辈们，观点思路或许和我不同，但是在年轻人那里，我不是少数派了，我得到了更多年轻学者的支持，但他们还没有话语权。我们这个学科有着浓厚的敬老传统。

所以，我一直说自己是互联网时代的产物，如果没有互联网，仅仅是在专著和期刊上发表见解，我们这些学者之间的争论是很难让大家知道的。现在则大不同了，所以我很感恩这个时代。

第一财经：那么你认为，考古学在重建古史上面临哪些局限？是否有些事情无法寄希望于考古学家来完成？

许宏：考古学擅长什么？考古学擅长的是对历史文化发展的长时段观察，是一种宜粗不宜细的观察。考古学不擅长什么？就是对具体历史事件和具体人物的把握，以及对绝对年代的把握。由于意识到这样的局限，整个学科都在面临转型。我们的关注重点已经从物质文化史的研究，逐渐转移到人地关系、生产生计、聚落形态、社会结构、人群交流这些可以大有作为的地方，也就是社会考古的研究。西方学界早就在这样做了。但我们有丰富的文献资源和浓重的"证史"传统，所以还存在很大的学科发展的惯性。

值得欣喜的是，我们已身处这一巨大的学科转型浪潮之中，面向世界的、全方位的社会考古蔚然成风，绝大部分学者正致力于此。这代表着中国考古学的未来。

2018年7月20日，采访人孙行之

从这个意义上讲，任何历史都是当代史

——《看理想》访谈

　　看理想：首先，非常感谢许宏老师愿意来参与《讲谈社·中国的历史》第一季番外的录制。这本《从神话到历史：神话时代、夏王朝》，是日本九州大学宫本一夫教授撰写的。您看过这本书之后，觉得有什么关于史前中国比较重要的但是宫本教授没有提到的方面？毕竟宫本教授是一位日本学者，他肯定跟中国学者关注的角度不一样。就史前中国能写一本书，在大部分的中国通史的叙述中是少见的。即便如此也肯定还有遗漏的地方，不知道您的看法是怎样的？

　　许宏：考古学首先是一门最具有颠覆性的学科，也就是说它最具有时效性，因为任何考古发现都在时时地完善、订正，甚至颠覆我们既有的认知。不要说十年，就是五六年之前甚至很短时间之前的一些考古发现和研究，很快就会被大家认为有过时的感觉。从这个意义上讲，每一本书它都不可能是一直追踪最新的学术潮流的。

　　宫本一夫先生这本书的成书时间是十几年以前，现在感觉应该有修订的必要了。还有，我对日本学术界稍微熟悉一些，在那儿学习进修过。我觉得日本学界的科普工作做得比我们好，日本考古学科的起步比我们早，他们面向大众的深度和广度都比我们好。我觉得很难得有这样一套本来是给日本人读的中国史的书。这套书日本老一辈学者一直在写，一直追踪着学科的前沿，丛书有统一性，但是我觉得他们最难得的是，他们最小限度地对作者提要求，而不是像我们，甚至具体的学术思想总编都得考虑。他们的做法是，我只要找对人，你是这方面的专家，那么我限定了这套书总体的容量和一本书的容量以及大的篇章结构，就放开让你来写。这样，宫本一夫先生写的是他自己的研究成果，有他自己的侧重。

▌ 2013年，在偃师商城发掘现场给李伯谦教授（中）、宫本一夫教授（右一）讲解

我在推荐序里已经说过，宫本一夫先生这本书最难得的是，他山之石，可以攻玉。他作为一个外国学者，几乎没有我们这种所谓学术上的寻根问祖情结，没有民族主义的考虑，这是很难得的。另外一点，从学术上来讲，他的学术视野非常开阔，他没有现在中国国境的观念，这导致他不像我们中国学者，我们要写的话，第一，仅限于中国国境之内；第二，我们下意识地受中原中心的影响。我们看到他说，南方是一条主线，北方是一条主线，甚至把它放在整个欧亚文明史的框架中来写，这样就使得我们中国的读者有一种新鲜感，包括我个人在内，都是不识庐山真面目，只缘身在此山中。

我在推荐序中已经说了，丛书要是有一个统筹规划的主编，第一本他一定会找一个考古学家来写。因为我们的写作跟以后的任何一本都不一样，这本书一跨就是一二百万年，而记述主体是一万年以内，远远超过后边那些本的总和。在这种情况下，有一个不足，就是我们考古人只能勾勒出大的历史框架来。这就像我常说的一句话，考古学擅长宜粗不宜细地对历史文化发展进程进行长时段观察，最不擅长对绝对年代、具体人物和具体历史事件的把握。

大家读起来会觉得不太鲜活，缺少对具体人物的刻画。我们只能说到某一群人，而没法说到某个具体的人，比如秦始皇、汉武帝。这群人，甚至是姓夏还是姓商，是属于黄帝族群还是炎帝族群，我们都说不好。这是考古学的一个特点，或者说是不足之处。考古学的长处在于能够描述出历史文献中所没有描写到的一些生产、生活、人地关系的一些细节。宏观上让人们知道，这群人怎么生活、怎么生产、社会关系如何，这些东西是考古学讲故事的一个特点。大家应该理解考古学的不足，考古学的不足决定了包括宫本一夫先生著作在内的中国通史第一卷书的特点，就是既有长处又有不足。

看理想：就像您说的那样，第一卷我们做完之后，大部分听众的反馈的确是觉得比较枯燥。虽然您在推荐序里已经预告了大家，说这个内容会比较不细节，也比较枯燥。原来这是考古学研究的一个特色。

许宏：我要帮宫本一夫先生解释一下。也许是"屁股决定脑袋"的缘故，作为一个学者，我愿意读这样的书，我自己也愿意做非虚构作家。尽管现在有不少的学者和作家，有一些文笔非常好，有一些有很生动的情节描述，甚至还有一些有比较大胆的想象，但是在我看来，那些基本上是闲笔。你要说这本书枯燥，你就不能不承认它的另外一面，也就是都是干货。我自己也在写书，我作为从田野一线出来的学者，作为作者来写书，最后受欢迎的还是我这样的学者。大家读惯了像考古大揭秘那样的书，读几本之后就会觉得这种书没有深下去，尤其是有的比较知名的考古文学作家写的书，有相当分量的演绎和虚构的场景。在我看来，比如写民国时期的中国考古学史上的一件事，根本没有必要虚构那些东西。因为我们的学术史本身就非常精彩，没有必要花笔墨来做超出史实的描述。这是我的看法。

看理想：您做了很多考古学大众传播的事情，包括讲演和一些通识类的节目。作为学者，您认为应该怎样向大众传递没有文字的史前史才是最为有效的？您觉得学术圈内的讨论与大众传播之间的差别在哪里？

许宏：做考古学大众传播挺不容易的。我觉得应该从两方面看，一方面，学者如果致力于科普，或者叫大众学术、公众考古，肯定应该不断提高讲故事的能力；另一方面，我也希望读者和听众有一定的知识储备。知识储备越厚、越多，越有益于了解我们所讲故事的内容和底蕴。实际上，我还是很欣喜的。就我个人而言，三四十年前不敢想象，我们这个给人感觉像象牙塔的学科，到今天居然会成为显学，我个人甚至成了网红，大家都很关注。我觉得值得欣喜的还是，随着社会经济的腾飞和转型，大众的整体文化素养在提升，这会形成良性的互动。包括收听"看理想"这样的节目，有些听众会觉得有些难度。这没有问题，只要听多了、听惯了，时间长了，就会好起来。我作为学者，我不想媚俗，因为到最后是你获得提升，而不应该是我降低标准。你要看一个博物馆，如果你做了功课，你的收获肯定就会更大。你到了一个国家，如果你懂这个国家的语言，你的收获肯定大；你不懂，你的收获肯定和懂的不一样。这是一个道理，所以大家可以往这个方向努力。

刚才说到日本，我觉得日本特别难得的是，它总体的社会经济发展和文明层次、全民文化素养是高于我们的，好的日本科普作品很早就有了。应该说我们这二三十年还在起步，对这方面的发展我还是比较有信心的。

看理想：我做这个节目也有这种感觉。一开始一些概念虽然在我眼前，但是我没有感觉。做完《讲谈社·中国的历史》第一卷之后，我再看到苏秉琦先生"满天星斗"的说法，才觉得这真的是一个非常精辟的总结和概括。包括葛兆光老师那本书《宅兹中国》，我以前不太理解他的意思，后来就突然理解了它背后的历史的沉重。我觉得许宏老师特别说到了我心坎上。

如果大家对中国的史前史感兴趣的话，您有没有推荐大家去看的一些其他的书？您刚说到，日本在大众科普方面做得很好，做得时间也很久，而讲谈社这套书是十几年前出版的，在日本这十几年的发展过程中，您有没有看到比较值得推荐给大家看的，大众普及性的、历史性的读物？

许宏： 因为有一个翻译周期的问题，所以讲谈社这套书应该算是比较新的了。当然，希望今后还可以译出新版来。现在还有一点比较让人欣慰，以前我们自己用一些学术书，也感觉特别滞后。而日本在翻译上一个是快，再一个是精准，日语的表达也比较细腻，能够比较忠实地译出来。我自己也做了这样的推介工作，美国学者罗泰教授，其著作的日译本早就出了，中译本一直没有出来，因为他对翻译不是太满意。从这个角度说，我们乐见更好的外国著作被翻译过来。最近不止一个出版社出版了比较新的全球文明史、全球通史的书，可以看，兼听则明。但是我认为这些人对于中国历史的了解肯定不如日本学者，因为日本学者是在寻找自己文明的根，在古代，中国是日本的老师。跟日本学者聊天，他们说起中国古代都有一种乡愁，他们中文的底子比较好，也比较关心中国历史，所以日本学者对中国的研究是相当值得重视的。

至于国内，比较遗憾的是，这方面的书真的还比较少，我个人也希望做这样的努力。每个人有每个人的学术方向和学术兴趣，我很难写出宏大的、总括性的书，我的作品都是理论联系实际，从田野一线的实践出发，或者我作为一个资深考古人，如何来看学科和学术史，我是这种类型的写作。无论是大家作为爱好者来学习，或同学们来复习考试，都需要综合性的东西。像中国社会科学院考古研究所出的多卷本《中国考古学》，比较适用于考研究生，太专业。

现在看来，三联书店最新出版的刘莉和陈星灿老师的《中国考古学》，从旧石器晚期一直讲到早期青铜时代，是一本性价比比较高的书，很难得的，体量也比较合适，又吸纳了最新的考古发现、最新的研究成果。我觉得这类书都值得一读。

看理想：这本书是我们做第一卷时的参考用书，写得太清楚了，也足够深入。您刚说日本的历史学者、考古学者看中国的历史有一种乡愁，有一种寻根的欲望。那么对于您而言，确立早期中国的历史意义在哪儿？

许宏：今年正好是中国考古学诞生100年。从安特生1921年发现仰韶村开始算，今年正好考古百年，有一系列的纪念活动。非常有意思的是，这100年来，中国文化受到外界的刺激、碰撞，导致中国人感觉从天朝上国到处处不如人，亟需找到自己的本源，找到精神家园。

考古学是应运而生的一个学科，我们被打蒙了或者被打醒了，已经不大相信流传了2000多年的文献中三皇五帝那套东西了，故纸堆走不通了，那么就像傅斯年先生所说的那样，"上穷碧落下黄泉，动手动脚找东西"，我们要在田野上找寻中国和中国人的根——我是谁，我是怎么来的？考古学在这个时候应运而生。在我看来，考古学在诞生之初，就是为了解答，至少是想解答中国人自身来源这样的大问题的一门显学。

因此，中国考古学有一个最大的特点，就是中国几乎是全球唯一的，在诞生之初就由本土学者来主持、执掌田野考古发掘和研究的国度。无论是在埃及还是在印度河流域、两河流域，美洲就更不用说了，基本上都是欧美学者主导发掘研究的，有些现在还是。而中国考古学1921年诞生，1928年国家级的研究机构——中央研究院历史语言研究所——就已经开始进驻安阳，进行殷墟发掘了。

中国考古学从一开始，就是带着寻根问祖的意愿来发掘的，我管它叫"学术上的寻根问祖"。这与其他国家的学者研究中国历史相

1918年深秋，瑞典地质学家、考古学家安特生在河南进行野外调查

1928年秋殷墟第一次发掘，董作宾（右）与李春昱正在测量（《殷墟发掘照片选辑（1928—1937）》）

比，有一个好处，即我们与研究对象之间有文化上的浓重的亲缘关系。这使得像甲骨文这样完全失传的文字，一旦进入民国学术大家的法眼，就结束了常年被国人当药引子吃进肚子里的命运。这些大学问家马上通过《说文解字》这样的字书，将甲骨文和当代汉字联系在一起，迅速解读。这与法国学者商博良解读罗塞塔石碑，完全不可同日而语，这是我们的优势。

我们稍显不利的一面，或者说应该警醒的是，我们是带着浓重的情感来做研究的。我们自觉或不自觉地把研究对象跟自己连在一起，而没法首先把它们当作他者。而作为一门学问，面对研究对象，首先要客观理性。在处理救亡图存、追求文化认同和科学理性、求真逐理的关系上面，我们有的时候是纠结和拧巴的。

在这种情况下，我们看外国学者写的中国历史，使我们能够跳出既有思维里不利的一面，从另外一个角度感受，中国历史是怎么走过来的。读外国学者的中国史研究，很大的意义就在于此。对我个人来说也是这样，我这些年融进了本土学者在学术上寻根问祖的洪流，从一枚考古界的小兵到资深学者，就是这么走过来的，但时时提醒自己作为本土学者的局限性。

看理想：您之前在采访中提到过一个概念：China before China，您能展开讲一讲吗？

许宏："China before China"这个概念来自瑞典东方博物馆（由安特生于1926年创建）。安特生先生是中国考古学的奠基人，这让我们有一个概念，即要打破民族主义、本位主义的考虑。什么是中国考古学？难道只有中国学者做的考古，才属于中国考古学吗？我们把安特生先生发现仰韶村作为中国考古学的起点，是因为只要是在现在中国这块土地上从事的考古活动，都属于中国考古学。

安特生先生从中国带回去一些他调查、采集，包括购买的以彩陶为主的文物。这在我们闭关锁国的时候，是受到严厉抨击的，当然现在也有这样的问题——如何看待中国文物的流失。但是他在研究史上筚路蓝缕的开创作用，是绝对不能低估的。我们现在已经可以很平和地、历史地看待这个问题，以前就是骂外国人如何盗掘我们的文物，完全是负面的。现在我们不这么看了，你越拥有文化自信，越能把这些问题看得偏理性。

瑞典东方博物馆建成，准备要展览这些文物，陈星灿老师应邀与这个博物馆的负责人合作，他们让中方的学者一起来考虑这个问题，即如何向欧洲的观众介绍安特生先生在中国民国时期做的事、收集的

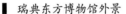
瑞典东方博物馆外景　　　　　　　1927年，安特生在瑞典东方博物馆

文物，于是把这个展览叫作"China before China"。

　　我的第一本小书《最早的中国》是2009年出版的，到现在也十几年了，今年马上出新版。我把二里头叫作"最早的中国"，这就挺有意思的，大家都知道许宏认为二里头是最早的中国，那么二里头之前波澜壮阔的、从多元到一体的史前文明的进程，就是"China before China"。我寄希望于搞新石器考古的同事，接续《最早的中国》往前写。到现在10多年了还没有人写出来，我说：你们如果再不写，我有时间写下一本书的话，我真想写一本"China before China"，中国前的中国，这名字太豁亮了。

　　我在三联书店出的这一套丛书叫"解读早期中国"，基本上早期中国或者China before China——中国前的中国，就是我的研究范畴，我个人一生都不可能超出这个研究范畴了。当然"China before China"可以做多种解读，第二个China完全可以解读成当今中国，所以只要是古代中国，都可以叫中国前的中国。这就是个很有意思的事儿，我说二里头是最早的中国，那二里头之前的，我们可以说它是"China before

298

China", 中国前的中国。但实际上"最早的中国"的缘起，有学者认为比二里头还早，也有学者认为到西周才真正奠定了中国的基础。当然，学术观点不同，没有问题。李零先生这么认为，我也这么认为。关键是每个人的着眼点不同，互相间观点的冲突就是一家之说，可备一说而已，根本就没有对错之分。

比如，我界定二里头是最早的中国，就是因为它是从多元到一体的一个节点，是东亚大陆第一个核心文化。它之前是"满天星斗"，到二里头这个时段"月明星稀"，然后才逐渐奠定了后世中国发展的基础。从这个角度来说，这是一个非常好的概念。

看理想：您是怎么定义"中国"这个概念？

许宏：大家对这个比较感兴趣，中国从哪儿开始写？现在哈佛的本子是从秦汉——帝国时期的中国开始写的，那是没有争议的。二里头是最早的中国，是中国学者这么看。到了二里头时期，真正能够跟埃及文明和两河文明比肩的成熟的文明才开始出来。

无论是葛兆光老师、许倬云老师，还是本人的这几本以"中国"命名的小书，就像有学者指出的那样，显现了我们有一种整体焦虑——什么是中国？我认为，这一定要把"中国"放到一个变化的背景关系里去看。

我们现在所说的中国，是新中国，这是一个参照系。而中国是一个从无到有、从小到大的过程，任何历史事物都有一个从无到有的过程。讲谈社的中国历史从旧石器开始讲，其实旧石器时代根本没有"中国"的概念。到新石器时代，大家就有争议了，比如，认为良渚见证了中国5000年文明史，这没有问题，关键是你怎么去解读。而在我看来，我把二里头界定为"最早的中国"。在二里头之前，如果说华夏族群、华夏文明是一棵大树的话，从二里头开始有了主干，前面是一些枝杈、分枝；如果是一条大河的话，从二里头开始形成干流，前面是一些支流。如果你认为任何一个支流它都是中国的一部分的话，那没有问题。

我认为我的界定还是偏于保守的。如果把整个华夏文明形容为一个生命的话，我觉得从二里头开始界定，相当于婴儿的呱呱坠地。但再往前有精子、卵子碰撞，再往前还有父方、母方结婚，或者是父方、母方的诞生。要是论理的话，父方、母方的诞生，也可以说是新的生命体的发现前提，那么把中国上溯到旧石器时代，就只是地理概念上的意义了。"中国"包含着文化的中国、族群的中国、社会的中国、地理的中国等多角度的概念，关键是你怎么看。所以，我认为大家一定要有一个动态的、变化的中国这样一个概念。

看理想：夏王朝是不是二里头？这个问题曾经困扰过您吗？您有没有一个从困扰到释然的过程？

许宏：关于这个问题，我觉得是一个应该让公众从学理上了解它是怎么回事的一个问题。对我个人来说，我都已经站到风口浪尖上了，已经有网友建议国家有关部门撤销许宏的二里头考古队队长职务，因为他不带有夏的情怀，就有可能隐藏证据，甚至销毁证据。这类爱国青年，我深深地为他们这种情怀所感动。

但是我作为一个学者，我有我的学术准则和底线——知之为知之，不知为不知，是知也。有一分材料说一分话。疑则疑之，不疑则无当代之学问。还有一句老话：真理再往前走一步就是谬误。这是明摆着的事儿。我们上古史和考古学领域，有许多东西是既不能证真又不能证伪的。在这种情况下，我说我有一个"不倒翁"理论，就是到

在二里头考古队陈列室观察陶器

目前为止，我们不能排除任何假说所代表的可能性。

考古学有自己的一套话语系统。就像宫本一夫先生这本书，一会儿讲大汶口文化，一会儿讲仰韶文化，云山雾罩的，实在是不好懂。读者会说，二里头我也不懂，什么二里头、二锅头，我统统都搞不清楚。但是你要是说"夏"，这事儿司马迁说过，这是明白的。

但是如果要让一个学者简单地把"夏"之后千八百年才有的后人的追述甚至传说，跟我们发掘出来的、没有文字证明的盆盆罐罐对号入座，说它肯定就是夏，我作为一个学者，是根本接受不了的。我想，只要是一个文化人，他就能够接受学理层面上这样的一种认知。

所以，许宏是否定夏文化的存在吗？不。我的提法是二里头极有可能是夏，最有可能是夏；但是我们不能说它肯定就是夏，不能定论。这就是一个严谨到偏于保守的学者，到目前为止的认知。不管在什么样的场合，因为我是学者，这话我还坚持。我一定要坚持，因为我是学者。就是这样。

看理想：我想起杨照老师说过，学历史或者做考古，有点像探案子。因为你接触的是一段已经过去的时间，以现有的材料，就得接受结果，有的案子，可能就是破不了。

许宏：说得太对了。我们就像判案，就像面对一个支离破碎的车祸现场。我们是靠着蛛丝马迹，来复原当时的场景。我们当然希望能找到身份证和文书这样的东西。比如，事故受害者是男性还是女性？这个好认。但是，是姓张还是姓李，如果没有直接的文字材料，我们不敢定。但就算叫路人甲或者路人乙，最起码得给个代号，这就有了二里头、二里岗这样的名称。

更为复杂的是，要有目击证人。考古报告完全是客观的吗？考古为什么难？历史为什么难？历史为什么不容易说清楚？因为研究对象、研究者都是人，人是最复杂的。好几个目击证人，即便你完全跟被害人没有利害关系，你还受记忆的影响——你是不是记清楚了？是不是当时在意了？还是一些是有意的，比如，为尊者讳、为亲者讳，连法律都豁免这样的事。二三十年以前的事儿，许多都根本说不清楚了，何况两三千年以前，甚至四五千年以前的事儿呢。所以我说，观史需要距离感。有的时候，考古上能说清楚的，可能比近现代史上说得还清楚，因为它有了足够的距离。这个希望大家理解。

看理想：您觉得二里头这个案子要破的话，决定性的证据会是什么？

许宏：大家都说我的条件太苛刻了——像甲骨文那样，当时的、带有自证性的文书档案。那个东西太苛刻了，也许永远发现不了。

我相信，二里头人是应该发明了文字的，因为它的社会结构太复杂。在那么复杂的社会结构里，二里头人还没有文字是不可想象的。但是，如果他们没像殷墟人那样，没有在甲骨上刻字的习俗，而是写在丝帛上、刻在木头上、写在竹子上，也许我们就永远发现不了。殷墟甲骨文就是一个最好的旁证——有一分材料说一分话。关键的问题是，为什么我们作为当代中国人，一定要把这东西搞清楚？它是不是考古人能够完全解答的问题？它是不是考古学研究最重要的问题？大家都可以考虑。

宫本一夫先生就不认可把良渚、二里头这些进入社会复杂化阶段的社会组织，叫作初期国家。他认为这是"首长制社会"，一个日语概念，英文就是"Chiefdom"——酋邦。酋邦是介于平等社会和国家之间的、前国家时代的不平等社会。它是一个过程而不是一道门槛。而"Chiefdom"这个词是个舶来品，中国学者一般不肯用。因为我们总是希望接地气的，从我们自己的这块土地，从我们自己的文献中，从我们中国具体的考古实践中，归纳出符合我们实际的概念。这个想法挺好，所以我们造了一堆词：古国、邦国、方国……

由于中国传统文化是不注重逻辑的，我们的学者、我们的同行就明确指出，中国考古学泰斗苏秉琦先生提出的古文化、古城、古国、方国等，这些是内涵和外延都极其不清楚的概念。

但是我觉得，苏公倒是深得中国传统文化的精髓。就像太极、八卦，越是偏于混沌的概念，就越好解释。我们如果在中文话语系统，甚至简体中文话语系统中，可以随便怎么说。但是我们是不是要到国际学术界，在同一个话语平台中，来谈这个问题，那么它跟"Chiefdom"（酋邦）是一种什么关系？宫本一夫先生有他作为外国学者的一种冷静、理性的思考。

我们有尽可能地上溯、拉长我们悠久辉煌历史的欲求，这无可非议。所以说，这里边没有正确和错误之分。大家看或者听宫本一夫先生书中的内容，要有这样的一种胸怀，有一种偏于理性的认知，这是我愿意跟大家共勉的。

看理想：段志强老师说到一个点，就是宫本教授在他书里说，二里头没有发掘出来大规模的墓葬，即可以匹配王那个级别的墓葬。所以他觉得，目前没法证明二里头是一个国家。它应该有一个君王，但是墓葬没法证明这件事情。但段老师录音的时候加了一句，说最近二里头发掘出来了一个大型墓葬，只是我们不太清楚具体的进程。现在怎么样了，您能大概讲讲吗？

许宏：这个问题，问二里头考古队老队长，这是问到点子上了。

这说起来挺有意思的，首先宫本一夫先生有这样的认定，是采纳了本人最新的分析研究结果。大家知道以前二里头是有大墓的，1970年代末期发现一座大墓，但本人前几年的一篇论文彻底地把它否定了。因为考古学特别注重一线的实践，好多学者由于没有亲身参与二里头发掘，即便是质疑大墓论证的科学性，也没有证据。

▌ 1978年，二里头2号宫殿基址发掘现场

我从亲历者的角度出发，认为原来被认为是二里头社会金字塔塔尖的1号大墓，是一口夯土井。因为那一带本来就有垃圾坑、垃圾沟，要挖一口井，为了加固井壁，使这口井的井壁不至于塌方，就挖得稍大了一些，特别像墓。把脏土去掉之后，又用比较结实的好土把它全夯起来，夯完之后再在上面挖井坑。这样一来，它外边比较松软的脏土就不会塌方了，是这样一种夯土井。这个事儿，二里头考古队的报告介绍了，学界没有异议，有定论了。

这样一来，就有一个巨大的波澜。我们说考古学是一门残酷的学问，它在时刻完善、订正，甚至颠覆我们既有的认知。这就是一个颠覆性的认知，也就是说二里头本来被认为是一个已经具有极高王权的、带有金字塔塔尖的、庞大的复杂社会——除了墓葬和宫室建筑，其他遗迹很难说明社会结构。墓葬太重要了。古代中国人事死如事生，把死者当作活人一样来对待，所以古人才有厚葬的习俗。那么这一下，金字塔塔尖没有了，二里头的社会结构是什么？这就提出了一个疑问。

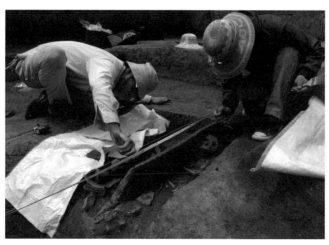

▍二里头宫殿区墓葬发掘

现在看来，最新的发现没有填补金字塔的塔尖。因为我们最新发现的这些大墓，只相当于二里头第一等级的墓。也就是说，二里头没有发现一个唯一的墓，那种最大的可能是王的墓。但是它有一二十座墓，是随葬品最丰富、规格最高的。即金字塔塔尖没有了，但是至少金字塔的第二层还在。二里头的社会结构究竟是怎么样的，还有待分析。

段志强老师讲，考古学基本上就是一门推测性的学问。我觉得这话说得太对了。你不知道，他也不知道，时间会知道，只有时间知道。我们做的工作，大量是在猜谜。考古学能够实证什么？我们从上本科的时候，从进入考古专业，老师们就谆谆教诲，考古学是一门实证的学问，大家要严谨，要扎实。我们能够实证什么，请想一下。说到二里头，我们就是像探案一样，我们就是在猜，排除一些可能性，再增加一些可能性的分量。关于族属身份，它很有可能是夏，极有可能是夏，许宏都这么说了。

但是，再往前走一步是不成的。二里头暂时没有大墓。它是有大墓，我们没有发现？还是说它就是贵族政体，而不是像殷墟那样有一个至高无上的王的政体，能回答这个问题吗？不知道。你不知道，我也不知道，只有时间知道。所以说，都留给历史。

我特别希望，无论是听宫本先生的书，还是听这个番外，大家都从学理上来理解。要是有这样的认识论，就释然了，好多事就能理解了。

看理想：您当初为什么会选择考古学？是在一个什么样的情境下做出这个决定的？

许宏：这个说起来非常有意思。我不是自己选的考古。我完全是被分配的，才学了考古。我本来是想成为一名文学青年，我这个年龄段的，文学青年特别多。前几年许知远他们搞单向街颁奖仪式，一说起来，罗新、许纪霖、杨念群几位60后的老师，当时都是文学青年，后来都成了历史学家。那个时候文学作品特别多，正好科学的春天来了，正好是改革开放的初期，大家如饥似渴地读文学作品，做的是文学梦。高中毕业考大学，我报考失利，后来就被分配到山东大学考古专业，完全不知道考古为何物，当年又没法转专业，都是一个萝卜一个坑，后来我做辅导员，有了自己的职权之便，只要有同学要求转专业，我立马放行。因为我知道兴趣是第一位的。

我跟刚上北大考古文博学院的湖南女孩钟芳蓉有一个对谈，可能大家印象最深的一句话是，千万不要让现在这样的社会舆论束缚住你，跟着感觉走，甚至跟着心灵走。当你不喜欢考古的时候，完全没必要在意别人怎么说。兴趣是第一位的，兴趣就是老师，千万不能违拗自己的意愿。

而我那个时候专业转不出去，我那时也年轻，17周岁上大学。我想既然转不了专业，是金子总要发光的，那么就培养"间接兴趣"，与其混那还不如钻研。

考古专业的学生，田野实习是分水岭，有些同学彻底干伤了，坚决不干考古了；有些同学义无反顾地爱上了考古，本人就是后者，后来成了铁杆考古人。人生就是这样，上大学，包括谈恋爱、结婚，是力争上游的结果吗？往往是阴差阳错的产物。

看理想：为什么田野实习让您成为一个铁杆的考古人？

许宏：我认为考古学有两大美：一是发现之美。这个特别好理解，因为考古学就是你不知道你下一秒会有什么样的发现。它是个残酷的学科，它随时在检验甚至于颠覆，也或许是完善你的思考，这是发现之美。二是思辨之美，它是一种高级智力游戏，这就让我的文学梦做不了了。考古学是非虚构的，逻辑思辨太有意思了。我的第一本小书《最早的中国》，我觉得大家愿意读，就在于说，它不是地摊上忽悠人的那种"考古大揭秘"式的东西，而是一个考古队队长条分缕析地娓娓道来，不光给你讲发现，还讲背后的学理、逻辑和思辨过程、推导过程。我觉得这个是大家希望通过本书得到的思辨之美。正是这种对思辨之美的追求，让我成了铁杆的考古人。

看理想：您觉得考古最苦的地方在哪方面？

许宏：考古人有好多穿越——游离于城市与乡村之间、古代与现代之间，文科和理科相结合。我们称考古学是文科中的理工科，考古学最大限度地运用最新的自然科学技术手段，同时我们的思辨相当接

那些年，一边做助教，一边读研

近于理工科，好多理工科的同学能听进去考古学的内容，我觉得非常欣慰，因为这是相通的。

还有一个穿越，就是考古学是脑力劳动与体力劳动相结合的产物。从事考古，不是像在北京坐办公室的白领，整天西装革履，而是灰头土脸的。像我这样的考古队长，开玩笑说最像哪一行当呢，像以前的生产队小队长、现在的工头。

我觉得这不是最苦的，体力之苦都无所谓，休息一下就过来了。思辨中的百思不得其解，才是最苦的。当然，你要是钻牛角尖，那种根本不可能解决的问题，你使劲往里想，那你就更痛苦了。而现在我意识到，像包括二里头姓夏和姓商这样的问题，都不是考古学能够彻底解决的问题，这样就释然了。

我觉得，材料上的不足与思辨上特别希望把它构建并复原出完整

▌田野考古最大的基本功就是刮

的图景的愿望，这两者的矛盾，是逻辑推导过程中最苦的。我认同段志强老师他们说的，考古学是一门推测性的学科，它是一个思辨的学科，甚至我跟许知远一起聊，说考古学是一门需要想象力的学科。对于这些支离破碎的证据，要用什么东西把它连缀成一个带有逻辑性的图景的呢？——想象力。但是又不能凭空想象，必须是大胆假设、小心求证。我在《最早的中国》那本书里，有一小节叫《"想"出来的宫城》，这是我比较得意的。

看理想：您一直说很多东西很难代替洛阳铲，洛阳铲到底神奇在哪里？

许宏：任何考古工具都是因地制宜的产物。洛阳铲为什么诞生在中原腹地这个地方？是因为这边有深厚的黄土堆积。洛阳铲一旦到了南方水田，大多失效；一旦到了戈壁、沙漠，也立马失效。据传在民

▌ 二里头考古队技师在用洛阳铲钻探

国时期，一个叫李鸭子的人发明了洛阳铲。洛阳铲就是铲头是平的，用好钢做成半圆形，然后打下去，穿透土层，用巧劲把土带上来，使得地下遗存半透明，帮助我们做出分析判断。如果说发掘对于遗址在某种意义上也是一种损害的话，那么这就是微损。

到了新中国成立初期，那些老盗墓贼或是他们的子女，就被吸收进考古队，为我们"革命考古队伍"所用。早年，我们二里头考古队的一位老先生就是安阳的，据说是盗墓贼出身。因为他辨土、认土的能力非常强，立下了很大功劳。

到目前为止，在黄土地带还没有什么高精尖的仪器设备能够替代洛阳铲，我们一直还在用。

看理想：您会看那种盗墓题材的图书或电视剧、电影吗？

许宏：感觉没有太大意思，而且完全没有养分。可能跟我的专业有关，我现在看的书都是非虚构的，如果是带情节的，我宁愿看纪实作品。彼得·海斯勒——就是何伟——写的《甲骨文》《江城》，真是太棒了，我非常想学他的文笔，也写些这样的东西，还有《神祇、陵墓与学者》那类考古的畅销书，什么时候我们能把中国考古书写成那样，是我最大的希望。

正好我今天在微博上转了《三联生活周刊》介绍的一部最新电影，有些年轻人已经看过了，我还没看。电影是根据一个真实的考古学术史上的事儿改编的，当然里边也有爱情故事，那没办法，这是电影元素。但是不管怎么样，它是一个靠谱的创作。马上微博网友就跟帖说，我们现在还是《盗墓笔记》《鬼吹灯》。曾经有一个比较大的媒体找我录读书节目，编导建议我从《盗墓笔记》开始说，我拒绝了。我就跟导演说：按理说你们读书栏目的观众应该是文化人，没有必要从"盗墓"说起，我觉得说书本身的内容就可以了。导演解释说，这种大众传媒是为了迎合最大比例、最大范围的听众，但我认为不能媚俗。

看理想：那些盗墓电影，我自己理解它之所以受欢迎，是有一些特别探险、冒险的元素，我不知道他们会不会误导大家认为墓葬或是墓下是那样一个情况，比如说会有什么尸蟞、机关那种。

许宏：相当程度的误导，肯定是在误导。因为到目前为止，我们在田野考古发掘中没有发现什么完全超出我们认知框架的东西，都是可以解释的。比如说机关，秦始皇墓史籍记载都是有机关的，为了防盗墓想尽一切办法，这个都没有问题。但是云山雾罩的那些东西，比如说，一进去没多长时间你就死了啊，这很正常，因为长时间隔绝空气的一个空间里有毒素。像这种情况最后被演绎成悬疑神鬼谈非常不好，它没有传播出有营养的东西。

再多说一句。比如说考古盲盒，前一阵很火，最初有媒体的小朋友问我：许老师知道考古盲盒吗？我说：什么盲盒？我不知道啊！后来想起来了，前些年有个文化游学团队到二里头去，每人发了一个小盒，石膏里边裹着一些仿制的器物，然后给你一把洛阳铲的小模型，你把石膏抠下来后，就露出里面藏的东西来，据说卖得很火。这还是利用了人们的好奇心理，因为你买的时候并不知道里边藏着何物，然后你一点一点地接近真相，有时候失望，有时候意外惊喜。

但说句实在话，那跟考古一点关系都没有。到底洛阳铲该怎么用，应该是垂直的，而不是让你把它当成一个锥子、凿子来用。现在有的遗址博物馆做了一些模拟考古的场景，让孩子们到模拟的探方、工作区内埋着一些东西，然后工作人员来教你怎么做、怎么挖。那是科普。而考古盲盒只是用了"考古"这个概念而已。

看理想：另外我还想问许老师一个问题。就像宫本一夫教授在他书里写的，已经考古证明，夏、商、周只是统治中原那一块地方，而且每个朝代统治的区域还不太一样，其实这在考古学界或者历史学界是常识性的概念，但是好像就一直没有进入教育体系里面，教育体系还是夏、商、周、秦、汉……您觉得原因是什么？

许宏：这个问题问得太好了。实际上就是我们将历史和考古发掘及相关研究，转换到教科书上或者一般读物上，还有一个时间差。我们说多元一体，偌大的古代中国文明本来就是多元的，有一些是并行关系，比如后来的三皇五帝，据研究好多都是共存的，而不是后来被整合成一系的那样。这个很好理解，无论是玛雅还是两河流域，最初好多国家的王都是共存的，后来统一王朝起来之后，就把它梳理成了上下前后的关系了。

要注意，司马迁也是进入帝国时代以皇家史观来梳理以前的典籍传说的，所以像五帝，大家都认可是被他整理过了。这样系统化处理，显然是二手的。那最初是怎么样的？不知道。因为那个时候材料特别少，现在由于大量的考古发现，我们知道那个时候还有好多包括三星堆这样从来没有被中原拥有汉字霸权的王朝记载的王国，所以说在这种情况下，单线进化论的史观是有问题的，要充分地意识到历史发展的不平衡性和复杂性，要使我们的思维复杂化。所以我觉得看宫本先生这本书的内容，你觉得乱，那就对了。如果他只告诉你一条主线，那还是在以前的陈旧史观里。所以我刚才说"中国"是有一个变化的过程，甚至"什么是中国"都是一个比较复杂的问题。

我们说"宅兹中国"是见于西周初年的青铜器上，指的是洛阳盆地那个地方，但还不是"国家"的概念，是天下之中、土中、地中的概念，这有个变化的过程。那么我们作为中国人，你要接受"中国"既然是一个事物，任何事物都有其从无到有、从小到大、发生发展的过程，那么"中国"肯定得有个上限，出现之后肯定是偏小的，后来滚雪球似的扩大。我们说在中原王朝的夏商周时期是"小中国"，周边的、旁边一点的我们叫他们"蛮夷戎狄"。甲骨文中的"羌"就在山西，根本不在后来汉藏之间的四川一带，正像王明珂老师告诉我们的那样，不是那个"羌"作为同一个族群的人一直从山西迁到川藏去的，而是中国范围不断扩大，"羌"作为中国不断扩大范围的一个边缘来界定它。

那么要从这个意义上讲，比如说小麦是从西亚那边地中海东岸过来的，你就觉得是外来的。你作为中原人，南方的稻子大米过来了，你认为是你自家人的发明，但那时候你的祖先根本不认为他们是自家人，他们是外人，是"蛮夷戎狄"，你那儿哪有中原这种穿戴花纹的衣服，你们吃生食，我们吃熟食，然后区分左衽、右衽的衣服的穿法，那是有浓重的文化本位主义倾向的。

所以说现在新中国境内的有些区域，最初就被中原人认为是域外，认为是非中国，这是非常可以理解的。到了元明清，还是北方少数族群入主中原，使得"四大边疆"纳入中国范畴，这是从"小中国"到了"大中国"了，以前的蛮夷戎狄成为后来的中国的一部分。

你看，这些是我们了解的中国古代史偏后的部分，那么偏早的部分何尝不是这样？甚至像本人说的那样，如果认可我把二里头界定成东亚大陆出现最早的广域王权国家，有了中央之城和中央之邦，有了国上之国，只有这样，"中国"的概念才开始出来，那么我们就应该接受，华夏的这种概念，中原、中国、中心这种概念，是从中原开始出来的，中原以外的是一点一点地被所谓的中原旋涡吸纳进来的，所以要有这样的概念，中国一直是变动不居的。葛兆光先生就是从边缘的角度、从邻国的角度来看中国的。

实际上说到底，我有一个比较悲观的说法，印在了《何以中国》第一版的封底：我们永远也不可能获知当时的真相，但仍然怀着最大限度地迫近真相的执着。就是说，我们对历史真相的任何研究都是一种阐释，所以我认同考古学就是一门推测性的学科。包括"中国"在内的这些概念，包括我们的文化认同和族群认同，都是主观认同，而不可能用我们用过的茶杯、锅碗瓢盆来确认谁是中国人、谁是非中国人，这是明摆着的事儿。

所以到最后，像我这种从考古小兵已经熬成资深学者的人，最初看重的是本体论，现在更看重的是认识论，认为值得探究的是为什么我们这么来看它，而不是说我们一定要搞清楚3000多年之前究竟发生了什么事。我们当然要努力搞清，但只能最大限度地迫近。至于它是不是什么，中国究竟从什么时候诞生的，完全是一种当代的解读。从这个意义上讲，任何历史都是当代史。

看理想：问最后一个大问题。您认为所谓的民族自信心应该是从哪里来的？很多人很执着地要证明中国历史有5000年，觉得有那么长的深厚的历史是我们自信的一个来源。您怎么看这个问题？

许宏：这问题是真大，说起来比较复杂，甚至有一些还偏于敏感。但是我觉得可以从学者的角度、从学术的角度来说。刚才我就谈到了，中国考古学在发生之初，我们的前辈就纠结和拧巴，就是我们在建构文化认同和求真逐理、科学理性这两方面，我们该怎么把握它们之间的关系？

在我看来，任何文化建构都应该建立在相对真实的认知基础之上，那么作为一个学者，我们肯定想把某些东西搞清楚，然后作为中国人，我们当然希望有辉煌灿烂的历史。

■ 在上海参加世界考古论坛，与代表中国考古重大发现的绿松石
龙形器海报合影

但我们现在要考虑的下一步，真正能使自己文化自信的，是吸纳以前我们祖先的优秀的精神、文化中的精华，再广泛地吸收世界上各个族群的优秀先进文化，把二者相结合，建立起一个彰显出新的状态的文明和文化，我觉得这是我们最需要做的。

基本上是这样一种考虑。也就是说，我作为学者现在发掘出来的这些东西不应该成为历史的负担，而是应该成为我们继续向前的给养，而你能从中有怎样的收获，还是取决于你的知识积累和文化积淀。这是我愿意跟大家共勉的。

2021年3月，采访人Danny、dy

本文为节选

二里头最重要的意义不在于确认夏代

——《燕京书评》访谈

在很长一段时间，考古学似乎是象牙塔里的学问，它高深莫测，距离公众很遥远。考古学者的著述最主要的是考古报告，读者仅限于考古学同行和历史研究者。考古学者一头扎进考古工地，整理自己的研究成果，不与公众相往来。尽管每年的"十大考古新发现"也有媒体报道，但考古学作为一门学科，颇有崖岸自高、孤芳自赏的姿态。包括岳南在内一些作家所写的考古发现类纪实著作，尽管也有一批读者瞩目，但专业的考古学者很少直接面向公众写作或交流。

作为社科院考古所二里头考古队前队长（1999—2019年），许宏改变了这一现象。在专业的考古报告之外，他以深厚的学术积累和长达30余年的考古发掘经验，直接写作面对公众的普及型著作，此前出版的《最早的中国》《何以中国》《大都无城》等著作都备受好评。此外，他还开通微博，长期与公众直接交流，迄今为止已经有100多万粉丝，是不折不扣的大V。

近日，许宏的著作《发现与推理》面世。本书隐含着许宏作为一位资深考古人的学科反思：考古，需不需要有想象力，以及在多大程度上运用想象力？假如没有想象力，很多考古发现便无从谈起；然而，过度解读甚至误读，又往往差之毫厘、谬以千里。考古学者该如何与无言的地下遗迹进行对话？这不仅依托于文物的发现，考古学者自身的专业敏感与推理能力也很重要。书中追述了几场重大考古事件的始末，不仅以亲历者的视角，呈现出考古现场的复杂性和魅力，也对几则著名的考古"悬案"重新展开考察，以专业者的慎思明辨澄清了其中的是是非非，提炼出极具启发性的学术思考。

◎ 中国考古学诞生百年：从阳春白雪到公众考古

燕京书评：在你之前，很少有考古学者以专业为背景，写作一些普及型的考古研究性著作，你的《最早的中国》《何以中国》《大都无城》引发了读者的很多好评，而这本《发现与推理：考古纪事本末（一）》也让人读起来津津有味。我感觉，你写这类著作，潜在意味似乎是倡导一种理性、客观地认识中华文明、认识中国历史的态度。你具体是怎么想的？

许宏：一些出版人说，现在跟考古相关的书有三大类。第一类是阳春白雪，像我主编的《二里头（1999—2006）》，5大本，卖2000块钱，印上1000套出头，全球范围内就不用重印了。这种书跟公众没有关系，但它是考古人安身立命之本。第二种，就是把各种中国考古大发现攒起来的书。第三种介于二者之间，就是像我这样田野一线的考古人撰写的考古发现背后的故事，这类书虽然不多，但从社会效应来说，好像很看好，好多出版人都希望能出这样的书。

我自己认为，写这一类书是时代的产物。你之前也采访过考古学界的一些老先生，我们是站在他们的肩膀上。包括我在内的一些学者认为，中国考古学处于一个剧烈的转型期，除了学科内部的若干变化外，那就是从象牙塔学问转向面对公众。这在我个人身上具有典型性。

今年，正好是中国考古学诞生百年。在百年前，考古学是作为一个显学出现的，因为它诞生于古史辨和西风东渐的氛围下，在故纸堆里已经没法进行文化溯源的工作了。而当时需要解答的大问题是：我是谁？我是怎么来的？中国是怎么来的？中国考古学，恰恰是在那个时候应运而生的。本来，考古学首先应该回答公众特别关注的问题，但在后来这几十年，我们花了大量的功夫在做这种解读无字地书——就是如何来做话语转换的工作，如何土中找土，做土遗址的发掘研究。我们的前辈（包括我们在内）那几十年都在这个探索过程中。这样就给人一种感觉，我们逐渐钻进了象牙塔。

随着国家社会经济的发展，衣食足然后知礼节，全民的文化素养普遍提升（当然这是一个任重道远的过程，现在相当地不够）。在这种情况下，就需要面向公众的考古学。但是，我当时就认为，这并不是所有考古工作者都需要考虑的问题，只要一部分人考虑就可以——像我这样执着于田野、在学术风格上严谨到偏于保守的考古人，好像不在其中。尽管以前我是一个怀有作家梦的文学青年，但严肃的学科专业训练把这点文学色彩几乎消磨殆尽——因为考古报告编写是"八股"，不允许用过多的形容词和带有文学色彩的文字。我的文学偏好，就被压抑了。

随着1999年我被任命为二里头考古队队长，加上大的社会形势下公众考古开始萌芽，我作为一个考古人越来越强烈的社会责任感被唤起。

在2008年，中国社会科学院研究生院成立30周年之际，有校友组织出版了一套书《三十年三十人》，我的笔谈是《发掘最早的"中国"》，不料受到好评。考古学本来特别专精，是象牙塔的学问，能够得到人文社会科学领域学者的认可，这多少有些出乎意料。考古学搞的这些东西，和其他兄弟学科一样；如果再提高一个层次的话，大家做的都是人学，是关于人的学问。古今一理，大家考虑的问题相同，这给了我信心。

与此同时，科学出版社文物考古分社的社长闫向东先生也找我约稿。他是考古专业毕业的，我们本来有关于学术的合作项目。他积极地鼓动我，写面向公众的考古学图书，希望搞成一个"考古队长讲故事"系列。我说，我安身立命的资本是写考古报告，这些东西我不太感兴趣，也没有时间和精力。但他说，这不矛盾，可以相辅相成。然后，我说有没有样书可以借鉴，他说没有，你写出来就是样书。

从2007年到2009年，我就写了《最早的中国》。科学出版社把它作为新中国成立60周年的献礼书。尽管这本书形式上是生动活泼的，但我作为学者，学术态度上是严谨甚至是偏于保守的。以上述笔谈和这本小书为契机，我一发而不可收，就这么写下来了。我从中意识到，自己有一定的话语转换能力，能够把阳春白雪的东西讲明白。当然，《最早的中国》比较青涩，后来这几本也偏学术，像《大都无城》我都没敢想，居然被"华文好书"评为"评委会特别奖"，获奖理由大致是说，都邑布局虽然是一个小侧面，但牵动了中国历史的大脉动。这个评价，让我觉得外边天地很广阔，后来就逐渐"出圈"了。

2009年元旦开始，我就玩起了博客，这样就又打开了一个窗口，跟公众一起来谈考古。

作为一个严肃的考古人，我希望把真实的一面，包括考古人的思考，考古究竟是做什么的等方面的东西告诉大家。你暂时不懂，暂时读起来有些难度都是很正常的，但我不能媚俗，我要把其中的逻辑甚至常识、学理或者推导过程呈现出来，我得告诉你考古人究竟是在怎么迫近历史的真实，我们的长处、缺陷和不足在哪儿，我们能够说清楚什么，不能够说清楚什么。我希望从这个角度来跟大家交流。在微博上，平时大家就说，许老师的微博是知识帖。我发的肯定是知识帖，我知道的我会马上回答你，不大清楚的我查一下资料，我会告诉你这个东西应该怎么看，甚至告诉你出处，这些东西是靠谱的。但是，我还觉得有点不足，我说我那岂止是知识帖，我那是思想帖，充满着我对学术精神和方法的认知。我一直在谈的是思想问题。

◎ 搅局者许宏：二里头与夏都之间的是非争议

燕京书评： 你从1999年至2019年任社科院二里头考古队队长，你不赞同地方政府直接以"二里头夏都遗址博物馆"命名，认为"夏都"这两个字带有极大的不确定性。从学术的角度来说，立论、命名必须严谨，地方政府出于历史文化资源和旅游等因素的考虑，采用了现在的命名。如果实事求是，它可能存在怎样的风险？

许宏： 按理说，我在微博上有100多万粉丝，现在一直能坚持发声，我一直遵循的原则，就是限于学术问题。但是，你也知道现在的社会思潮。以前，我们说上大学愿意学考古叫"上了贼船，躲进避风港"；但现在根本谈不上，任何历史都是当代史。现在你也意识到考古学过热，作为一个严谨的考古人，我实际上更多的不是欣慰，不是高兴，而是觉得在这种过热的过程中，是不是应该有一定的冷思考。

关于二里头博物馆的命名，国家文物局在回复河南省有关部门的批文中，不建议在遗址博物馆的馆名中出现"夏都"字样，我在微博中也转发了，理由就是我们所谓的"夏"，应该是狭义史学范畴的概念，我们现在只能把它作为一种推论、假说或者可能性，它带有一定的不确定性，是属于需要探索的问题。如果把一个不确定性的概念放在一个非常明确的博物馆馆名中，是不是需要慎重？正如作为全国重点文物保护单位的二里头，我们不能把它定名为"夏都斟鄩遗址"一样。它的定名，应该反映其真实属性，而我们现在能够确认的其最本真的性质就是青铜时代的王都。

以前，我还称赞过三星堆博物馆的命名。作家岳南先生在他的书里披露过一些细节，为了这个命名，大家持续争论是不是把蜀文化加在命名中？最后决定不加，三星堆就是三星堆，三星堆是独一无二的，三星堆是不是和蜀文化能挂上钩需要进一步讨论。夏和二里头是

▍二里头遗址博物馆鸟瞰

同样的问题。现在媒体上有人有意无意曲解我的意思，我没有在任何场合否定过夏的存在；我认为，这是一个既不能证真又不能证伪的问题，是甲骨文那样当时的、带有自证性的文书材料出现之前不可能解决的问题。在这种情况下，二里头就是唯一一个非常大气的名称，不能因为我们的公众暂时不知道二里头是什么，就用其他的称呼来替代。良渚能够申遗，一个最大的特点是完全依靠考古人的努力，没有任何古代文献的依托，得到了国际学界的认可。二里头，同样是这一问题。但良渚偏早，它是纯史前的，像二里头和三星堆都进入了所谓的原史时代。这个时代在后世文献中有些扑朔迷离的记载，属于追述，这就更增加了问题的复杂性。按我的一个不倒翁的说法，在上古史和考古学领域，到目前为止，我们不能排除任何假说所代表的可能性。二里头极有可能是夏，最有可能是夏——现在我还这么认为，这是最能自圆其说的一个观点。但是，我们现在还不能说肯定就是夏，这是我和有些学者在学理认知上的不同。

至于你说的这种风险，我觉得在文化人中意识到这个问题非常难得，而这种人非常少。很多人不认为有什么风险。如果我们在汉字文化圈或是简体汉字文化圈里边自说自话，你想怎么说就怎么说。如果认为我们中华文明是全球文明的一个组成部分，还是要和国际学术界对话，那么这些问题是不是就应该有一个大家都能认可的认知体系和话语平台？现在二里头在申遗，看看我们怎么运作，我们有没有足够的文化自信，能够用夏这样一个概念给二里头来申遗并获得成功。这是一块试金石。但我们知道，考古学现在说不清楚的，肯定比能说清楚的要多得多。如果有学者说什么东西都能说清楚，那不管是多大的权威和大咖，都要打一个大大的问号。这些明摆着是常识性的问题，是普通的学理问题，但有学者就认为现在大概95%的学者都已经认可

了，怎么居然还有像许宏这样的搅局者呢？

　　1977年的登封告成遗址发掘现场会，在中国考古学史上可谓浓墨重彩的一笔。以前学界一般认为，二里头是商汤亳都。邹衡先生在会上横空出世，成为一匹黑马。他提出，二里头应该是夏。所以，北大孙庆伟教授在他近年的学术史著作中，专门用了一个小节描写"搅局者邹衡"。邹衡先生提出二里头是夏，当时大家都接受不了，群起而攻之。在后来夏商周断代工程中，邹衡先生则得意于他的观点成为多数派了。那么，"真理往往掌握在少数人手里"，这句老话过时了吗？

　　现在的"搅局者"就是许宏。所谓的共识和主流意见，究竟在多大程度上更接近于历史真实？从徐旭生先生1959年发现二里头开始，到邹衡先生1977年提出二里头是夏，再到20世纪90年代末期"夏商周断代工程"又不太认同邹衡先生的意见，因为邹衡先生认为只有二里头才是夏。但后来的碳–14测定结果显示，二里头文化的上限大约是公元前1750年，不够夏的年数，夏的始年被定为公元前2070年，那就是龙山时代晚期了。那么，这些所谓共识和主流意见，不是一直在"三十年河东，三十年河西"吗？难道现在最新的共识和主流观点，就更接近于历史的真实吗？在这种情况下，我这种不认可能够定论的声音成了少数派。我说观史需要距离感，都留给历史吧。二三百年之后，大家再想一想许宏当时是怎么说的，看一看许宏白纸黑字怎么写的。所以我说，我不在乎当代人怎么看我，隔一段时间大家再看。这是我在学术上的文化自信。

◎ "夏商周断代工程"：政治没有干预学术，引发争议而不定论是进步

燕京书评：你是"夏商周断代工程"的参与者，2000年《夏商周断代工程1996—2000年阶段成果报告（简本）》面世之后，在世界学术范围内都引发了巨大争论，并引发了很多的批评，详细的报告一直没有出版。作为考古学者和参与者，你怎么看待这一现象？

许宏：按理说，这是个很简单的问题。人文社会科学的问题，不可能靠着一个"工程"，在短时间之内"毕其功于一役"。而且，夏商周断代工程在结题的时候，也说我们这是最优解，而不是唯一解。当然，有一些人认为，最优解也是你们这几个人认为的最优解，不是我的最优解。根本原因在于工程探索夏商王朝的时间基点是武王伐纣，而围绕"武王伐纣"这个历史事件究竟发生在哪一年，就有44种

观点，年代相差112年。

所以有学者就说，夏商周断代工程结题之日，就是全面"内战"爆发之时——这是当时的预测。我倒是比较乐观，觉得可以正面来看这个问题。我认为，这恰恰是我们学界和社会的重大进步。

对我们来说，夏商周断代工程当然是个好事，历史学界及考古学界以前根本没有得到过这样的支持，政府拿1000多万元来做这个攻关项目，这是经费上的支持。大家以前的研究都是各自为政，现在学科划分越来越细，说好听点是学科碎片化，说句不好听的话就是鸡零狗碎。"中央研究院"历史语言研究所是搞民族学的、搞语言学的、搞人类学的、搞考古学的、搞历史文献学的……大家都是同事，只要在一个单位，大家就会有更多的交流和沟通。现在连我们中国社会科学院考古研究所和古代史研究所，连北大的考古文博学院和历史系，基本上都是各做各的研究。在这种情况下，能够以国家之力把各个领域的精英拢在一起，然后给经费，让他们来争吵，这在当时是一件好事。我觉得那些老先生非常难得，大家为一个学术问题激烈地争论，到最后年代测定这一块，5个数据跟50个数据当然不一样了，去掉一个最高分，去掉一个最低分，那肯定更接近于真实，这都是有益的。我作为参与者，那时大概就相当于排长这一级吧，是具体干活的。最初参加偃师商城的发掘，后来才被调到二里头考古队当队长。对于有些质疑，我也敢说，夏商周断代工程在学术上、结论上没有来自领导层的干预，都是专家们研究的结果。我认为，政治没有干预学术，而是让参与的学者放开了说，这完全可以肯定。

至于你说的详细成果报告，我们圈内叫"繁本"，20多年还没出，这其中有原因。很遗憾的是，夏商周断代工程的四位首席科学家已经有两位驾鹤西去了，而夏商周断代工程办公室也基本上停止工作了。繁本没出来是非常正常的事，因为在简本之后，首席科学家之间关于相关问题就有不同意见，这也是非常正常的事。我们有同事就开玩笑说，让20多个学者一个人出一本书，各抒己见，不就行了吗？这本来非常正常，非常合适，但一旦是国家级工程，就得有个说法。这就像我刚才说的，在上古史和考古学领域，许多问题具有不可验证性，暂时解决不了。所以说，就该是有一分材料说一分话，疑则疑之，不疑则无当代之学问。要是有这样一个理念或者是最基本的科学原则，就不会对这些问题产生过度的不理解。路还远，有待于我们进一步探究。

◎ 二里头姓夏还是姓商：
狭义史学的族属概念有待于考古的检验

燕京书评：《发现与推理》用三篇文章讲述了偃师商城的发掘和命名，以及围绕这一考古发掘产生的学术争论。如你所述，一些学术外的因素卷入了争论。很多人认为，偃师商城是商代的"西亳"。你认为，郑州商城为主都城，偃师商城是"军事色彩浓厚且具有仓储转运功能的次级中心或辅都、副都"。"西亳说"的推理引用的文献记载与考古发掘对应，你的立论似乎完全以考古发掘为依据，这是否意味着这两种推理方法，你更青睐于后一种（考古学本身的自证）？为什么？

许宏：从研究取向、研究方法和学术理念上来看，对于上古史的探究，基本上有三种类型。第一种是以文献为本位，梳理延续了2000多年的历史文献，这个工作到目前为止都有必要继续做，因为理解和认知在不断更新，新的文献也还在出土，战国简牍还有关于夏商的记载。第二种是考古学诞生之后，把文献和考古材料相结合，就是我们所谓的对号入座式研究，或者叫殷墟的传统之一。由于我们有丰富的文献典籍，后来形成了证经补史的情怀和研究方法，蔚为大观。第三种是考古本位，属于少数派，我是其中的一员。我认同罗泰先生介绍的西方学者的研究思路，总结起来应该叫"分进合击"。历史文献学和考古学，先各自做好自己的本职工作和本体研究，然后在材料丰富的基础上慎重整合，而不宜轻易地做对号入座式的比附。

我一直在强调，我从《最早的中国》到《何以中国》，再到《大都无城》，都是考古人写史，这意味着屁股决定脑袋，我肯定是从我考古人的角度来考虑问题的。也就是说，如果你还认考古学是一级学科，你还认它具有相对的独立性，而我们解译的是无字地书，那么请允许我在没有当时文字材料的基础上，运用一整套解译方法和逻辑推导过程，从我们的角度先做好扎实的工作，而不是一头陷到狭义史学

▌ 偃师商城西二城门发掘现场

范畴的概念里面。

比如说夏和先商，你得跟我说是哪个先生口中的夏和先商，你要说清是邹衡先生的夏还是李伯谦先生的夏，那是完全不同的概念。你要说先商，是张光直先生的先商，还是邹衡先生的先商，那差别大了。所以说，狭义史学范畴的概念具有极强的相对性和不确定性。但是，"二里头文化""下七垣文化"是唯一的、排他的，都不宜过早地用"夏文化""先商文化"等概念来替代。考古学文化是已知的"实"的存在，而狭义史学的族属概念则是我们的一种解读和阐释，相比之下是"虚"的、有待于检验的，我们即便给它对号入座、穿衣戴帽，也是一种偏于主观的推论和假说而已。我一直坚持这样的理念。

在这种情况下，"郑亳说"和"西亳说"形成了两大阵营，甚至有学者还认为是两大学派，说"郑亳说"（认为郑州商城是商代的亳

2002年，陪同美国学者艾兰教授（左）考察偃师商城宫殿区

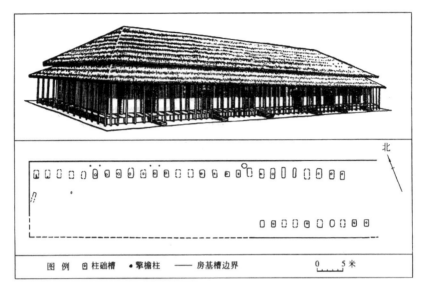

■ 郑州商城C8G15基址复原示意图（上）、基址平面图（下）（《郑州商城》，2001年）

都）的大本营是在北大，"西亳说"的大本营在中国社会科学院考古研究所，而主战场在河南。把它上升到学派的这种高度，我是接受不了的。什么是学派？学派是思想层面的概念，而"郑亳说"和"西亳说"都是可知论，两者都认为在当时的文字出现之前就可以对号入座，把没有文字的考古遗存跟古代文献中的某个国族对应上，不同的只是两者认为哪一条文献可信、其他那些不可信。相对来说，我才是两方真正的对立面，是有条件的不可知论者。也就是说，在像殷墟甲骨文那样带有自证性的当时的文书材料出现之前，这一问题是不可知的。如果认为社科院考古所是"西亳说"的大本营，那么我就是一个叛徒。日本NHK的记者就曾经问我，许老师，日本的杂志说中国社会科学院考古研究所认为偃师商城是西亳，这个表述对吗？我说不对，你得说中国社会科学院考古研究所的哪位学者认为偃师商城是西亳，我就不认为它是。一个单位，也就是一个研究机构或大学是由不同的人组成的，学术观点只能是学者个人来秉持的，怎么能一个单位的人都是一样的学术观点呢？

我担任二里头考古队队长之初就有人问我，你作为二里头的第三任队长，怎么看二里头的性质问题？我说，第一任老队长赵芝荃先生一开始完全接受徐旭生先生的观点，认为二里头的晚期是商，后来赵先生的观点就接近于邹衡先生了。有人认为，这是赵芝荃先生向北大投降了。而我的前任郑光先生从赵芝荃先生那里接手，继续执掌二里头，他坚信二里头第二期开始就是商了，所以二里头的主体是商都。有人说，赵芝荃先生是投降派，郑光先生属于死硬派，以不变应万变。而我作为二里头的第三任考古队队长，我说我不知道，有人就开玩笑说，你们是九斤

1987年，与二里头前两任队长赵芝荃（右二）、郑光（右三）在考古队驻地。30多年后，这张照片成为三任队长的唯一合影

老太——一代不如一代。我说对，这恰恰是中国考古学学科走向理性、走向成熟的表征和缩影，我们已经不执着于二里头是姓夏还是姓商这个问题了。我的提法是，暂时不知道二里头是姓夏还是姓商，并不妨碍我们对二里头在中国文明史上地位的认知。什么是最主要的？我在《发现与推理》里边介绍了不少，有那么多"中国之最"在二里头被集中发现；我作为二里头的第三任队长，这20年那些"不动产"方面的重大突破，那才是二里头真正的历史意义和价值所在。

回到偃师商城，如果加以比较，偃师商城没法跟郑州商城比，如果说商王朝有一个主都的话，只能是郑州商城。我作为一个考古人，就是要从考古材料出发来做这样的思考。我一方面对赵芝荃先生充满敬意，我是薪火相传者，是他的学生，他对我极好，很欣赏我，我在偃师商城和二里头这两大都邑上继承了他的衣钵。但在学术观点层面上，在学术认知上，"我爱我师，我更爱真理"。

◎ **考古学是门残酷的学科：**
　　研究对象跟车祸现场和命案现场非常相像

燕京书评：你曾经引用苏秉琦先生的话，"你想到什么，才能挖到什么"。在《发现与推理》中也谈到，你在二里头的考古发掘中也利用了想象和推理，并且在后面的发掘中得到了证实。如果以你数十年的考古发掘和研究工作来看，发现、推理和想象这三者是什么关系？

许宏：我前面说过，我之前是一个文学青年。但现在，已经接受不了写虚构作品了。我觉得考古更有魅力，我深深地体味到了其中的思辨之美、思辨之乐。

像我这种严谨到偏于保守的学者，按理说应该跟想象无关。但是，我又爱把考古学这门行当比喻为侦探。因为我们的研究对象跟车祸现场和命案现场非常相像，呈现在我面前的是一些断片、支离破碎的东西。如果你不用逻辑推导，甚至有一定想象力的话，你就没法把这些材料串联成一个证据链。在这种情况下，思辨、推理非常重要，考古必须得有这些方法才能深入一步。如果你把所有的东西完全没有逻辑线索地介绍给学界公众，那给人家的还是碎片，让人什么都看不懂。但是，我们要明白，考古遗存可以说是一种真实存在，一块陶片或一个房址是实的，一旦进入推理和想象、阐释和复原，就进入到仁者见仁、智者见智的"虚"的层面。

我刚才已经说了，我们不能排除任何一种推理假说所代表的可能性，而可能性和可能性之间是不排他的。也就是说，文物是不会说话的，得由我们考古人来代言。但是，每个人代死人说的话都不一样，这就是我一直在强调的，我们的研究和阐释具有相对性。作为一个靠谱的考古人，就一定要自警、自省、自惕。在某些层面上，有些问题考古根本解决不了，因为我们的学科是有局限性的。我历来强调，无论是一个人还是一个学科，当他认识到自身不足的时候，才是这个人或者这个学科走向成熟的标志。如果没有这种敬畏之心和自知之明，认为你什么问题都能解决，那你本身就有问题。在我的研究思考中，还是能够把发现、想象、推理有机地结合在一起的。

◎ **夏王朝还处于传说时代，二里头不能证实或证伪夏的存在**

燕京书评：对于二里头四期的文化，现在有各种划分，比如，有人认为一、二期属于夏代晚期，三、四期属于商代早期，等等。你自己的立论非常谨慎，认为要找到甲骨文那样的自证性文字证据，才能证实夏代的存在。如果以后的考古发掘找不到甲骨文这样的自证性文字材料证据，那么夏代存在与否就无法确证？

许宏：已有学者尖锐地指出，我们所说的考古学文化，尽管标榜是囊括相关遗存组合的全部，包括动产和不动产，但不容否认，在具体操作上，基本上是以盆盆罐罐那些日用陶器，尤其是炊器为中心来确认一种考古学文化的。也就是说，考古学文化只是一堆东西的组合，而这堆东西与其背后的人群在主观认同层面形成的族群和政治集团究竟是怎样的一种对应关系，就是极为复杂的问题。

在大的学理和大的逻辑上，历史人类学家王明珂先生等早就已经指出这类问题了，形而下的器物和形而上的族群认同两者之间能不能画等号、比附是不是成立都存在很大的问题。中国考古学学科内部

二里头6号基址发掘现场

研究范式的转型，就是从注重文化史的研究转型为社会考古的研究。这句话什么意思？就是说，我们从注重盆盆罐罐这些物的分期和文化谱系，转变到对当时整个社会做全方位的研究，从注重动产到开始注重不动产，尤其注重背景关系的研究。这是一个重大的进步。所以我的两代前任，二里头考古队之前的队长赵芝荃先生和郑光先生，在我接手二里头之前的40年里，他们建构起了扎实细腻的以陶器分期为基础的文化谱系框架，这得到了学界的公认，是以后我们所有研究的基础，我们要感恩他们；他们的团队，发掘了1号宫殿、2号宫殿、铸铜作坊和若干出土青铜器和玉器的贵族墓，奠定了二里头在中国文明史上的重要历史地位。这是他们的两大业绩。

但是，从不动产的角度，从社会考古角度全方位来看都邑布局，对这些问题的研究，是我带领的团队从1999年开始着手的。这根本就不是我个人的聪明才智，而是整个学科发展到了这个阶段，大家在共同思考大遗址的发掘研究该怎么做。一代人有一代人的念想，还没有进入老先生法眼的那些更为重要的东西，比如人地关系、聚落形态、生产生计、社会结构……这才是我们这一代人的使命。我跟随徐苹芳先生做城市考古，对3000多年前的中国早期城邑、城市的发展有了一个"通"的感觉，历史给了我这样一个解剖二里头都邑这只麻雀的机会，让我掌握这样一个大遗址，又适逢中国考古学的学科转型期，才有了这样的认知。

如果这么看的话，我们的研究重点和二里头本身的重要性，岂止在于夏呀！夏王朝是我们的一种情结，被看作华夏族群的"成丁礼"，我们企图把这个"夏"存在1000多年之后，战国到汉代人的追忆变成信史。我一直说，这些宝贵的文化遗产很重要，但到目前为止，这还是非物质文化遗产。作为考古人，我们当然希望通过自身的努力，把"非"

字去掉，使它成为真正的物质文化遗产。但是，那需要跨过不可逾越的门槛。要确认文献中具体的古代国家和族群，那就必须有扎实的内证性文书类的证据，但那是可遇而不可求的。我不能说为了找这样的文字，别的探索工作什么都不干了。在二里头还没出现文字之前，这20多年难道我们无所作为吗？什么是考古学的强项？什么是二里头作为历史文化遗产的真正价值？我在2019年就主动辞去队长职务了，我在大会上向大家告别时说，我相信在年轻学者手中，二里头考古必将展现出新的辉煌。但完全可能仍然没有发现文字；在没有发现文字的情况下，二里头仍然能展示新的辉煌。这就是我大体上的认知。

二里头陶片上一些单个的刻划符号，大部分学者不认为那是文字，只要不是复数的文书，就无法表现内容甚至思想。我个人也不认为那是文字，但我又相信像二里头这么复杂的社会实体，它应该有文

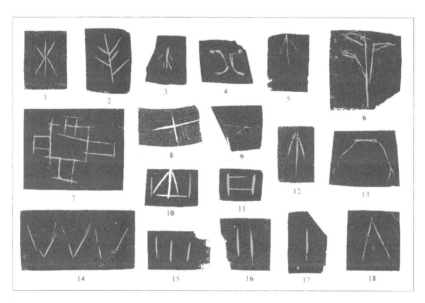

二里头陶器刻符

字，只不过我们还没有发现而已。要稍做订正的是，"证实夏代的存在"之类表述，不是二里头考古人能够解决的问题。二里头即便发现了内证性的文书材料，也只是可能把这群不会说话的遗存和古代文献所载国族对应了起来，解决大家关心的二里头究竟姓夏或姓商的问题，但不能排除其他遗存属于夏的可能性，不能证实或证伪夏代的存在。夏，大概率是存在的，但它是否已是后世文献中描述的与商周一样的庞大王朝，还是要存疑的。

曾有网友问："孩子问起夏，该如何回答？"我当时的回复是："夏王朝，还处于传说时代，我们是从比它晚千年以上的东周到汉晋时代人的追述中知道夏的。一般认为，考古学上的中原龙山文化和二里头文化可能是夏王朝的遗存。这个问题，还没有定论。"这么表述，能让孩子们及其家长明白吗？

燕京书评：很多人纠结于夏代是否存在，其深层的心理或许在于，中国是一个文明古国，习惯的说法是我们有5000年文明，但现在能够确认的大约只有3700多年，因此希望坐实夏代，既可以让5000年文明的说法当之无愧，也能够印证司马迁《史记》以及其他典籍的记载。作为考古学者，你怎么看这件事？

许宏：我们有这样的证史情结，像对曹操墓的追捧，这都可以理解。但是，一般说5000年的文明古国，像《易中天中华史》从3700年开始说，就引起了许多人的不适，然后有人问我该怎么看。我说，作为一个靠谱的考古人，我要告诉你，易中天先生这是实说而非胡说，他是吸纳了包括我在内的考古人的研究成果，把二里头这个广域王权国家，在东亚大陆上第一次出现的核心文化这样一个大的政治实体作为中华文明史的开端，这无可厚非。

这根本就不是一个对错正误的问题，大家都是推论和阐释。比如说，我把二里头作为最早的中国、中原中心的开端，但偏于文献史学的学者，也可能说西周才奠定了中国的版图，这根本就不矛盾。文献史学界的学者认为考古学者还有点冒进，但在考古界更多的人认为我偏于保守。把最早中国文明的形成放到了龙山时代，放到了陶寺，放到了尧舜禹，甚至提早到一万年前的农业起源，都没有问题，提早到几万年前的旧石器时代也没有问题。但是，那有意义吗？什么叫"中国"，非常复杂，这是个概念界定的问题，历史的、地理的、族属的、文化的、国家层面的概念，中国是变动不居的，如果我们认可中国是一个历史事物的话，那么它一定有一个从无到有、从小到大的过程。所以说，我把对二里头的认知，把"最早的中国"形容为一个生命体的婴儿呱呱坠地，那么你认为二里头之前的陶寺、龙山甚至仰韶时代是最早中国的形成，那就相当于母腹中的胚胎成形，甚至精子和卵子的碰撞，甚至你认为父方和母方任何一方的出生，才是新生命体诞生的前提，那都没有问题。

◎ 如果一种文明不是杂交，早就退出历史舞台了

燕京书评：你认为，"中华文明探源工程"的最新测年结果显示，二里头文化的绝对年代是公元前1750—前1520年。专家对三星堆遗址6个坑的73份炭屑样品使用碳-14年代检测方法进行了分析，对年代分布区间进行了初步判定：推断三星堆4号坑距今3200—3000年，属于商代晚期。考虑到文化传播的时间差，三星堆文化的上限大致相当于二里头文化晚期甚至末期，也就是不早于公元前1600年。你也认为，青铜

潮的传播在5000年前就是全球化；三星堆出土的面具、金杖、青铜神树则显示，三星堆文化还受到中原以外的文明影响。这是否意味着，流传至今的中华文化，从诞生发展至今，本身就是多重因素结合的结果？如果如此，那么它的核心主体是如何建构起来的？

许宏：这几天，我对三星堆的相关问题做了一些解答。这些问题，在我那几本已经出版的小书里，尤其是下个月出版的《东亚青铜潮》里都涉及了。我一直在讲，中国从来没有自外于世界，我们本来就是人类的一个组成部分。说一句不大好听的话，不能认为全人类之外还有一群更聪明的中国人——这不是明摆着的事吗？欧亚大陆，根本就没有足以阻隔人类活动的自然天险。连旧石器时代的人，几万年前的人都能走出非洲，然后以一年4公里到5公里的速度扩散。欧亚大陆西部，当战车和青铜发明之后，扩散速度就更快，可以达到一年100公里左右吧。工业革命之后，先有火车再有飞机，整个文明的发展

▌三星堆青铜面具（左）、跪坐人像

是加速度的。在这种情况下，什么东西是我们完全在极度闭塞的情况下独立自主发明的？这本身就是一个问题。

我还强调，全球史的研究只能上溯到五六十年前，之前无论我们的天朝上国加"蛮夷戎狄"论和欧洲中心论都是区域史，把地球和人类当成一个整体认知，才有多少年的时间？历史为什么一直要重写，就因为基本材料和基本史观都在变。比如说，从龙山文化到殷墟时期上千年的时间里，小麦、绵羊、黄牛，车和用马驾车的习俗，用骨头占卜的习俗，像殷墟大规模杀殉的习俗，亚字形的四个大斜坡墓道等，都从来没有在中原见到，甚至连甲骨文我们都没在中原地区找到确切的线索。这些东西有一些是传来的，有一些可能受到了哪种发明理念、思想方面的刺激，然后我们又因地制宜地创生出了一些新的文明形态。外来因素的影响和刺激，在世界各地都很正常，没有哪个地方非常纯净。如果你特别纯，如果一种文明不是杂种，早就退出历史舞台，成为过早夭折的木乃伊了——这个概念必须要有。

好在随着改革开放，我们的文化自信越来越强。2018年5月28日，在国务院新闻办召开的"中华文明探源工程"新闻发布会上，就有这样的结论："中华文明在自身发展过程中，广泛吸收了外来文明的影响，源自西亚、中亚等地区的小麦栽培技术，黄牛和绵羊等家畜的饲养，以及青铜冶铸技术，逐步融入中华文明之中，并改造生发出崭新的面貌。"这是非常合适的。文明的传播，与其说像流水，不如说像病毒或基因，它在复制的同时产生变异，可以变得面目全非。比如说像高精尖的辉煌灿烂的中国古代青铜文明，我们致力于找源头，但除了中原，其他地方的青铜器体现出来的意识形态、思想观念和形式都不一样。中国的青铜文明是怎么来的？它是由外来的青铜冶铸技术和我们几千年玩泥巴、用模子来做陶器的传统相结合，又跟我们祖先崇拜的宗法制度这套行为、价值观和意识形态相结合，这才产生了一个独一无二、屹立于世界青铜文明之林的中国青铜文明。我认为，中国文明，既不是纯土生土长的，又不是完全外来的。任何历史悲喜剧都是在地理这个大舞台上上演的，它植根于这块土地，受到外来文明的影响，然后才生发出具有我们自身特色的早期文明。

◎ 赈灾、治水、防御北边的需求，形成了中央集权政府

燕京书评：你认为，"二里头是东亚历史上最早的核心文化，最早的广域王权国家，其影响远远突破了它所处的地理单元，华夏文明由'多元的邦国'进入'一体的王朝'"。从你研究的时间段来看，从邦国到王国，从春秋战国到秦代大一统，是否可以说，从长时间段来看，中华文化似乎处于不断的融合中？那么，这种文化融合的驱动力是什么？

许宏：按理说，这个问题已经超出了考古人有一分材料说一分话的范畴了，但我一直在思考这样的问题，可以简单谈一谈。文化确实有一个不断融合的过程，一方水土养一方人，整个东亚大的地理态势，在500年前的大航海时代来临之前，它的东部沿海几乎可以说就是条死胡同，有一般的渔民交流，但渔民之间这种交流没有影响整个大的政治态势和格局。后来形成"大中国"范畴的四大边疆，包括新疆、西藏、内蒙古和东北；我们研究的早期中国可称为"小中国"，相当于后来秦汉帝国的基本版图，恰好是适合于定居农耕的地带。从地形大势上，可以把早期中国的生存环境看成一个大盆地。这个大盆地的中间，没有像阿尔卑斯山那样的大型山脉阻隔，这就导致华北大

■ 在研学活动中为学员讲解

平原和华中大平原几乎是连成一体的，这是一个总的大态势。东南是海，西、北是高原戈壁山脉，相对独立，内部又便于交流。在这种情况下，地广人稀，当然是各自发展，基本上没有什么来往，有来往也没有太多的利害冲突。

当人口增多，人与人之间的冲突到了不可避免的情况下，才能逐渐有一些避免鱼死网破的规范，导致比较复杂的社会结构甚至国家诞生发展起来了，最后像二里头这样的所谓广域王权国家也出现了。我在《大都无城》里认同美国著名学者贝格立教授等"二里岗帝国"这一提法，后来经过殷墟时代，有了西周大分封，直到秦汉帝国的一体一统化，有一个从多元到一体、一点一点兼并融合的这样一个过程。

我认为，黄仁宇先生说得非常有道理，但他的视野只是历史时期——从东周到秦汉以后。他说，赈灾、治水和防御北边，构成了整个中国古代史一个大的主旋律；而赈灾、治水和防御北边，又是由于季风、黄土、黄河和农牧交汇地带这些大的气候和地理因素决定的。

最初，秦帝国是怎么来的？天下思变，人心思定。季风和寒流交汇正好合适、风调雨顺这种情况非常少见。碰到非常厉害的降雨就是大涝，没碰到可能就是大旱，就要赈灾。治水那就不用说了，黄河、长江，你在上游我在下游，我没粮食跟你借你不借，但我要把你灭了，你要属于我的话，这事不就好办了？此外，从事畜牧和游牧的人群一直在南下，就导致农耕定居族群跟他们冲突，在这种内外压力的情况下，我们不得不说中央集权具有历史的合理性。尽管我们现在评价起来还会有一些不同的声音，但要意识到，我们的政体实际上是一个历史的延续，它是一点点地走到今天的，不可能超越地理地缘和大的历史人文框架，这是个大问题。我还认可哲学家赵汀阳先生的比喻，后来中原形成了一个巨大的旋涡。吸纳外边的族群进来，这就是融合的驱动力，它形成了一个文明旋涡的涡心。当然，这个问题非常复杂，作为考古人我就不敢再多说了。

燕京书评：《大都无城》在解释其原因时沿用了儒家的正统阐释，所谓天子志在四方的博大胸襟和教化方便，有读者认为，上古华夏游牧民族入主中原，既然是游牧出身，人家住的是帐幕（蒙古包），首领走到哪里，哪里就是都（ordos），永久性高大坚固的建筑只是他们祭祀祖先的坛庙和先王陵墓。那里除了有少量守陵人居住外，别无更多居民。简言之，只有以游牧民族的视角才能完美诠释"大都无城"的真实内涵。你怎么看？

许宏：我首先要订正这位读者朋友，要知道远距离游牧的前提是骑马，而游牧族群出现在东亚大陆北部不早于春秋甚至战国时期，在那之前只能是半农半牧的畜牧族群。从这一点上讲，游牧的概念就限定了历史上限，它根本不可能到二里头时期，连二里岗、殷墟都谈不上，那是东周甚至汉代以后的概念。

还有就是所谓中原定居农耕方式这种同化作用，即便像蒙古族群，到了元朝蒙古人进来，它一开始还是想把中原变成草场，但很短一段时间之后就不得不恢复原来的农业，为什么？根本不可能有一帮人，包括拓跋鲜卑和满族，到了中原地区还横行，沿袭在草原居无定所的那种生活方式，你只能华夏化。我们刚才说到中国地理和历史大势，就是一旦进入定居农耕区，还搞游牧那一套是根本不现实的，你只能改，要不你就走。

我在文献上是引用了冯时教授的提法，因为上古王国国力强盛，国君要宣示教化，所以根本不用一个城圈把自己圈围起来。一方水土养一方人，我们所处的这样一个定居农耕"盆地"中间，只能萌生出所谓儒家的东西，以少数族群游牧的思想为长期主导是不可能的，而且没有考古学的证据。

关于北方少数族群入主中原后对都邑营建的影响，我推荐过北京大学李孝聪教授的研究。我在《大都无城》中论及"后大都无城时代"有三大特征：一个是城郭齐备，一个是纵贯全城的大中轴线，一个是严格意义上的里坊制度。这些显得中规中矩的都邑格局，人们原来以为纯粹是我们华夏族的东西。但李孝聪先生认为，这其实是马上民族如拓跋鲜卑到元代蒙古族、清代满族等少数族群入主中原之后才普遍形成的。它的功能：第一，严防死守，加强戒备，加强管理；第二，用中原的礼制来教化、统治、管理华夏族群。这才导致"后大都无城时代"大家比较熟悉的都邑规制的形成。这才是大有意思的事。此前的"大都无城"，没有太多的章法，反而是华夏定居农耕族群的一种文化自信——这是我的一种解读。

◎ 古代中国的专制传统："源"扑朔迷离，"流"比较清楚

燕京书评：综合刘泽华先生对中国政治思想史的研究，以及白钢先生对中国政治制度史的研究，中国的君主专制制度和等级制在商代就已经形成。那么，从已有的考古学发现和研究来看，这里面是否有一条明显的发展脉络（先秦）？

许宏：这个问题的追究，就等于从信史时代进入了原史时代。可以理解的是，如果没有能显现当时的制度和思想层面的文书材料，很难做确切的追究，这是我们的一个难处。你说的专制制度和等级制度，殷墟集团专制到什么程度？它有没有一定原始民主的遗存？我们的先生做文献史学，甚至认为春秋时代都有原始民主制度的孑遗。有学者说，商已经有分封制的萌芽，但我们看到的扩张基本上是和当地不太相容的，它确实不像西周王朝那样在各地基本上采取一种怀柔政策，允许商遗民和当地土著共存。周王朝采取这样的怀柔制度和政策，因为它是小邦，没有足够的能力来控制广大的领土。所以，它的政策策略才奠定了后来中国的基础，这非常难得。

到晚商还有甲骨文，但甲骨文太少，内容也非常有局限性。追溯到二里岗时期，连文字都极为罕见。说二里岗属于商，这已是考古人的推断；到了二里头，就更不好说了。我们从都邑具有明确的规划性、对青铜礼器生产和使用的独占、控制和影响范围已经开始超越地理单元等来推断，二里头是中国最早的广域王权国家，等级制肯定有了，但是否属于君主专制还不好说，没有材料证据。这就是说，任何东西到了溯源的时候，就开始有朦胧、模糊和说不清楚的地方，这就要体谅、理解我们考古人。

燕京书评：魏特夫的《东方专制主义》一书认为，东、西方社会是两个完全不同的社会形态，东方社会的形成和发展与治水密不可分。大规模水利工程的建设和管理，必须建立一个遍及全国的组织。"因此，控制这一组织的人总是巧妙地准备行使最高统治权力"，君主专制便由此形成。而中国正是这一特征的集中反映。此书出版之后，曾经在中国学术界引发广泛讨论，从考古学研究角度，你怎么看待魏特夫的观点？

许宏：这些问题越来越超出我的研究范围，但我还是愿意稍微说一说。从考古发现上看，魏特夫把因果关系弄反了。传说大禹治水成功了，很有可能是因为长期降水期结束，正好水退了，就变成了大禹治水的功绩。这实际上跟当时的地理和气候有很大关系。有环境考古的专家已撰文从气候环境变化的角度提出类似的解释。在一般的情况下，发洪水时，民众迁徙到高的地方就可以了。以当时的人力、物力，没有大规模治水的能力，甚至没有大规模治水的需求。所以，大禹治水有待进一步探究。

在考古发现上，我们现在没有发现在东周时代以前大规模水利工程导致一个专制政府产生的证据。我刚才说到黄仁宇先生所说的赈灾、治水和防御北边，是导致中央集权产生并加以强固的原因所在。有了中央集权，才有利于建造大规模的水利工程。从东周时期到秦汉，恰恰就可以验证这个问题。

可以说，"源"这方面扑朔迷离；但是，"流"那方面比较清楚。

2021年4月28日，采访人张弘

无"疑"则无当代之学问

——《三联生活周刊》访谈

三联生活周刊：你从1999年担任二里头考古队队长一职，至今已有近20年了。对二里头遗址的发掘和研究，构成了你学术生涯的主要部分。能谈谈在你任内二里头考古所取得的主要成果吗？

许宏：当我和团队接手二里头遗址时，考古勘探与发掘工作已经进行了40个年头。我们的前辈在二里头遗址发现了中国最早的"四合院"式大型宫殿建筑，最早的青铜礼容器群和礼兵器群，以及最早的铸铜作坊等。在此基础上，我们又发现了中国最早的宫城，最早的多进院落的大型宫室建筑和中轴线布局的宫室建筑群，最早的城市主干道网，最早的官营手工业作坊区和最早的绿松石器作坊等。

2014年，《二里头（1999—2006）》考古报告出版，这也是迄今为止中国遗址类报告中体量最大的一部，420多万字，插图、插表1000多幅，5大卷。关于二里头的详细信息，都包含其中了。不过这实在是"文言文"，对二里头的"白话文"解读就是我的小书《最早的中国》和

《何以中国》。对二里头的研究是一项集体事业，虽然这5大册考古报告我是主编，但作者总计有62人。在二里头，我们的工作有如"愚公移山"，要子子孙孙一直做下去。我们三代队长数代人（从"20后"到"90后"）在近60年的时间里，才发掘了二里头遗址现存面积的1%多一点，前面的路还很长。这也就注定了考古是找回文化记忆、造福子孙的长远工程，而不应该是短期的形象工程。

三联生活周刊：除了成果上的进展，你主持发掘后的思路有哪些变化？被称作"超级国宝"的绿松石龙在你的任内出土，它在各种场合被用作二里头文化的标志性符号。不过你曾说过，相比于2002年绿松石龙的出土，更看重2003年对宫城的发现，是不是因为后者是你所看重的聚落考古学方法的一次成功实践？

经常站在考古队楼顶，给来宾指点最早的"紫禁城"那块地儿

许宏：我接手二里头遗址的工作前，师从考古学家、中国考古学会原理事长徐苹芳先生从事城市考古研究。城市考古是聚落考古的一个重要组成部分。徐苹芳先生对我的博士学位论文的指导让我受益终生，先生给我选定了"先秦城市考古学研究"这一大题目，上下3000年，纵横数千里，涉及学术难题无数。这个重担压下来，"阵痛"了数年，却使我对中国城市起源及其早期发展的宏观进程有了初步的把握，所以我特别注重遗址的空间布局及其历时性的演变。日后接手二里头遗址，得到了一个"解剖麻雀"的机会。

我一直说我是考古学科中做"不动产"的，是做"井字形道路""宫室建筑""四合院"这些东西的。二里头哪些地方有能出土青铜器和玉器的墓葬，我们很清楚，但我是城市考古出身，我最关注的是聚落形态（settlement patterns）。接手二里头考古工作时我就感觉整个都邑遗址的规划性我们还没有掌握，而规划性是政治性城市最本质的特征。以往对二里头遗址是否属于城市、都城的疑问，在相当大的程度上是由于长期以来从这处遗址的考古材料中看不出王都所应有的规划性。从聚落形态的角度来研究二里头遗址，会产生一套新的做法和成果。

举一个宫城之外的例子。比如前40年，对二里头遗址的现存范围和面积等一直争论不清，从1.5平方公里到9平方公里的推测都有，并未在田野中经过勘查而证实。按照过去建构分期、发掘重要遗存的思路，会认为遗址中间遗存丰富的部分还没弄明白，发掘边缘部分没有多少意义。而沿着聚落形态考古的方向，就换了一个思路。我接手后的第一个季度，就是要确认遗址具体的、现存的分布范围。我们就第一次在二里头的平面图上标注出了遗址的大致边缘线，确定其现存面积约3平方公里。确认了遗址的分布范围后，又在遗址西部进行了普

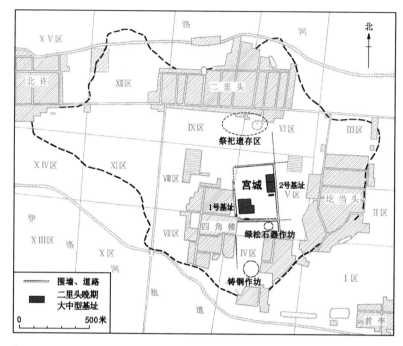

▌ 二里头遗址

遍钻探，确认了这里仅是一般居住活动区，没有大型建筑和贵族墓葬
等。这样，我们就将中心区锁定在了遗址中部和东部的高地上，以后
的工作主要集中在中心区。这就是纲举目张，对一个都邑一定要研究
其最重要的部分，才能掌握其发达程度和重要意义。

　　所谓聚落考古，是一种以聚落形态为考察对象的田野工作和研
究方法。它注重遗存的空间布局及其演变过程，强调遗迹遗物的背
景关系（context），是研究人群生活生产和社会形态的重要手段。
譬如我们在以往的发掘报告中，注意到了一些骨器的半成品和加工
后弃置的骨料等，它们被分门别类地放在对骨制品和动物骨骼的介
绍中。当我们将它们回归到原来的出土区域和地点时，集中出土这

二里头遗址一处骨器
作坊的清理现场，
2022年3月摄

些与制骨手工业有关的遗存的性质就昭然若揭了，借此我们找到了
一处二里头都邑宫殿区范围内的制骨作坊。在发现和分析这些遗存
的过程中，有没有聚落考古的理念，是否运用了聚落考古的方法，
结果是大不相同的。

三联生活周刊：你用聚落考古学的思路打开了新的局面，而对二
里头研究中的一个传统热点问题则有意"搁置"，即对二里头的王朝
归属、夏商认定的问题，表示"存而不论"。除了缺少文字证据这一
点，您认为还有哪些因素可能让二里头与夏之间的关系变得不确定？

许宏：传世文献中记载的夏年和商年，以及相关都邑所在地的记
述都具有很大的不确定性，夏、商两个族团又都主要分布在狭义的中
原地区，大体位于现今河南省境内，二者的文化交流又颇为频繁，所
以无论是从年代、地域分布还是考古学遗存的特征上，都很难把二者

分辨开来。例如，以往推断二里头文化为夏文化的主要证据，是二里头文化的年代为公元前1900—前1500年，历时400年左右，其主体在一般认为的夏纪年的范围内。但最新的碳素系列测年结果显示，二里头文化的年代为公元前1750—前1530年，只有200多年的时间。如是，二里头文化的主体是否与夏纪年相合，就更加不确定了。此外，器物演变呈渐变的趋势，没有如外族入侵式的文化断裂，大型建筑的方向和都邑兴废的原因等也都比较复杂。几乎任何问题都没有唯一的解释，使得二里头与夏之间的关系变得颇不确定。

三联生活周刊：你相信夏王朝存在过吗？

许宏：我只能说我不知道。到目前为止，这是个既不能证真也不能证伪的问题。传世文献中记载了夏王朝的存在，这些记载集中于东周至汉晋人的追述，作为"非物质文化遗产"，它们当然是存在的。但透过这些追述性质的文献，我们能够知道当时的人是如何描述看待"夏"的，但却不能据此确证夏王朝的存在，它们是文本而非史实本身。诚如北京大学朱凤瀚教授所指出的那样，在求索夏王朝的过程中，对其是否真实存在，不应先有一个必定存在的预设。客观地看，对于古籍，我们既不能无条件地尽信，也没有充分证据认为其全系伪造。对其辨伪或证实工作，只能就一事论一事，逐一搞清，而无法举一反三，从某书或某事之可信推定其他的书或其他的事也都可信。既不能证真又不能证伪者，肯定不在少数，权且存疑，也不失为科学的态度。"古史辨"运动留给后人最大的遗产，在于其疑古精神。无"疑"则无当代之学问。

鉴于信史时代的上限是甲骨文出现的殷墟时期，而此前的二里岗文化时期或早商时期仍属原史时代，商王朝可以说是"一脚门里一脚门外"，即其下限是清楚的，而上限仍有待探索，无法定论。到目前为止，还没有确凿的证据可以彻底否定徐旭生先生近60年前首倡的关于二里头属于商汤亳都的推断，因而，也无法判定二里头绝对早于商。如二里头的主体为商，则作为王朝诞生传说地的中原，在二里头之前还没有发现具有"王朝气象"的考古遗存，所以这个问题仍是存疑的。

三联生活周刊：可以说你是"疑古派"吗？

许宏：我不敢称自己是"疑古派"，顾颉刚先生他们是疑古派，是有非常强的文献功底去具体地"辨"古书的。我们这代人在文献的把握上有先天的不足，我仅仅是继承了些许疑古精神，可以说是"考古派"吧。作为考古人当然难免有考古学本位的倾向，但这个"考古

▌ 1947—1948年，顾颉刚（左五）、徐旭生（左三）、苏秉琦（左二）等史学研究所人员在北京怀仁堂西四所院子里

派"应该还不限于考古学的范畴，追求的是以考古学为基础、对中国古代文明进行全方位的系统考察。只有深刻地意识到考古学科自身的局限性，扬长避短，才能做出我们应有的贡献。芜杂晚近的文献中的说法，不足以支撑"信史"的成立，仅从现有的"不会说话的"考古学证据出发，更不能对夏朝的存在证真或证伪。我的这种态度可以叫"有条件的不可知论"，有了像甲骨文那样的自证性文书材料就可知，现在则暂时不可知吧。

三联生活周刊：你主张考古学本位，但并不认为考古学应该止步于材料的收集，同样要用材料来解释历史，发挥想象力"讲故事"。对于"二里头是夏文化"的"故事"，你提出了颇为苛刻的要求，认为其不能确证，你自己的"故事"是"二里头是最早的中国"，这同样是有争议而没有获得学界共识的一种说法。为什么对这两种解释可以有不同的标准？

许宏：以前我们一般将"推论"和"假说"相提并论，认为它们可以互换，构成考古学整合研究层面的"解释"体系。现在看来，在众多的"解释"工作中，应当区分出"假说"和"非假说"两个概念，而这里，暂以"推论"来表述这种"非假说"。我以为，"二里头文化属夏文化"属于假说，和"西高穴大墓为曹操墓"是一样的性质，而"二里头是最早的中国"属于解释性的"推论"。

理论上讲，来自传世文献的夏王朝（如果存在）和曹操高陵的遗存都是需要验证且可以验证的，因为它们都具有唯一性或曰排他性，只要有确凿的文字材料出土，问题即可解决。而什么遗存可以被看作"最早的中国"这类命题，则是根本不需要也不可能证真或证伪的。它只是学者个人对历史文化进程给出的一种推论、一种解释，没有唯

北京大学文研院沙龙《最中国：陶寺与二里头》海报

一或排他的标准，只是一家之言。"中国"的概念有多种，仅在古代中国就有六七种之多。何努先生可能认为陶寺是最早的中国，李零先生可能认可西周才是真正的最早的中国，只要自圆其说，概念和推论过程周延，就可以成立。

我认可最早的"中国"可以解释为"中央之城"或"中央之邦"，"最早的中国"可以定义为东亚大陆上首次出现的"核心文化"、最早的"广域王权国家"。总体上看，这是取狭义的政体意义上的"中国"之意。作为一家之言，将其落实在考古学上的二里头文化，无论是二里头这一"点"，还是辐射出的一个"面"，都符合我个人对"最早的中国"的认知。我认为与此前的文化相比，二里头产生了质变。"最早的中国"的观点不是权威发布，不是一个等待验证的假说，它只是学术百花园中的一朵小花，百家争鸣中的一说，并不排他。

三联生活周刊：中国考古学发展至今，和西方考古学走了一条相当不同的路。你怎么看中西考古学比较的问题？考古学的研究，该强调共性还是差异？

许宏：首先，我们因为有丰富的文献资源和源远流长的重史证史传统，在考古学上也显现出了自身的特色。张光直先生就认为，中国考古学在很大程度上依然是醉心于把器物类型学和以文献为中心的历史编纂学相结合的一门学科。此外，前几十年的闭关锁国，对中国考古学的影响很大，很多时候我们陷入了"自说自话"的境地。比如说，我们在争论夏商的问题上花费了大量的时间，而没有实质性的进展，因为这本来不是考古学擅长和能够解决的问题。中国考古学也是世界考古学的一部分，总体来看，中国考古学和西方考古学相比在理论和方法上有相当的距离。考古学本身就是舶来品，我们比人家慢半拍甚至慢两三拍，都是很正常的事。我们正在走人家已经走过的路，经验教训应该深刻汲取。

中国考古学发展到今天，我们在认识论上开始反思。我不带学术成见、近乎白纸地进入田野进行考古工作，最后得出的结论与罗泰教授这样的西方考古学家的认识相当接近，这就是殊途同归了。让我比较欣慰的是，我之前受罗泰教授邀请，在加州大学洛杉矶分校（UCLA）做了三个月的访问学者，和那里做埃及考古、两河流域考古、中美洲考古的学者对话，大家工作的区域不同，但可以做很好的交流，因为大家其实都是在用相同或相似的研究理念和方法来处理学术问题。

中国考古学正处于巨大的转型期，从以物质文化史研究为主的阶段转型为面向世界的社会考古新阶段。我们正在探索，我们正在追赶。

三联生活周刊：你的研究显然是不以司马迁《史记》一类的古史

框架为前提的。如果抛弃了传统的古史框架，今天的我们应当如何认识自己的来处？

许宏：对于传统的古史框架，不是抛弃而是超越，我们正在探寻考古学贡献于人类文明史研究乃至人文社会科学一般法则建构的更大的可能空间。正如复旦大学的陈淳教授所指出的那样，一个多世纪以来，考古学和文献史学这两门学科无论在理论方法、基础材料、研究对象和范围，还是学者的自我意识上都有了重大的进展。而考古学的这种长足进展完全超越了文献资料与考古发现简单互证的范畴，它早已不再是"历史学的侍女"，而是充分借鉴艺术史、民族志、语言学、口述传统乃至自然科学的多重证据，来全方位研究过去人类的生活和社会变迁。

就像有的学者说的，现在存在一种整体上的中国焦虑，我们都想弄清中国从哪里来、向何处去。我们在做的也是学术上的寻根问祖的工作。但作为标榜科学的学科，我们是否应该先把祖先当作"他者"来研究，既没有必要自卑，也没有必要盲目地自负。我们是不是应该抛弃一些自说自话的提法，重新审视一下我们以往对中国"单线进化"认知系统之外的事实？

也不必过多强调东西方的差异，分子人类学的研究结果说明人类大体上都是同源的，都是从非洲走出来的。有很多东西并不是我们最早发明的，是学习别人的，在这个基础上有所创新，于是有了我们自己的文明。比如从龙山时代到殷墟时代的青铜冶铸，以及小麦、绵羊、黄牛、车、马、骨卜等事物、技术和习俗，已基本可证明是传入的。甚至甲骨文这么高度发达的文字系统，究竟是"无中生有"地从中原及其左近的东亚大陆一点点地发展起来的，还是受到外来文明的影响和刺激而产生的，至少现在在中原地区还没有找到它的明确的前身。像二里头这样一个广域王权国家的架构，究竟是自己产生的，还是受到外来影响，也有待于进一步探索。辉煌灿烂、独具一格的中国古代青铜文明，正是建基于对外来青铜冶铸技术的吸纳、数千年炉火纯青的模制陶器的传统以及意识形态层面对礼制建构的追求之上的。用一句话概括，那就是中国从来就没有自外于世界，一定要把最早中国这个概念的产生和发展，放到全球文明史的框架里去审视。在传统的古史框架和话语系统之外，探寻考古学对于历史发展进程的独特表达，既不等于历史虚无，更无损于我们的民族情感和文化自信。

2018年6月，采访人刘周岩

本文为节选

走出中原文明本位的视角，
才能感知早期中国的独特魅力

——《经济观察报》访谈

在今天的公共媒体中说起二里头，许宏是个绕不开的名字。

采访中的许宏和我在无数次公众场合的演讲中所见到的一样，诚恳、热诚，对于他所认定的学术底线却有着一种执拗的坚持。当今天的全国各地，纷纷以古代圣王的故里作为开发旅游与招商引资的招牌，甚至不少专业学者为之背书站台之际，许宏始终认为如果没有文字材料的出现，夏朝的信史地位便不能确定。他笑言自己是"屁股决定脑袋"，作为考古学者进入历史现场，考古学的工具理性以及实证方法是他理解早期文明的首要因素。他理解百年以来中国学者对于早期文明溯源的朴素的民族情感，却无法让自己随波逐流置身其中。许宏的大陆同行批评他"疑古过甚""过于强调考古学本位缺乏经典文献的佐证"，而中国台湾学者黄铭崇则认为许宏的思维模式依旧是"中原中心论"。对常常处于旋涡中心的许宏来说，他认为任何学术批评其实都来自不同视角、语境内对于早期中国的界定，正是在这种多重视角的交叠中，文明的意义与考古学的独特价值会在争鸣中慢慢浮现，并没有泾渭分明的是非之分。

在去年（2019年）完成了主编的《二里头考古六十年》后，许宏笑言自己要由考古人向"非虚构作家"转型，相比于考古报告，他更希望向大众奉上《何以中国》这样将学术成果转化为公共语言的作品，他想像他的前辈学者张光直一样，把中国文明放在同时期世界文明的语境下来进行对话、考察，在大历史的框架下，追溯今天的我们与遥远的先民之间断裂间的延续。他作为主笔之一的《中国通史大师课》无疑体现了他的抱负与尝试。他的关注不再是二里头一隅，他希望能通过二里头把视野移向更广远的东亚大陆与欧亚大陆，通过梳理、归纳物质文明与技术交流的过程，勾勒出在世界文明的广阔背景下，中国是如何诞生的，中国与世界又是如何深刻地彼此浸润、镶嵌的。

人类学家克拉克认为考古学遗存的残缺本质使考古学研究不是一个一望可知的复原，而对于考古学家来说，阐释也许比复原更重要。这句话同样可以放在近代中国考古学界探索与阐释的学术史之中，从学界今天争论不休的关于二里头是否为夏都以及从古至今对于"中国"概念的争相解读，同样在考古学者身上投射出他们所身处的整个社会的焦虑。许宏的解读也许不是距离历史真实最近的，却是让我们看见在国族主义背景下生发出的考古学之外的另一种尝试。真理未必常常是掌握在少数人手中，但是在集体无意识催发下的种子却永远不会诞生出真理。

经济观察报：《中国通史大师课》是一本面对大众读者的读物。大众对于考古学的认识，一部分出自猎奇探秘的心理，一部分源自民族自尊心的驱动，希望用文明的长度来证明本国文明的延续性。面对这两种心态，您认为作为一个向大众写作的考古学者，应该具有怎样的责任感？

许宏：如果问挑战在哪里，我作为田野考古出身的学者，无论是写普及性作品，还是做中国通史大师课的音频课，让我有感触的是两个方面。

首先，值得欣慰的是，随着中国的经济发展，大众的文化素养在提高，像我这样的田野考古人成为"网红"在三四十年前是不可想象的，这是值得欣慰的，而且我越来越感到公众的接受能力不断增强。不管是讲座的提问还是网上的互动，朋友们提问与交流的水平也是越来越高，这是很难得的。但是依然存在着一个问题，我们向公众传达内容的历史文化背景，有些朋友还是有听不懂或者难以理解的时候，我觉得这主要是学术内容向大众语言转换过程中的问题，是我们的问题。

从我2009年开博客，同时第一本小书《最早的中国》出版，之后几乎是10年时间的磨合，我觉得自己现在依然还在做语言转换的努力，就是希望把那些佶屈聱牙、深奥难懂的专业知识变得更容易让公众接受。今年是我担任二里头考古队队长的第20年，我开玩笑说我要从田野考古人转身为"作家"——非虚构作家了。《最早的中国》已经不是单纯的学术著作了，也可以看作面向公众的非虚构作品。我也愿意花更多的精力，继续写这样的作品。所以第一方面的挑战，还是希望公众再更多地掌握历史文化的背景和底蕴，我自己作为考古人也愿意做这方面的努力。这是一个双向的问题。

其次，我痛感我们以前的历史教育是一种标准答案式的教育。我们的读者、网友、听友满足于一个明确的说法，比如"夏朝究竟存不存在？""二里头究竟是否属于夏朝？"实际上这些讨论，必须把它们放到学术的脉络里，用逻辑和材料说话，要注重推导过程。实际上我愿意跟大家共勉的，是要使我们的思维复杂化。我听过不止一位大学教师跟我吐槽说，他们首先要做的，是改变刚入学的大一学生的思维方式，让学生具有批判性思维，来矫正中小学阶段标准答案式的教育。如何让学生有批判性思维，让他们知道考古学和上古史的许多结论具有不可验证性，去接受一种更多角度与层次的思维方式是非常重要的。

另外一个方面，我也一直讲回顾中国考古学学术史，百年以来中国考古人从学术上寻根问祖的过程中，在心理上、思维上一直存在着两大主线：第一，西方学术进入中国后带来了科学理性、求真求实的精神，考古学首先追求的是史料的精确和史实的复原；第二，一百年来，中华民族面临侵略和欺凌，而有了救亡图存的使命，因此生发出朴素的民族主义。民族主义并不是贬义词，狭隘的民族主义才是有害的。救亡图存的民族主义情愫和科学理性的认知这两者，中国知识分子处理起来并不是完全和谐的，有的时候是很纠结的。作为一个严肃的中国知识分子，要建构国族认同、建构文化认同是不是应该建立在追求历

2021/12/11　15：00－17：00

天一文化讲坛第十三期

┃ 天一文化讲坛《寻根记》海报

史真实的基础上？在这方面，我还是觉得整个公共知识界应该意识到还有提升的空间，但我相信这一切都在逐渐变好。现在网上也有一些小朋友，和我谈的不是学理、逻辑、思辨，而是用情感、情怀来代替学术讨论。这和作为学者的我就不在一个频道上，我们讨论的是学术问题，如果不用学术的视角和方法讨论，就没有回应的必要。

对于我来说，理想的读者当然是具备文化素养和科学素养的，如果在这两方面都有所提升，那么大家就能从我们这些学者身上汲取更多自己需要的东西。

经济观察报：《中国通史大师课》的第一章叫作《中国文明是五千年吗》，这也许会使很多以三皇五帝等神话人物作为历史开端的读者视作一种挑战。上古史中存在着"神话时代"，苏秉琦、严文明等先生认为，夏代以前存在着一个"五帝时代"。当代学者韩建业也认为仰韶前期、仰韶后期与龙山前期分别对应着古史中的炎帝、颛顼与尧舜时代。您怎么看这种考古学与古史传说的对照分析？

许宏：《中国通史大师课》这一章的标题是编辑加的，好像还挺吸引人的眼球，但是我通篇解读早期中国基本上是考古学本位的，贯穿着考古人写史的思想。我在课程中也说过，这些争议都是看问题的视角。中华文明能否追溯到5000年，还是像易中天先生说的3700年？这二者其实并不矛盾。作为一个历史存在，中国文明肯定有一个孕育的过程。从理论上讲，这都是可以讨论的，是一种阐释，并没有一个固定的结论。

至于像你问题中提到的这些先生，他们采用的都是文献史学的话语。在当时的文献（比如甲骨文）发现之前，在古代中国是殷墟时代之前，考古学是没有办法把后世文献记载的国家和族群与具体考古遗址——"对号入座"的。如果有学者愿意对号入座，他也是一种推论和假说，而不是实证性的研究。中国有丰富的文献资源，同时有悠久的史学传统，是完全可以做这样的探究的。但是作为一个考古人，我还是倾向于考古人写史的方法。在史前和原史两大阶段，由于后世追述性的文献典籍没法——与考古遗存对号入座，我们还是倾向于用平易、客观的考古学话语系统，来表述我们要迫近的史实。任何一个学者都不能说自己的观点肯定就是真理或者史实本身，我们只能迫近，这个是有认识论上的不同的。

学者当然可以做考古学与古史传说的对照，但是我觉得宜粗不宜细，比较合适的像蒙文通先生、徐旭生先生等，他们的研究把古史传说的史事与人物分配到以河洛地区为活动中心的中原华夏集团、以海岱

2018年9月，在故宫参加"太和·世界古代文明保护论坛"

地区为活动中心的东方夷族集团和以江汉地区为活动中心的南方蛮族集团，然后一一地对应于华夏、东夷、三苗这些古史中的部族，这样的尝试是有建设性价值的。但是如果具体到传说中的某一帝王，说某个遗址就是传说中圣王的都城，这种判断我认为要极其慎重。虽然我推崇的是考古人写史，但是我不认为考古学需要一直保持所谓的独立性和纯洁性，我认为中国考古学从属于大历史学。历史学分为狭义史学和广义史学，狭义史学实际上是文献史学，我们考古学与文献史学是兄弟学科的关系。中国考古学和历史学是大的从属关系，在这里我指的是大历史。考古学和文献史学从不同的视角，用不同的方法和手段，共同致力于对大历史的建构。考古学研究必须升华到大历史研究的层面。

经济观察报：在这本书中，《幽冥世界的讲究与秩序》一章中您关注的是中国早期的信仰世界。张光直认为中国古代文明和美洲印第安文明共有一个"环太平洋底层"，都属于萨满教文明。在您看来"萨满说"是否影响了之后中国人的信仰和知识世界？

许宏： 现在看来，中国古代文明和印第安文明，由于同处太平洋区域，之间有一定的交流和影响，是完全可以理解的。而据分子人类学的研究，美洲人本来就是在旧石器时代晚期通过东北亚进入美洲的，其后更不能排除有人群陆续进入美洲的可能性。退而言之，即便在没有交流的情况下，在大致相近的自然地理环境中，也有可能生发出一些相近的文化形态，因为文化本身就是环境适应的产物。这些都是很正常的。但是张光直先生提出的他们二者都属于萨满教文明，把中国也纳入萨满教系统，现在看来这个观点没有得到绝大部分中国学者的认同，也就是说张光直先生提出的仅仅是一个假说。比如说张光直先生说的商王朝，尽管充满着巫术色彩，但是中国古代人祭祀的鬼神是自己死去的祖先。大家认为表层上商文明跟萨满文明比较像，但是中原王朝文明的骨子里还是信奉祖先崇拜、重宗法、重功利、王权高于神权、政教合一这套价值体系，这跟信奉多神的、偏于原始的萨满文化在本质上是有差异的。

我个人在早年"中华文明探源工程"的预研究中接了一个礼制文化的考古学研究的课题。我当年把早期中国文化分成礼乐文化和非礼乐文化，最初的东亚大陆各地在礼乐文化之前都是非礼乐文化。考古学一个最基本的研究方法是由"已知推未知"，就是由商周王朝已知的礼制遗存和礼乐制度往前追溯。礼制遗存包括礼制建筑和礼器。比

■ 萨满的服装，公元19—20世纪

		细体觚	粗体觚	爵	鸡彝斝盉
西周中期	陕西长安普渡村长由墓				
早商文化晚期	河南郑州白家庄M3				
夏文化晚期	河南偃师二里头M8				
大汶口文化中期	山东滕县岗上M1				

▋ 三代青铜礼器的传承与演变（邹衡《夏商周考古学论文集》，1980年）

如二里头是现在所公认的中原王朝文明的先导，再往上追到龙山时期的一些大型夯土建筑，可以认为是二里头宫室建筑的前身，但是再往前就追溯不到了。二里头遗址是第一个出土了青铜礼器群并发现了青铜铸造作坊的遗址，中国最早的青铜器是礼容器、酒器，是重酒的组合，这代表了三代青铜文明的特质。往上追溯，新石器时代晚期的陶寺遗址就根本看不出重酒还是重食的组合，说明当时的礼制还没有完整形成，越往前追溯发现礼乐文明的痕迹越浅。这说明礼乐文化是后来才产生的，之前的早期中国充斥着泛神论的各种非礼乐文化。

萨满教从广义来说就是一种非礼乐的文化，中原礼乐文化从无到有、由小到大，一直往外扩展，到了春秋战国时期，就推广到了战国七雄所覆盖的范围。非礼乐文化一直被礼乐文明向外推，战国时期的楚人还"信巫鬼，重淫祀"，说明当时楚地还不属于礼乐文明，后来一点点地被礼乐文化所覆盖。近代东北地区的萨满教信仰，其实就是被礼乐文化向外驱赶的结果。所以我们一般不认为萨满文明是中国古代文明的主流。

经济观察报：近代学者王国维在《殷周制度论》中认为商代与周代之间存在一场制度与典礼之间的革命，使得早期文化由商代的"狩厉文化"转变成为"宽厚文化"，这种说法也分别得到了后代学者的挑战。在您看来，商代文明中的巫傩色彩与周代的人文精神对之后的中国文明又有怎样的影响？

许宏：像王国维先生这样的论断是有道理的，他的这一提案在学术史上是浓重的一笔。从周代开始的人文主义这套价值观在古代中国成为主流，巫傩色彩逐渐暗淡。如果说二里头这一最早的广域王权国家之前的早期文明，属于苏秉琦先生所说的"满天星斗"时代，到二里头时代开始形成了以中原为中心的历史趋势，二里头最终成为东亚大陆最早的核心文化，这是一个大的历史节点。因为二里头没有类似甲骨文的当时的文书材料发现，我们对二里头时代人们的意识形态、上层建筑都还不太清楚。而王国维先生用当时刚刚发现的甲骨文和金文与传世文献进行对比分析，使得他可以推导出殷周制度变革的巨大变化。

我也同意李零先生所说，真正意义上的典范中国是西周时代奠定的，二里头只是起步，到殷商发扬光大。随着西周的封邦建国导致礼乐文明逐渐扩散，人文主义的价值扩散开来。比如像殷商时期大规模的人殉，征伐战争之后大规模的屠杀，而周代的扩张与之前的商代是截然不同的。西周王朝基本上是怀柔的政策，利用当地的势力和商遗民。我们在考古遗存中经常发现这样的证据，周王朝正因为有这种宽容怀柔的策略，使得它庇护下的各个小国基本是周天子代理人的性质，正因为有这种分权制、代理制，才使得所谓中原王朝文明居然能覆盖那么大的范围，这跟殷商的统治管理模式形成了鲜明的对比。但是我们认为商周文化都是中华文明的源头。之后的朝代更替，甚至族属都变了，但是我们仍然有共同的认同，这些都是后来文化认同中比较复杂的问题。

经济观察报：您的下一部作品关注青铜技术对早期中华文明的影响。对于青铜冶炼技术的源头，学界有"西来说"和"本土说"的争论。在您看来，青铜技术在早期文明中为何有着如此重大的意义？您认为青铜技术从草原进入中原文明，又有着怎样的轨迹？

许宏：这个问题也比较复杂。关于青铜冶炼技术的源头，我们现在还在探索中。无论是本土说还是西来说都没能够给出极其确切的证据来。在中国学者里，持这两种观点的都有，也拿出了自己的证据。现在看来比较难的是不管持哪种观点的学者，都必须有证据链，而现在学界已经意识到不能仅仅有早期铜器的发现，还要有从冶炼到制造这些铜器的生产行为链。这一方面的证据还是比较缺乏的，比如矿山、矿冶遗存、冷锻或是铸造遗存，这些现在都还缺乏确切的证据链。青铜冶铸技术外来说就更面临这样的问题，因为除了时间上的推移、技术演进发展上的证据链之外，还有一个空间差。因为文明的传播和扩散，与其说像流水，不如说像病毒传染，在大量复制的同时产生变异，可能会变得面目全非。譬如说当时的中原王朝能够制作出像二里头的青铜爵到司母戊大方鼎这样的高精尖、复杂复合范铸件，我们在中原以外，几乎没法原封不动地找到类似的产品和技术。

青铜技术外来的说法，合理之处在于一两千年以前，从地中海东岸的西亚，到中亚和欧亚大草原就已经开始有比较发达的金属文明了。青铜的重要性在于，这种高科技技术，一旦进入了各个人类群团，基本上都被作为已经开始或正在经历社会复杂化的各个人群的贵族和统治者的身份地位象征。在欧亚大陆西部地区，尽管铜器以个人装饰品为主，但是贵族墓里面，铜器、金器很多。中国一开始以玉、漆器还有一些精制陶器作为身份象征物，但是青铜传播到中原之后，马上作为祭祀祖先、沟通神灵的重器或者贵族身份象征物，都是把它用在被各个族群认为最重要的领域。这是青铜作为一个大的时代引领世界文明潮流的卓越之处。

归纳起来，我们还处在对于青铜文明起源的探索中，没有定论。一个逻辑推断是，在东亚大陆青铜文明出现的一两千年以前，作为当时高科技的金属文明在欧亚大陆西部已经出现了，而整个欧亚大陆又没有不可逾越的自然障碍，那么当一个高科技出现之后，在另外一个地方是很难做到完全隔绝的，在没有文化交流的前提下独立自主、自力更生地发明一项新技术，这是很困难的。独立发生的可能性不能排除，但是推断要慎重。到目前为止，我们还不能排除任何假说所代表的可能性。

经济观察报：中国早期文明与外来文明有着广泛而密切的接触，比如有学者讨论二里头文化中出现的鼎与鬲的区别，以及非汉藏语系的语言在中原存在的可能性。那么在您看来，早期文明中的哪些特征具有外来文明的影子？而早期中华文明在世界早期文明之间又是一种怎样的存在？

许宏：我们说最早的中国是从无到有、从小到大的。现在被纳入中国版图的临近中原的区域在当时就是域外。正如当年王明珂先生在《羌在汉藏之间》中所谈及的，当年的殷人就把分布在今天晋陕高原的部族叫羌，羌的定义不同于今天的民族概念，随着"华夏"版图的扩大，羌成为界定华夏族群外缘的文化符号。

▌二里头文化陶鼎（左）、陶鬲

由于东亚大陆东南用鼎，西北用鬲，可以说鼎是东亚大陆原生的，然而鬲也不是现在的域外发明的，而是从晋陕高原一带传播过来的，实际上鼎、鬲两种器物都是炊器。由于北方是粟黍文明，南方是稻米文明，因为食物及其烹饪方式的不同才有炊器的不同，所以整个古代中国文明是建立在两大生态文化基础上的。鬲的使用范围有些在早期中国域外，但是在现在的新中国范围内，这一点务请公众朋友们意识到，没有一成不变的"中国"概念，中国的生命史有一个从小到大的过程。

　　至于更远的外来文明，比如我们刚才谈到青铜冶铸技术应该是外来的，但是外来文明因素与技术传播到中原的过程并不是几个月内急行军般地传播、扩散，而基本上是接力式的，几代人在几个区域，以时间换空间，慢慢流转。比如殷墟的车马肯定是外来的，东亚大陆在殷墟时代之前是没有马车的，但是我不认为马车是从高加索大草原直接传过来的，至少是与商人关系最密切的晋陕高原、燕山南北的

▍殷墟车马坑

土著居民，在掌握了马车的制造与操作技术之后，在与殷人折冲交往的过程之后（可能是通过战争，也可能是和平共处的贸易、婚嫁等交流），使得商人掌握了马车的制造和使用技术。比如说社科院考古所赵志军研究员提到过的一个概念叫"文化包裹"——青铜、绵羊、小麦，以及黄牛、马、车这些事物与技术等都是通过欧亚大陆，从西向东最终到达东亚大陆的。在二里头时代前后，从龙山时代到殷墟时代1000多年的时间，许多文化因素已经被考古学者确定是外来的，到最后它们成为早期中国最重要的一个组成部分，从这个意义上讲，中国从来就没有自外于世界。

经济观察报：今年良渚遗产申遗，组委会认为良渚古城遗址展现了一个存在于中国新石器时代晚期以稻作农业为经济支撑，并存在社会分化和统一信仰体系的早期区域性国家形态。在您看来，国家与文明之间的界限是什么？而古国（邦国）与之后广域王权国家的特征又有什么不同？

许宏：面对文明、国家、古国、邦国、王国这些学者概括总结出来的概念，公众常常丈二和尚——摸不到头脑。现在中国学者倾向于对文明做狭义的理解，一般引用恩格斯在《家庭、私有制和国家的起源》中的定义："国家是文明社会的概括。"我们往往把文明和国家画等号，认为这是从不同的侧面对同一个历史事物的不同表述。也即，文明是人类文化发展的高级阶段，是国家产生之后人类文化的存在方式。

目前我们使用的"文明"（civilization）的概念是舶来品。从西方开始，一百个学者对文明的解释就有一百种，从来没有统一过。不少学者倾向于文明的概念应该大于国家，广义的文明就是人类物质文化和精神文化的总和。然而最广的文明的概念，已经和文化同步了，也就是有了人类就有文明，这样就消弭了文明作为文化发展较高层次阶段的内涵。所以我们仍然认为文明是人类文化发展较高阶段的一种存在方式，这种定义是合适的，但是不是要限定在国家出现的阶段，是可以讨论的。已经有越来越多的学者，不对文明的定义做狭义的理解，而是往前追溯，有人追溯到农业起源、艺术起源，甚至人类人工制品显现的艺术萌芽，有的学者甚至认为人类人工控制火也可以视作文明的起源。也就是说，当人类智力发展到一定的阶段，就有了文明，文明像一条河，源远流长，而非一道门槛。任何学者的说法都没有对错之分，只是定义上的差别。

从这种意义上讲，在二里头的广域王权国家出现之前，存在着区域性的原初国家，良渚文化、陶寺文化、石峁文化，甚至有学者认为红山文化已经是国家。苏秉琦先生把这种邦国林立的状态称之为"满天星斗"，学术界认为进入了古国或者邦国时代。在独一无二、排他性的广域王权国家出现之前，东亚大陆存在一个列国林立的阶段。良渚就可以归到这个阶段，良渚是前中国时代"满天星斗"中最亮的一颗星。而二里头—二里岗—殷墟—西周这一谱系则是中国青铜时代王朝文明的主流。如果把它们所代表的早期中国比作一棵大树的话，良渚、陶寺和石峁等政治实体是分枝，而主干形成于二里头；如果把以二里头为先导的王朝文明——早期中国比喻为河流的干流的话，那么此前的古国或邦国就是支流，任何一个处于孕育阶段的区域性的政体都没法代表最早的广域王权国家支撑起的中国这个概念。当然，这只是我的一家之言。

经济观察报：我们对考古学的认识大多是来自1928年安阳发掘之后，然而民国以来的考古学者比如大谷光瑞、橘瑞超对于西北的关注，鸟居龙藏、谢阁兰等人对西南地区的开掘也卓有成就。包括张光直晚年在台湾地区的勘探，也都试图在中原视角之外，找到新的发现。在您看来，考古学研究是否也需要一次"去中心化"，重新评估自身的传统？

许宏：现在看来这些尝试探索都是有益的。他山之石，可以攻玉。我一直提醒，如果只懂中国已经看不清中国了，必须要把中国古代文明放在全球文明史的视角下来研究，20世纪的中外前辈学者已经对此进行了很多开拓性的研究。我在为日本《讲谈社·中国的历史》丛书中宫本一夫先生所著的《从神话到历史：神话时代、夏王朝》所写的推荐序中就提到，外国学者的视角常常超越了当今国界的概念，对他们来说东亚大陆的版图是贯通的，所以有许多认识是可以给中国学者以启迪的。比如张光直先生就非常具有国际视野，给中国考古学

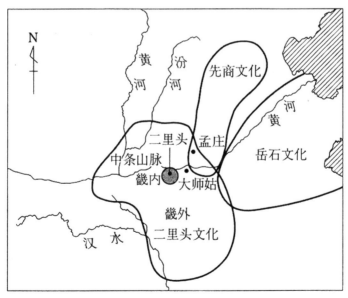

二里头文化的扩张与控制模式（宫本一夫《从神话到历史》，2005年）

者带来了很多思路上的启发。

在中国古代史的前期，"改革开放"的前沿阵地是西北地区，因为有高山、沙漠、高原的阻隔，所以中国的地形像个大盆地，也特别像一口大井，由于这口井太大，使得我们往往有遨游的感觉，其实关于中国文明多元一元的论争，全部限于这口"井"里。东亚大陆最早进入青铜时代的，有河西走廊的四坝文化、甘肃青海地区的齐家文化晚期、内蒙古东部和辽宁西部的夏家店下层文化，都不早于距今3700年。如果你要放开视野的话，就会发现实际上它们都是整个欧亚青铜世界体系的一部分。

最开始历史研究有区域史、国别史，后来有了世界史的概念，在半个多世纪以前才有了全球史的概念，把人类作为一个整体来考虑彼此的文化交流影响，全球史追求的是贯通式的研究。现在又有了大历史的概念，思考的角度上升到宇宙和生命的起源，因为这样的话才能把全球史看得更清楚。这种思考方式何尝不给我们以启示？我们只有视角更宏观，把研究对象放在一个更大的背景里面去观察对比，才能看清楚你所感兴趣的部分。所以从这个意义上讲，当然是应该去中心化的，"中国"本来就是文化本位的提法，任何国家都会在本国绘制的世界地图里把自己的国家放在最核心的位置，而只有超越了这种视野，才能更清楚地看清古今的中国。

经济观察报：英国考古学家科林·伦福儒认为，英美的考古学者逐渐认识到考古学史不仅指考古发现的历史，也不只是科学技术的发展史，真正意义上的考古学史是思想史。请问您怎么理解这句话？考古学的发展与其同时代的思想又呈现了一种怎样的关系？

许宏：这个问题很深刻，有的时候考古人也很难回答。考古人研究的是遗存，属于形而下的层面，而思想是形而上的层面。说起来，考古人的一个终极理想就是"透物见人"，最后肯定是希望从物质文化遗存中窥见人的思想。但考古人最擅长的还是对"物"的研究，然后是制度层面的，最后是思想层面的，思想层面也是最难探究的。

著名考古学家张忠培先生说过考古人的责任就是"代死人说话，把死人说活"。但是如何替死人说话？不同的考古学者就会有不同的说法，到最后都是通过对古代遗存的探究，去阐释历史，阐释就进入了思想的层面。我前几天参加了一个关于夏的神话历史方面的学术会议，会上美国著名汉学家艾兰（Sarah Allam）教授在讲座中有一句非常好的话，她说她更关心的不是去了解古代中国发生了什么，而是去了解古代的中国人，为什么会用一种能够流传给我们的方式，记录下他们的所作所为。她意识到历史书写背后的思想因素，这恰恰是用结构主义的方法对早期中国历史进行剖析，会上我们几位中国学者都觉得

2003年，与张忠培先生（右）在台湾南部

受益匪浅。

比如以前历史学者研究西周的太公望，关注的是这个人在历史上是否存在。他的形象一会儿是渔夫、樵夫，一会儿又是出将入相的大臣。但是实际上许多文献是晚近写作而成的，我们只能知道从战国到汉晋时期以来的人口中和笔下的太公望是什么形象，历史书写是一种追述和选择性记忆。我们只能知道战国到汉晋的人笔下的夏王朝，研究者则不能把这些历史书写当作真实的历史，但是我们可以关注他们是在什么样的场合与情境下进行历史叙述的，而这又体现了他们怎样的思想。

考古学和历史学研究，研究者本身是人，研究对象也是人，这就增大了研究的复杂性。所以我们有太多的限制导致研究的结果很难是绝对客观的，这是我们必须要自警、自省、自惕的。我们试图对历史进行认知，何尝不是一种思想史？考古学者选择发掘什么、记录什么、报道什么、侧重什么、强调什么，都极富建构色彩，更多地融进了我们自己的思想。从这个意义上讲，考古报告也与传世文献一样，都必须当作文本来看。屁股决定脑袋，位置决定想法。同样一个历史遗存或事件，不同的学者会有不同的阐释，这种不同不就是思想史的体现吗？

作为一门现代学问，考古学也绝不是象牙塔里的学问，它的发展与社会思潮息息相关。作为一门研究"人"的学问，考古学要回答解决的是当下人所困惑、思虑的问题。任何历史都是当代史，是为了满足当今人的好奇心，完成新的符合当代人旨趣的历史建构。考古学史也是当代思想史的一个组成部分。

经济观察报：请您推荐几本在您学术生涯中对您具有深刻影响的书，并简单谈谈原因。

许宏：第一本是张光直先生的《中国青铜时代》吧，这是一部经

■ 在内蒙古考察陶器

典性的作品。我在20世纪80年代上大学及毕业留校后接触到，对我后来超越夏商周王统的考古学的思考，把三代考古纳入全球文明史视角的研究理路，影响还是比较大的。另一方面，作为一个华裔美国学者，张光直先生的研究成为中国考古学和国外学界沟通的纽带和桥梁。中国学者通过张先生的中文作品了解当时考古学最前沿的成果，而西方学界也通过张先生的英文著作了解中国考古学。许多外国学者写的《全球通史》《全球文明史》都引用了张光直先生总结性的成果。

再一个使我的学术思想以及视野得以开阔的就是黄仁宇先生的《万历十五年》和《中国大历史》，我的小书《何以中国》的副标题是"公元前2000年的中原图景"，公元前2000年是一个时间点，实际上是对黄仁宇先生的《万历十五年》"效颦"的产物。我力图要解答公元前2000年那一年前后究竟发生了什么，为什么最早的中国诞生在中原？我觉得这和我读黄仁宇先生的作品，深受他以小见大的思维方式的影响是有关系的。他的《中国大历史》给我一种贯通的感觉，他强调赈灾、治水和防御北边这三者构成中国古代史的主旋律，对我研究早期中国都有极大的启发。当我在思考早期中国为什么又是如何从无中心的多元演变到二里头有中心的多元，再到秦汉帝国的一体一统这样一个大的历史脉络时，黄仁宇先生的大历史的视野让我受益匪浅。

王明珂先生的《华夏边缘》《羌在汉藏之间》对我有着很大的方法论上的冲击力。我发掘的是二里头都邑，主要研究的是中原地区，更需要了解中原的周边是如何看待中原的，中原又对周边有着怎样的影响。考古学面对的是物质遗存，然而从物质遗存究竟能否探知当时人的族群认同？王明珂先生告诉我们"NO"。族群、文化认同都是主观认同，不是看他们用什么器物、穿什么衣服就能界定的。这就让我们反思半个多世纪以来关于二里头的夏商之争，如果从王明珂先生所从事的历史人类学的研究视角来看，我们争论的是考古学的真问题

▌不同的田野作业，共同的对华夏由来的思考。疫情时代，难得与惺惺相惜的王明珂先生（右）重逢于北京，2022年4月摄

吗？是考古学能够解决的问题吗？

还有，王明珂先生指出："我们对一篇文献、一批考古发掘资料，或一个田野考古报告人的口述，感到诧异、好笑、不理解，或这些资料间有些相左、断裂时，这显示我们的知识理性与外在现象之间，或现象与现象之间，有一段差距。"他提示我们，学者常常把自己的经验与知识当作理所当然，对自己的认知之外的客观存在感到诧异，这不正说明我们的认知与常识往往存在误差吗？我们对三星堆的发现所显现出的诧异，就是最好的例证。以前是中原的汉字霸权，其中的记载往往是中原本位的，对周边地区不符合所谓逻辑与正统的历史进行选择性地书写与遗忘。王明珂先生的点拨对我来说是非常震撼的。

日本中央大学妹尾达彦教授的《长安的都市规划》是我非常喜欢的一部作品，这本书的写法对我第一本小书《最早的中国》影响很大。他写隋唐长安城，但把长安城这座都邑放在全球文明史的视角下去观察分析。妹尾达彦教授在书中附有地球仪般的各类地图和比较表，把长安城置于生态圈、文明圈（含游牧文明圈、农耕文明圈、狩猎采集文明圈）和宗教圈（伊斯兰教、儒教、基督教）等几重交叠的视野下去解读，让我们知道只有在如此恢宏的自然与文化背景与文明交汇大潮中才能有长安城这样雄浑灿烂的文明成果。写得太大气了，读起来有荡气回肠之感。我的《最早的中国》虽然是一部关注二里头都邑微观的著作，但是在其中我也将二里头与埃及文明、两河流域文明、爱琴海文明等进行了比较分析，也做了大量的图表，试图从比较文明史的视野来探究二里头文明的崛起，这与妹尾达彦教授这本书的影响是分不开的。

2020年1月22日，采访人朱天元

穿越古今的早期城市、国家和文明

——《小鸟Aves》访谈

◎ 以青铜为代表的"模范中国"

小鸟文学：《东亚青铜潮》引用了汉学家雷德侯的说法，中国人发明了包括青铜器铸造在内的"以标准化的零件组装物品的生产体系"，"模件化生产以多种方式塑造了中国社会的结构"。这里有点抽象，能不能具体讲讲你如何理解青铜器和中国社会结构变化的关系？

许宏：中原地区青铜时代的到来应该叫中国青铜礼器时代。从二里头开始，东亚最早的青铜礼器群出来了，就是用比较复杂的复合范，或者叫块范法来铸造青铜器。我注意到，它的出现时间跟我所说的广域王权国家在东亚大陆出现的时间是同时的。这个很有意思。以前有学者提出，在青铜时代之前，中国是不是出现过玉器时代？可以从龙山时代，或者稍早一点的良渚时代、仰韶时代后期开始？因为像汤姆森等欧洲学者提出"石器—铜器—铁器时代"，主要对象指工具和农具。到了中国，青铜的使用不是用于工具和农具，而是礼器。如果前边有一个主要用玉来做礼器的时代，现在看来是可以接受的。

玉器时代恰好跟古国、邦国时代一致。这些古国、邦国，不少中国学者认为就是国（state）了，也有的认为相当于酋邦（chiefdom）——前国家时代复杂社会，所用的重要礼器以玉器为主，所以玉器是"前铜礼器群"最重要的象征和标志。

玉器是通过物理变化加工石料，只能改变形式，没法改变化学成分，而青铜是最早的合金，它开始利用化学变化来生产出大自然不曾存在过的新物质。玉器只能一件一件做，根本不可能用模件化思维，所以每件玉器都不一样。在这种情况下，很难有像后来青铜列鼎那种成套感，甚至用同一个模范来做。

这是一个本质差别，甚至是一种隐喻。按理说，玉器只需要几个人，不用车间就可以做，但司母戊大方鼎起码需要二三百人，还不包括后边的管理阶层、后勤保障。等于说从单个不一样的玉礼器，形成

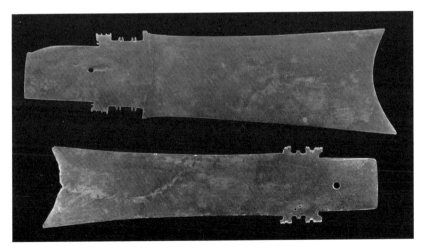

■ 二里头玉石牙璋

不了范式、规制，到青铜这种成批量用内模外范，后边必须有国家的强力支持，一整套来做显现权威，显现形而上和意识形态。有了这样的动力，导致它大规模管控这种高科技，投入很大的人力和物力，做出整齐划一，有点体制美学感觉的东西。

"禹会诸侯于涂山，执玉帛者万国"，你做的玉器和他做的玉器完全不一样，但是现在中原王朝起来了，二里头、二里岗时代的青铜礼器生产，一开始就是独占，等后来进入殷墟时代，这种独占的高科技才外流或者说"泄密"，关中、三星堆、湖南湘江流域、江西新干大洋洲等地才得以模仿着来做。在这种情况下，中国古代青铜文明就有高度一致的范式（model）。从技术到形而上的政治理念，这跟广域王权国家同步，有密切的对应关系。现在，中国人还把"模范"看得很重。以前北大做了一个展览叫《模范·中国》，名字起得太好了，最接近中国人思维和行为方式的东西就是模范。

小鸟文学：你说："在二里头文化时期，二里头都邑是唯一能够铸造青铜礼器的地点，可谓一花独放。随葬青铜礼容器的墓葬，也仅见于二里头都邑，表明它不仅独占了高等级青铜器的生产，而且基本独占了对它们的政治消费。到了二里头文化末期，即二里岗文化初期，青铜礼器才开始向外扩散。"我比较好奇，为什么当时二里头都邑能够在铸造青铜礼器上一花独放？

许宏：这跟上面的题目密切相关，我一直在思考，悬而未决。至少在二里头，我们发现了中国最早铸造青铜礼器的大型铸铜作坊，还有中国最早的青铜礼器群。礼器包括礼容器和礼兵器，礼容器里尤以酒礼器最为重要。这些东西开了三代王朝青铜文明的先河，这个传统和制度往下延，大家比较熟悉，就不多说了。但是，现在还有缺环。

▌二里头—二里岗过渡期青铜鼎（左）、青铜斝

二里头一期没有发现青铜容器，二期只是铜牌饰和铜铃，也没发现青铜容器。到了二里头三期，也就是二里头晚期，一下子就能做青铜容器，爵开始出来，突然上了一个大台阶。

2001年，我在论文《"连续"中的"断裂"——关于中国文明与早期国家形成过程的思考》中提出，二里头跟以前的新石器时代文化有重大差异，中间应该发生了什么事，导致满天星斗、异彩纷呈的区域性新石器文化相继退出历史舞台，一匹黑马——二里头崛起于中原地区，这是一个开创历史新纪元的标志。

2017年，北京大学张弛教授在《文物》上发表了《龙山—二里头——中国史前文化格局的改变与青铜时代全球化的形成》的论文，写得比我更清晰明白。我光从东亚大陆的角度来看二里头的崛起，他把视野放到整个欧亚大陆，认为青铜时代之前的各地新石器文化各自发展，人口高度繁衍，聚落数量特别多，但到二里头时代，人口大规模减少，而且集中在大型都邑近旁。什么原因？张弛先生解释，有没有可能是外来文化冲击，甚至外来人群，导致类似黑死病那样的瘟疫出来，然后各地凋零。在这种情况下，二里头接受了来自欧亚大陆内陆地区青铜冶铸技术的影响，与此同时，按我的说法，广域王权国家也出来了。也就是说，我俩先后认为二里头是个大的节点，张弛教授管它叫"最黑暗时段的文化孤岛"，但这个最黑暗时段究竟发生了什么？有待于进一步探究。

◎ 早期全球文明史视角下的青铜潮

小鸟文学：你说，东亚大陆用铜遗存的出现与接受外来文化影响关系密切，区域互动与技术创新是理解中国早期铜器区域特征的两把钥匙。现在的研究表明，最早进入青铜时代的是公元前2000年左右的新疆地区，然后自西向东传播，但并非所有区域都经历过"青铜时代"。这些说法很有意思，有助于我们反思"中原中心"或者"华夏本位"的观念，能不能再具体讲讲？

许宏：对，我说能看出一些脉络，比如青铜潮是从西向东，年代逐次递减的，从属于中亚的新疆地区和再北的欧亚大草原，那里的早期青铜文化大概相当于公元前2000年；到了河西走廊的四坝文化，甘肃、青海地区的齐家文化晚期，内蒙古东部、辽宁西部的夏家店下层文化，以及中原地区的二里头文化第二期，这四个在东亚大陆最早进入青铜时代的点都不早于公元前1700年。再往东，山东地区西部进入青铜时代能到公元前1400年，也就是被认为商文明的二里岗文化晚期。大致相当于春秋时期，青铜潮进入朝鲜半岛，等到更晚，大体相当于战国时期，青铜和铁器同时进入日本列岛，所以一般认为日本没有青铜时代。这样一个从西向东的时间梯次，就是欧亚青铜潮。

所以中原中心是相对的，华夏这个概念是春秋时期才开始出来的。我写过日本学者宫本一夫先生《讲谈社·中国的历史》第一卷的推荐序，作为外国学者，他就不是中原中心本位，而是看整个东亚大陆的变化，南北两大块，偏南的定居农耕板块的人类集团，跟北方半农半牧，后来是游牧族群这两大集团之间的互动。这是一个全貌性的勾画。不像我们站在中原看那边，说是"蛮夷戎狄"。现在有朋友提问时，还总说我们这边进步，他们那边落后。不，你是定居农耕本位，看人家不顺眼，人家看你也不顺眼，不同生产和生活方式而已，都是文化中心本位的想法。

　　在这种大潮流中，如果我们今天强调几千年之前就独立自主，东西都是我们发明的，那就阻断了从全球文明史角度来看问题的思路。如果每个国家、区域的人都这么看，现在实际上就有这样的倾向，苏联解体后的中亚五国，还有蒙古等国家各自的考古研究，加大了研究整个古代欧亚大草原、欧亚大陆桥文化交流的难度。

　　我们要承认绝大部分学者都是从学术角度考虑问题的，但他们属于不同国家，都有朴素的民族主义情感和文化本位主义考量。在这种情况下，我们应该抱着以学术为重的科学精神来做探究。这样，中国学者才能为构建全球文明史贡献一份力量。否则，大家自说自话，一幅接近史实、完整的全球文明史画卷恐怕很难被勾画、构建出来。

◎　**人类未来的发展趋向不容乐观**

　　小鸟文学：在书中你从城市视角考察了东亚大陆上早期国家、文明的诞生，认为城市是国家出现、文明时代到来的唯一标志。我想起耶鲁大学的詹姆斯·C. 斯科特写过一本书《反谷》（*Against the Grain*），认为从两河流域的历史看，早期国家的形成是由一群极具野心的统治者，将农业与定居社群强迫结合的结果。这种国家形态极为脆弱，人们不得不忍受战争、税收、传染病和作物歉收。我比较好奇，你怎么看待农业、定居、城市和早期国家形成的关系？

许宏：如果是长时段观察，人类任何文明进步的点点滴滴，根本不是我们主观自然选择的结果。人类本身是自然之子，这些东西实际上都是被迫的，是为了生存发展适应自然环境的产物，其中很少能谈及主观能动性，都不是人类有意策划选择和决定的。

比如从狩猎采集到农耕定居，有一种说法是，不是人类驯化了动物和植物，而是这种生产方式驯化了人，把你束缚在土地上。狩猎采集很自由，有时狩猎到一个大型动物，能吃好几天，没有农业的限制和束缚，也不像农夫这么苦和累。而且，你从农作物中获取的营养成分远远不如以前丰富。

但是，为什么人们相继接受了农业？因为人类上百万年以来一直处于半饥半饱的状态，那是一种不安定的生活，不确定因素和危机感时时存在。农作物让人退而求其次，营养不太够，但能保证让你填饱肚子，守着这一亩三分地，不再折腾。

农作物一旦上了道，产量比较高，使得人类进一步繁衍。人口一多，就得开垦更多土地，种更多粮，有的人就迁徙到别的地方去了，这样人类就不断向外扩张，乃至现在已经接近遍及全球。那么在这里边，农耕人群安土重迁，不肯随便离开马上就有收成的土地。在大家都不愿走、地广人稀的上古时期，大规模战争谈不上，人们没有什么资源竞争上的巨大矛盾。

但是，人口一旦更多，大家又都不肯走，就要有一部分人被赶走。像王明珂先生讲《羌在汉藏之间》，汉族人赶走土著人，占据最适合农业的河谷地带。土著人上到半山腰，成为羌，半农半牧。被土著人再往上赶的，就成了藏民，纯游牧。这种还好说，但如果都是农耕定居，谁都不肯走，大家打得非常厉害，为了避免鱼死网破，就得有个说法。二里头超大型都邑和广域王权国家，很有可能就是几百年逐鹿中原战争的一个结果和说法。

国家是怎么来的？大规模人口繁衍，为了避免鱼死网破，大家都能生存和发展，就得有人上之人、国上之国。从事农业生产的人可以养活非农业生产的人，出现阶层分化和产业分工，到最后需要管理机构，权力中心不就出来了吗？这不就是城市吗？国家不就出来了吗？不就进入狭义的文明阶段了吗？一直到这时，农耕定居、城市和早期国家都是一种被迫的行为。到最后，不得不产生国家，根本不是主观上我要怎么统治你，而是为了大家都能生存和发展，所以根本没有什么人的主观能动性，完全是作为自然之子的选择，文化就是一种适应环境的产物。

你再往后看，我们现在从农耕文明演进到工业文明，这是人们有意而为吗？非也。农耕文明是一种区域性文明，你在你的区域可以养活自己人，但是资源竞争在本区域已经没法得到解决，那么跨区域的行为就出现了，比如殖民、掠夺、贸易和资本主义。还是一个人类要解决生存和发展的问题，是被迫的，只能从自己所在的区域放大到跨区域，到最后，"哥伦布大交换"出来了。

所以，人类发展史上的每一个台阶根本不是自我选择的机会，而是为了适应自然环境，被逼着走上这样一条路。

小鸟文学：你从考古学视角对中国古代史的分期，以及大历史看问题给人许多启发。2018年，我和考古学家罗伯特·L. 凯利做过访

谈。他在《第五次开始：600万年的人类历史如何预示我们的未来》中认为，未来我们将见证作为神圣认同的民族国家终结、战争消弭、资本主义消亡，以及全球合作新时代开始。你高度评价这本书，还写了书评。很好奇你现在怎么看待他的说法？是否觉得太乐观？

许宏：现在看来，我确实觉得他太乐观了。从考古学家的角度，我认为人类未来的发展趋向不容乐观。去年年底，我参加第四届互联网思想者大会，演讲的主题就是"从10万年前想象人类的后天"。

我在演讲中说，人类开创历史新纪元有四大节点。第一个是约10万年前人类走出非洲，广义全球化的开端；第二个是约1万年前的农业革命，从攫取经济到生产经济；第三个是约5000年前的青铜革命，最早的金属文明开始；第四个是260年前的工业革命，到现在已经开始信息革命。

▌2020年，在第四届互联网思想者大会上做主题演讲

■ 由古观今，不断加速的人类文明历程（演讲PPT页面）

人类最初是缓慢演进，到后来越来越加速度。这样的加速度是不是就跟我们换手机一样，几乎像庄子所说，达到"方生方死"的状态，不让我们喘息。欲望是推动人类社会进步，也是科技发展几乎唯一的动力，但这个欲望如果不可遏止、不有所限制，会不会毁了我们？一味索取，将使我们走向何方？比如掌握高新科技的我们，是更强还是更弱，是否面临的危险更多呢？

大气污染、环境破坏、疫情蔓延、战争危机……面对这些文明后遗症，我们是不是应该有所忌惮、放慢、收束、反思？是不是应该适当抑制住我们的一些自信甚至自负，而应该自警、自惕、自省。

人类对于大自然的破坏力，导致我怀疑我们有没有大智慧能把握住现在几乎不可控的局面。我个人是持比较谨慎、偏于保守的看法的。

2021年8月，采访人曾梦龙

本文为节选

中国文明从没有自外于世界

——学者李礼访谈

李礼： 越来越多的人喜欢讨论何以中国，或什么是中国？您也有相关著作如《何以中国》，当然您关注的主要是古代中国的起源，公众关注的既包括古典中国，也包括当下。从您的角度看，为什么对"中国"的关注会越来越热？毕竟考古学也试图解决"我们是谁，我们是如何形成的"这个困惑。

许宏： 对，我有两本关于古代中国的小书，一本叫《最早的中国》，一本叫《何以中国》，所以搞得现在我好像成了所谓考古学界的"中国"问题研究专家了。（笑）这个问题我印象最深刻的是，前几年中国台湾学者王明珂先生到人大作讲座，我们也跟着"追星"，当我把《何以中国》送给北大的一位教授时，他说现在讨论什么是中国的书已经有好几本了吧，这应该反映了我们的某种整体焦虑。是啊，我想起许倬云先生的《许倬云说中国》、葛兆光先生的《宅兹中国》和《何为中国》，还有本人的这两本小书也算是跟着凑了个热闹。这些书虽然都从不同的角度回溯古代中国，但也是回应当代人的的需求吧。很明显，我们的确都有点焦虑，说重新定位也好，追求文化认同也好，反正是有这个需求。说起来，考古人参与这个话题，按说也不是很新的，这是百年来国人追求自我定位和文化认同的延续。不过我记得王明珂先生提醒说，世界各地区人类语言、文化与人种的起源、迁徙与分化，在19世纪后半叶至20世纪前半叶曾是相当热门的主题。然而从20世纪60年代以来，这些研究除了在少数地区与部分学者之间开展外，基本上已无法吸引学者们的兴趣。就是说其他国家的学界已经不再讨论这样的问题了，这可能是一个反衬。

李礼：中国在20世纪初从传统的古器物学、金石学转为西方考古学，除了引入近代科学（像地质学、生物学），还有怎样深刻的时代背景？记得您提过，考古学者也都是"求变者"，整个一部考古学史根本离不开百年以来的中国社会史。

许宏：考古学就是舶来品，根本不是什么国学，对不对？考古学研究的是古代的东西，但研究理念、方法和这个学科本身都是非常新的，是一门现代学问。20世纪初才从西方引进，那时我们跟日本实际上就差一截，日本引进的时间还要早。这样一个新的学问进来，实际上是和科学理性、追求文明认知这些诉求，以及好多学科一块舶来的，比如考古学方法论上的两大支柱，一个是考古地层学，一个是考古类型学，地层学来源于地质学，类型学则是生物学的概念，这二者都是全新的学科。它们是一块被引进过来的，来到中国正好应一时之需。

考古学当时应该是门显学，不少人有这种感觉，因为它在中国一诞生，就是要解答国人迫切想了解的"我是谁？中国是怎么来的？"这样一些本源性的问题。顾颉刚先生他们的"古史辨"，包括胡适先生所说的"东周以上无史"，一下子给人的感觉是整个中国古史虚无化了。这些思考的背景是最初被西方打蒙了或者说打醒了的状态。天朝上国那种感觉逐渐退去之后，文献中的三皇五帝这些以前笃信不疑的东西现在不成了，怎么办？所以说傅斯年就提出了"上穷碧落下黄泉，动手动脚找东西"，这是他在《中央研究院历史语言研究所集刊》发刊词上用的一句话，呼吁脱离书斋钻故纸堆的方法，到田野边疆去找东西、找史料，中国考古学是这么起来的，所以它一开始就是显学，可以说是学术上的寻根问祖。

李礼：仰韶文化被认为是安特生发现的。不过中国在考古学诞生之初，本土学者很快主导了考古工作，成果也很多。但包括您在内，也指出这带来的弊端，比如中国考古融入了太多的民族情感因素，甚至是民族信仰等问题。我记得，张光直先生说过，1950年以前中国考古学的主旋律就是民族主义。您对此有何感受？

许宏：现在公认的中国考古学的发端，是1921年安特生发掘河南渑池仰韶村遗址，这是被当时的中国政府认可的学者在中国进行的首次发掘。实际上在19世纪末叶，已经有外国学者在新疆和东北地区做考古工作了，但此前一般被认为是盗掘和掠夺，这种情况当然有，但不能否认他们对中国考古的贡献。实际上放开了想一想的话，什么是中国考古学？中国考古学是中国人从事的考古学吗？答案显然是否定的，我们如果把它定位为在新中国境内从事的考古活动的话，就不能不承认最初的外国学者在科学方法应用以及获取历史信息上的累积之功。那时的测绘手段等我们还没有，出版的考古报告质量相当好，甚至影响到此后中国考古学的发展。当然现在我们有越来越多的自信能够认可这些，以前是根本不认的。不过，就中国考古学的总体来说，

李济先生，1920年代摄　　1926年，李济先生主持山西夏县西阴村的发掘

这些外国学者的工作就是个序曲。2021年就是仰韶文化发现百年了（距1921年），考古学界还有较大规模的纪念活动，安特生是我们认可的。之后1926年"中国考古学之父"李济先生又到山西去寻找夏王朝的遗迹，根据典籍上的线索开始找。到1928年，中国本土学者就开展组织国家级的、成建制的大规模考古发掘了，这就是1928—1937年的殷墟发掘，在中国考古学诞生后不久。

　　所以说，中国考古学一开始就走上了以本土学者为主的探究之路，这跟世界上大部分地区都不一样，那里是欧美学者主导的考古学，对不对？甚至一直到现在也是，美洲不用说了，印度河流域、埃及、两河流域都是，而中国则具有鲜明的本土特色，是学术上的寻根问祖。由于是本国学者主导考古工作，肯定有利的一面不少，比如甲骨文，一旦进入了民国学术大家的法眼，也就结束了长期以来一直被作为药引子、被当成中药给吃掉的命运。我们的学术大家可以利用像《说文解字》这样的工具书作为桥梁和纽带，迅速打通古今，辨识出甲骨文。1899年王懿荣发现甲骨文，甲骨学在20世纪的第一个10年就开始了，这个是世界上其他地区的古文字研究比不了的。

也大体与此同时，随着外国侵略，民族主义在中国兴起来了。一方面，开始有一个救亡图存的问题，救亡图存后边就要有民族主义——民族主义在这里并非贬义词——就是说要建构文化认同，对不对？但另一方面，科学理性、文明开化的理念同时也进来了，我们知道要求真逐理，追求历史真实，历史语言研究都要科学化。这是当时国人思想的两大主线，但这两条主线对于国人来说，并不是一直都能稳妥有机地结合在一起的，而是经常纠结和拧巴的，因为后边有一个民族情感的问题，民族情感一旦参与了学术探究，把它放到一个什么位置，就是值得严肃思考的问题了。

最能说明问题的一个例子就是傅斯年先生后来在日本侵略东北之际，组织学者撰写《东北史纲》，到现在都没有人把它作为严肃的学术著作，因为当时要服从于整个救亡图存这样的大的需要，甚至早年民族辨识的工作已经开始了，但因为面临这样大的国族危机而趋于淡化，顾颉刚先生就曾撰文《中华民族是一个》，倡导民族团结，一致对敌。像西北史地研究实际上也是这个时候兴起来的。边疆的问题比较严峻，西北史地因此受到重视。后来的五族共和、中华民族是一家，都是救亡图存的产物，学者也都强调这些提法。从这个意义上讲，没有什么脱离于社会的纯学问，都是要放在大的历史背景下去看的。

所以在这种情况下，拉长中国历史，建构文化认同，就成为新生的考古学的一个重要责任。现在所说的民族伟大复兴，注重考古学的社会意义，其实和100年以前的思潮是有内在的关联的。

李礼：您是否留意到，中国人似乎特别喜欢把历史追溯得更为久远，它似乎成了民族自豪感的一个重要来源。尽管从顾颉刚等人提出"古史辨"后，很多人怀疑中国古文明是建构的。

许宏：我给日本讲谈社版《中国的历史》系列的第一本写的推荐序，最后那段我引了英国剑桥大学著名考古学家伦福儒教授的一段话："现在，（考古学）已成为世界各国许多人都感兴趣的一个领域。其部分原因是，它使我们每个人都有机会充分地了解本国的历史。但是，如果把注意力只集中于本国，那就是沙文主义。考古学还使我们有可能把每个国家的早期历史看作整个人类更大范围的历史的一部分。"

现在我们越来越多地从全球文明史的视野来看中国文明，任何事物，必须把视野放开才能看得真切，对不对？我最近几年一直爱说的有两句话。第一句是，只懂考古已经搞不好考古了。因为目前处于信息爆炸的时代，学科之间必须渗透和合作，需要突破学科界限，尤其是科技使考古插上了翅膀，考古学应该是在人文社会科学中跟自然科学最接近的一个学科。

第二句是，只懂中国已经搞不清中国了。我想谈的就是一种文化呼吁，很多事情只懂中国已经搞不清楚、看不清楚了，对不对？所以在这种情况下我们谈中国问题，必须把它放在全球文明史的视角下去看。那么像民族主义在其中起了一个什么样的作用，作为本土学者，当考古面向公众，该怎么把握这些，都是必须严肃思考的问题。

李礼：您刚刚出版的《东亚青铜潮》是一种全球文明史的尝试吗？您写作的立意是跳出中国来观察中国吗？

许宏：《东亚青铜潮》是我的"解读早期中国"系列小书的第四本，的确是希望做一个跳出中国来观察中国的尝试。现在看来，这四本小书虽然在出版时有各自的机缘，但回头看还是有其内在的逻辑性的。如果说《最早的中国》是着眼于二里头都邑这一个点，属于对早期中国的微观考察的话，那么《何以中国》就试图回溯到二里头之前数百年的龙山时代，捋清二里头崛起的脉络与动因，属于中观考察。而《大都无城》的视野是从二里头贯通到明清北京城，对中国古都做了动态解读，就属于宏观考察了。《东亚青铜潮》试图把东亚青铜文明的缘起放到欧亚大陆青铜文明的大视野下去观察，就可以称为大宏观了。

这本书的副标题叫"前甲骨文时代的千年变局"，我从公元前4700年前仰韶时代零星出土的铜器开始捋起，对纵贯龙山时代、二里头时代、二里岗时代的青铜潮前锋和外缘做了大扫描，对核心区域——中原青铜礼器文明及其冲击波更是浓墨重彩，全书用考古材料勾勒出了殷墟时代之前东亚地区接受欧亚大陆内陆青铜文化影响而发生文化社会巨变的宏阔图景。

这本书的风格仍然是以材料取胜、述而不作的，但从中可以看到，作为广域王权国家的最早的"中国"，在进入青铜时代后起步，中国历史上第一次大提速时代也就开始了。从二里头到殷墟，青铜器的数量增加，体重和形体增大，从仅10多厘米高的单薄小爵，到高1米多、重800多公斤的大方鼎，意味着中原王朝国家对铜、锡、铅矿开发和供应的控制能力在逐步加强。以商文明为主干，在东亚大两河流域的黄河和长江流域形成更大的青铜文化交流网，也带来了更大范围的社会整合——地方将资源和物资向王纳贡，而由王将作为身份地位标志的青铜礼器再向下分配，从而确立了对王朝的一元化的纳贡制度。这一文化交流网络的扩展，正是中国青铜时代文明发展的成果与动力，更成为秦汉帝国版图形成的前提，奠定了古代中国的基础。

从新石器时代晚期到青铜时代，中国西北地区是"改革开放"的前沿阵地。在丝绸之路之前，还有一条横贯欧亚大陆的青铜之路。可以说，青铜礼器及其铸造术，催生了早期中国，而作为外来因素的青铜冶铸技术在其中起到了比较重要的催化作用。

李礼：对于礼制，您多有研究。比如您熟悉的二里头青铜礼器的生产和使用。一些学者认为礼乐制度是中国文明的特点之一。如果说礼制本质上是一种等级秩序，那么等级秩序在早期各文明都程度不一地存在，为何在中国会成为一种绵延久远的政治符号甚至制度力量？

许宏：中国古代文献上说得很清楚，礼制就是等级名分制度，用来确定上下、尊卑、亲疏、长幼之间的隶属服从关系。举行祭祀、朝聘、宴享等政治性、宗教性活动的建筑物及使用的礼器，是礼制的物化形式，它们既是社会地位的象征，又是用以"明贵贱，辨等列"（《左传·成公二年》）、区别贵族内部等级的标志物。说起来礼制就是用来辨识身份的，而中国儒家文化从根本上来说就不是讲平等的，比如君子、小人分得都很清楚，礼制就是区别人与人之间的等差。宗法等级制和与此相适应的一套礼乐制度，所体现的就是特权和社会成员间的不平等。

按理说广义的礼制，哪个早期文明都有，但中国这一套不一样。人家把青铜这种当时的高科技用来做刀剑，用来做工具和装饰品等，古代中国人则把它做成自己认为最重要的东西，那就是祭祀祖先的礼器。很有意思的是，中国最早的礼器爵是酒器。

二里头发现了中国最早的青铜礼器群，正好在这个时候广域王权国家开始出现了。为什么中国人做这类东西，这些礼器别看它小，包括所谓的"九鼎"在内，它们的一个特点是具有便携性，它是可以跟着王族走的，是吧？这套东西是代表王权的，是身份地位的象征物，这跟西方不一样。中国隔二三百年来一次改朝换代，如同割一茬韭菜，从都邑的鳞次栉比、高度繁盛到尸横遍野，宫殿在鼎革之际一般都是被摧毁的，在否定前朝的基础上建立新王朝。注意这里我随意用的"鼎革"一词，鼎为传国重器，鼎易手了就标志着朝代换了。古代中国人把这个看得很重，所以著名艺术史家巫鸿教授说这里边有"纪念碑性"是有道理的。在这种情况下，中国基本上很难有延续千年以上的"圣地"，而礼器在这里就承担起了作为政治符号的作用。从春秋时期楚庄王问鼎于周王室，乃至成语"问鼎中原"中的"问鼎"，到蒋介石带往台湾去的那些作为中国古代文化结晶的艺术品，都是对王权的追求。

为什么后世中国人在相当长的时间里一直延续着礼器和礼制思维，甚至表现出对艺术品的独占，我觉得这和中国的政治结构是相表里的，就是注重建立在家族血缘关系基础上的权威，从家长到族长，到一国的首脑，到周天子，到后来的皇帝，完全是为了这样一套金字塔式的社会结构的稳定，一切都是为了这个秩序服务的。但归根结底，这些又都是基于定居农耕生存方式的最佳选择，可以说是不太以个人乃至群体意志为转移的。

李礼：考古学无疑是一种对历史的长时段的考察和思考。据您多年的研究和观察，如果有一个长期存在的"中国文明"，它的与众不同之处或特征到底是什么？它的问题或者说所谓"短板"又是什么？比如梁漱溟先生曾认为中国是个过于早熟的文明，由此也带了一些问题。它比西方文化更高明，却因"早熟"而没有得到正常的发展。

许宏：这个问题最不好回答，尤其是像我这样做考古学研究的，我们的研究对象是形而下的"物"，不敢过多地引申到形而上的层面，有一些想法也只能谈谈自己的感受。就考古学本位而言，人类本来就是自然的产物，一方水土养一方人，尤其在上古时期人类绝对受到气候和地缘的极大影响，而所谓的形形色色的文化，都可以看作各区域的人类对当地自然环境与条件的一种适应方式。东亚地区为什么到后来形成了称为"中国文明"的这样一个东西，还需要先从东亚的地形大势来看，这里所谓文明的前提是定居和农耕，定居和农耕基本上开始于一万年前左右。我们说整个欧亚大陆西部，是以地中海为中心的。从人类走出非洲开始，地中海东岸就是一个大十字路口，文明的交锋冲突剧烈，许多领域都走在前列。从克里特文明一直到希腊文明，都是海洋文明，那是商业和农业或农牧相结合的，属于外向型的文明。东西方两边各自大的地理、地缘因素不同，导致他们处理跟自然的关系的方式不同，也就是文化底蕴的不同，然后逐渐开始分道，特色增强。

在东亚大陆，定居农耕发展起来后，由于地分南北，所以有稻作农业和旱作农业的差别，建基于此，各地的文化也各具特点，但整个中国像一个大盆地似的，可以看作一个大致独立的单元。在500年前的大航海时代之前，东南方向基本上是隔绝的，除了有些渔民间的对外来往，这些往来也没有影响到整个王朝政治的大格局。西北虽然没有隔绝人类活动的天险，但高原、高山、荒漠、戈壁，还是构成一定的屏障。在它的中间，以黄河和长江流域为中心分布的华北大平原和长江中下游平原之间，没有像阿尔卑斯山那样的阻隔，两条大河又都是横向的，便于交流和沟通，所以在比较早的时候就形成了一个所谓的松散的中国互动圈，张光直先生称其为"中国相互作用圈"或"中国以前相互作用圈"。这个大圈子，在北方少数族群南下之际，由于中原之南还有南方可以作为迁移的后方和根据地，使得农耕文明不至于被彻底摧毁和替代，这是东亚大陆农耕文化圈的一个极大的地缘优势，这种地缘优势，又成为华夏文明赖以生存与发展的基础。我把所谓最早的"中国"界定在东亚大陆最早的具有核心文化性质的政治实体的出现、最早的广域王权国家的存在，这还比较保守。因为再往前上溯，到六七千年的仰韶时代，甚至作为仰韶时代前身的裴李岗文化，有学者认为就已经开始有这种松散的中国互动圈性质的联系了，而这个应该是文化上的早期中国。

所以中国文明是地地道道的农耕文明，最初这个大盆地里边也根本不是铁板一块，南方和北方差得很多，南方是红土地，北方是黄土地和黑土地，最初也没有一个叫中国的存在。现在被我们称为特色的东西，是中原王朝文明诞生前后孕育出来的。最后是中原胜出，这个中心形成之后碾压其他区域，淡化甚至消弭其他特质。中原文明为什么能在东亚大盆地里脱颖而出，最后其他文化都退出了历史舞台？这肯定是各个区域文明竞争的结果。中原文明最终的胜出，与它地处东亚大盆地中部偏北，得地利之便有极大的关系，这是一个从物流到信息网络的中心，它有开放的优势，包括最先、最便利地接收外来文化的影响和刺激。从新石器时代直到青铜时代，与内亚接壤的中国大西北，就是当时"改革开放"的前沿阵地。中原人从与周边各族群交往的过程中汲取经验教训，最终形成了一套自身的"生活哲学"。

这个胜出的文明给人的感觉很早熟、很世故，它注重血缘关系，

▋ 二里头出土嵌绿松石铜牌饰

402

注重宗法关系，注重世俗的王权至上而非神权至上，或者可以说就是政教合一。在艺术表现形式上比较质朴古拙，形成"礼乐文明"。最大的特点是非常注重人与人之间的关系，注重人伦道德。什么叫政治？说白了就是处理人与人之间关系的艺术呗。而长江下游的良渚文化、中游的屈家岭—石家河文化和上游更晚的三星堆文化所代表的人群，感觉都是注重处理人与神之间的关系，到了战国时期甚至更晚，楚人还"信巫鬼，重淫祀"呢，具有浓重的巫术色彩，结果它们最后都淡出了，而缺乏巫术色彩的，重功利、重血缘的，注重人与人之间关系的中原胜出了。孔子是怎么出来的？中国文明是哪儿来的？就是从这条路径上一步一步地走出来的。

我认为中原中心最终形成的标志，是二里头都邑和二里头文化的崛起，自此进入了青铜时代、以中原为中心的时代和广域王权国家肇始的时代。后来的中原礼乐文明尽管朝代更迭，但这套世界观和价值观一直延续下来，在相对封闭的、以定居和农耕为基盘的东亚大盆地中，它显然具有极大的文化涵化的优势，对周边区域形成碾压的态势。哲学家赵汀阳教授把这种延续数千年的生长方式解释为有着强大向心力的旋涡。这个旋涡的向心运动不断把中原周边各个地方的各种文化卷入到一起而成为一体，形成所谓的"中国文明"。

李礼：中国古文明中的宗教，在中国文明起源过程中发挥了进步作用，徐旭生曾称专业祭司垄断"绝地天通"的宗教沟通，是上古社会几次主要进化过程之一。我想问的是，为何本土宗教信仰后来衰落了？在中国文明发展中，似乎明显缺失了彼岸意义上的宗教信仰。除了外来的佛教和基督教，直到今天，中国仍是世界主要国家中最为世俗和缺乏"信仰"的。如果从一种古代研究者的视角看，对此会如何理解？

许宏：这个是考古人不好回答的问题，因为我们的研究对象是"形而下"的东西。我感觉其实全球各地的人群最初肯定都一样，在科学时代之前肯定有个神学时代，原始宗教应该都是相近的。从考古学上来看，文献记载中所谓颛顼"绝地天通"的时代，我们倾向于把它放到仰韶时代和龙山时代之间，如果强说绝对年代，大体上就是公元前2600—前2300年这段时间前后吧。"绝地天通"之前，实际上就是说，一开始是各家各户都可以祭祀的，每家都有个祖先神，因为那时还在社会复杂化的初级阶段，还都可以祭祀，但后来一些有力的酋长阶层或祭司阶层出现，就以那些大宗的祖先神作为整个族群的祖先神了。然后是王的出现、国家出现，有了所谓制度化的政府，这类民间祭祀就不允许了，百姓失去了祭祀权。实际上这个对宗教沟通的垄断的过程，也就是一个社会复杂化、文明化和国家化的过程。

　　考古学能观察到的有这样一些现象。建筑上，从半地穴式或地面式的小房子、大房子，到高出地面的台基式宫室；聚落结构上由向心开放的部族居住地，到密闭的、排他的、有序的宫殿区；最常见的陶器由以红陶、彩陶为主变为以黑灰陶和彩绘陶为主，彩陶是大众日用品，彩绘陶（烧制后绘彩）则基本上为贵族所有；聚落的防御设施从环壕到方形或长方形的城址；墓葬从没有或罕见葬具、薄葬到棺椁齐备的厚葬；随葬品从罕见礼器到玉、漆、陶礼器直至各类青铜礼器，从以量取胜到成套出现、注重组合规制。上述仰韶时代向龙山时代过渡阶段在方方面面的变化，给人的感觉是这是个大动荡、大分化、大改组、大整合的时代。这可以看作中国文明形成期的第一个大节点，按中国考古学界的提法，大致从此时进入了古国时代或邦国时代。

　　古代中国为何缺乏彼岸意义上的宗教信仰，是个有意思的话题。一种解释是中国文明的基盘是纯农业，发达的农耕导致人口增长、

▌陶寺彩绘陶壶（左）、彩绘龙纹陶盘

密集分布，彼此间人际关系紧张，所以人们的主要着眼点放在解决人与人之间关系的问题上，关注点集中于社会道德伦理层面。"有用"成为考虑问题的出发点，空灵高远的宇宙由来、彼岸宗教和哲学科学思考等偏于"无用"，也就很少为注重经世致用的古代中国人所关注了。我们有一句老话叫"地大物博"，但实际情况很可能是地大物不博，资源并非太丰足，或者尽管丰厚但还是不足以养活太多的人口。一个另类的观察是欧美人吃肉基本是挑动物身上最好的部位吃，而中国料理"广谱食物清单"中其他族群不吃的凤爪、猪手和各类动物内脏统统都有，是否暗喻着农耕时代食物来源的短缺。吃饱饭，一直是古代中国人的一个天大的问题。许多特质都是从这里生发出来的。

张光直先生认为以殷商文明为代表的中国古代文明就是一种充满巫术色彩的"萨满式文明"，但这一观点没有得到学界的普遍认可。表面上殷商人重鬼神，其实这些鬼神是他们的祖先，其他文明群团的鬼神大多就是鬼神，属于巫鬼之类，而中原人是祭祖先，这种宗法中的血缘关系，到现在为止在中国人的生活中还有极大的影响，我们缺乏公民意识，彼此之间是称兄道弟的家人，套近乎都是血缘和拟血缘的那一套，重私德而轻公德。恩格斯等经典作家关于国家的定义最重要的一点，是地缘共同体取代血缘共同体，但是中国的早期国家绝非如此，血缘共同体长期存在。从战国时期的临淄齐国都城出土的一些标记氏名的陶文看，"同里者大率同氏"，表明聚族而居的传统实际上在中国历史上长期存在。所以血缘这个东西是中国文明的一个极大的特色，原始社会的那些血缘亲属关系没有彻底被突破，一切政治结构、社会结构都是建立在这个基础上的，所以才有所谓家国一体，国、家合为一个概念，一直延续到现代汉语还是这样。

李礼：今天，中国文明起源多元论被越来越多的人认知和接受。同时很多人思考，为何周秦之变后，大一统的中央集权会更多地成为主流国家治理方式？你对此是否有过思考？

张光直作品《商文明》英文版（1980年）与中文版（2019年）

许宏：最近十几年来开始更多地看闲书，看到黄仁宇先生讲中国大历史的那几句话我完全认可。刚才说过，一方水土养一方人，如何解释长期存在的中央集权，可能需要考虑以下几点。

东亚这一片大盆地的地貌导致每年东南的季风跟西北的寒流交汇，它们交合得正好的时候是风调雨顺，但那种时候是非常少的，碰撞得很厉害的话，就是洪涝灾害；没碰撞着就是干旱。遇到这些自然灾害，第一个要应对的就是赈灾，一个地区旱了、涝了、粮食不够吃了怎么办，或者上游弄个坝把水拦住了，粮食歉收我跟你借粮你不借，百姓吃不饱，对各国来说都是很大的事。那么，如果你那块地方属于我的，这事不就好办了吗？统一管理等于说是代价最低的，可以做到利益最大化。

中国历史中的大变革，前面说仰韶、龙山时代之交，是可能的"绝地天通"的大变革，构成社会复杂化的第一大节点，而二里头应该是第二大节点，二里头结束了古国（邦国）时代无中心的多元，从"满天星斗"到"月明星稀"，进入有中心的多元，这就是王国时代。而秦王朝又是一个大节点，它开启了辉煌的帝国时代（包括秦汉帝国、隋唐帝国和明清帝国三大阶段）。

正如黄仁宇先生所说的，赈灾之外，就是治水。但治水应该是很晚近的事了，最早是东周吧。人定胜天的概念在上古根本就谈不上，现在也不可能。时代越早，人受自然的束缚就越深，比如大禹治水的那个时候，人就跟蚂蚁一样，根本没有能力去治什么水。环境考古学者最新的解释是，大禹之所以能够治水成功，可能主要得益于当时的气候好转而并不是人力所为。一旦气候好转，季风降雨正常化，植被恢复，大洪水等灾害自然随着气候的好转而好转。但限于当时的知识水平，先民们可能并不知道气候突变与洪水灾害之间的关系，他们将水患的平复归功于领导他们治水的大禹，自然是合情合理的。这可能就是大禹治水传说背后的真实故事。应该说，专家的研究结果比较好地解释了人们相信史前洪水的发生但却怀疑大禹能否治水成功之间的矛盾。在东亚大陆，大规模的治水要晚到帝国时期，黄河和长江两大河流统一在一个版图里才好治理。

第三个影响中国古代史的要素是防御北边。中国这块大盆地的北边，畜牧、半农半牧或游牧的族群一直伺机南下，比如后来的匈奴、所谓"五胡乱华"、鲜卑、蒙古和女真。这个构成了华夏族群抱团做大的一个重要的外因。由是我们知道北方族群的南下，构成了中国古代史的一大景观，没有中国大北方的参与，一部完整的中国古代史是无从谈起的，甚至可以说，整个中国古代史，就是一部"胡化"的历史。这说的是秦汉及以后的情形，商周甚至更早的时候，我们不清楚王族是从哪儿来的，但无论是从DNA检测还是体质人类学来看，殷商就有浓重的北方因素，已不是什么学术禁忌。

李礼： 记得傅斯年先生质疑，到底谁是诸夏，谁是戎狄？早期中国其实主要用生活方式和文化来区分不同仁群。而且他们是不断融合的，比如钱穆先生后来提到，南北朝之后，北方的所谓汉族已经是融合不同族群的一个新汉族了。

许宏： 资源竞争导致人群冲突，关于解决方式，粗略地说有两种大的模式，那就是战败的一方走不走，肯不肯走。王明珂先生曾分析过中国西北西南地区的情况。强势的农耕者（所谓华夏人或者汉人）来了，占据了谷地最好的地方，原来的农业居民被赶到半山腰，成为半农半牧的人，被称为"羌"人，本来住半山腰的那帮半农半牧的人又被赶到更高的地方，就成了"藏"人，那里养殖牦牛，农耕的比例更低。"羌在汉藏之间"，华夏人口中的蛮夷戎狄不就是这么来的吗？这是一方被驱赶到大盆地的更外围，或者是从平原的中国被赶到了山地中国的区域。但在认同上，这些差异不是绝对的，而且还是动态的，"夷狄入中国，则中国之；中国入夷狄，则夷狄之"。

第二种模式就是冲突两方都是居住在东亚大盆地中心的平原地带，都是农耕起家的，安土重迁，战败了也不肯走。我经常思考二里头为什么能起来，就是东亚历史上第一个管控大规模人群的政治实体是如何起来的？二里头，应该是从公元前2400—前1800年前后各方"逐鹿中原"的一个说法和结果，这几百年冲突剧烈，打得一塌糊涂，大家都不肯走，都不想离开这儿的话就得有个说法。集团内部分化就得有所谓"人上人"，而集团之间就得有"国上之国"，于是，各集团认可的广域王权国家出现了，下边虽然还都是小国，相对独立，但逐渐被"同化"，认可这个大的"国上之国"，夏、商、周三代王朝就是这么起来的，形成了华夏—边缘这种模式。

美国科学院院士卡内罗教授，以尼罗河流域、两河流域、印度河流域和中南美洲等古代社会为例证，提出了国家起源模式上的限制理论。也就是由于环境的限制，战败的村民无处可逃，或者基于利弊权衡，不愿逃走，故而屈服于战胜者，或者沦为附属纳贡者，或者整个村落被战胜者吞并。随着这种过程的反复出现，较大政治实体的整合情况出现了。强大的酋邦征服弱小的酋邦，政治实体迅速扩大。最后，政治单位的复杂情况与权力集中情况都演进到一定的程度，国家也就随之产生了。我感觉中原国家的兴起，与上述情形非常相像，资源集中与社会限制这两种因素在中原国家形成的过程中应该也起过作用，卡内罗的理论给我们思考中原古代国家的形成提供了重要的启发。

后来的中国就是在中原国家的基础上，涵盖了以前所谓的蛮夷戎狄，逐渐这么滚雪球滚出来的。从古到今，中国是一个不断开放的存在，一直都在吸纳新的人群。"华夏"或"汉"首先是定居农耕，这是最底层的基础，新的人群进来了就得定居农耕，这就是赵汀阳先生所说的漩涡的力量吧。我觉得不一定是"汉化"，汉化还是我们本位主义的思维方式，实际就是新的人群适应中原定居农耕习俗了。然后使用汉字，汉字的使用也有凝聚力，它是一个有效的工具，也是一种霸权——话语霸权，对吧？最后形成汉字典籍的霸权，等于说你有记载，而人家那边没有记载，历史也就这么一直在建构，对不对？历史一定是胜利者书写的。

但考古学从某种意义上说其实能恢复很多被遮蔽的东西，比如说你一看三星堆，它确实跟我们所熟知的中原文明这套东西是不一样的，当我们去看时发现自己有一种惊讶的感觉，就说明你有一个思维定势，说这个地方不该出现这样的东西，那么为什么不该？这就要反思我们的思想路数了，对不对？为什么这个地方不该有这么高的文明，说明我们以前的历史建构是有一些问题的，以前的认知框架有问题。王明珂先生说得好："'异例'（anomaly），是我们反思自身知识理性的最佳切入点。"所以我一直持谨慎而开放的态度，不敢排除各种理论和史实上的可能性。

李礼：我注意到您提醒说，中国从来就没有自外于世界，我们现在思考的所有问题都是中西交流碰撞的问题，几乎没有例外，而考古学跟这问题是密切相关的。这个话题是不是您这么多年工作、研究有感而发，有什么当下的关怀？

许宏：现在想一想，其实我们的知识是非常浅薄的，我们有全球史的观念，也就是从五六十年以前开始的吧，对不对？现在对整个全球文明史的把握，也不能说十分确切，这方面还有很长的路要走。现在我们说全球化是从什么时候开始的，一般朋友会说是500年前大航海那个时候吧，哥伦布发现新大陆，才导致全球化这个态势出来的。其实可以说，全球化5000年之前就开始了，因为青铜冶铸技术的扩散，就是最早的全球化浪潮，已有了这样一个趋势。这些东西都在考古学家手下逐渐变得清晰起来。而对古代中国的认识而言，不识庐山真面目，只缘身在此山中，一定要把中国文明的形成放在全球文明史这样一个大的框架里边，我们才能看清它的来龙去脉。

有学者对整个欧亚大陆青铜文明的态势做了梳理。距今5000年前后，欧亚草原青铜文化已经进入初始期的前段了，而东亚地区仅有零星的发现。到了欧亚草原青铜文化初始期后段，比二里头还要早，距今4000年以后，已经是星火燎原的态势了。二里头开始出来的时候，欧亚草原已经进入了青铜文化发达期的前段。所以整个东亚大陆青铜的动向应该是跟内亚地区密切相关的。而再往东，朝鲜半岛进入青铜时代已经是东周时代的事儿了，日本则几乎没有青铜时代，青铜跟铁器是一块儿传进去的。这样一个脉络是非常清楚的。

以青铜冶铸技术的传播为中心，在龙山时代到殷墟时代这1000年左右的时间里，有大量的外来因素进入东亚大陆腹地，例如小麦、黄牛、绵羊、车、马，带有长斜坡墓道的大墓，用骨头占卜的习俗，甚至甲骨文，我们都没有在中原找到它源于本地的证据线索。甲骨文源头的发现现在还有缺环，还看不清楚，突然就这么发达了，怎么来的还是个谜。大家知道文字这个东西，如是原生的，可能需要相当长的孕育过程，但也完全有可能在很短的时间内，接受外来的刺激和影响发明出来，比如西夏文字、契丹文字和日语，都是在很短的时间内借鉴发明出来的。另外，像二里头这样的管控大范围人群的政治实体，究竟是我们独立自主地发明出来的，还是受到外边的影响才出现的，这都有待于进一步探究。

一句话概括，那就是中国文明从来就没有自外于世界，一定要把早期中国的形成和发展，放到全球文明史的框架里面去审视。

李礼：考古学家似乎只对遥远的过去感兴趣，不过考古学家很难置身于当下之外吧？比如我们知道考古学曾经卷入所谓"儒法斗争"。如何评价从民国开始到现在的几代考古学家？目前中国的考古学和西方学界的互动状态如何？您认为考古学对于中国成为一个真正的现代化国家，意义何在？

许宏：我们即将迎来中国考古学诞生百年的时刻，观史需要距离感，百年后的今天，我们才能初步看清来路。但说句实在话，感觉还是穿行于历史的三峡中，感觉观史的距离仍不够远。不揣浅陋，我对中国考古学史的发展脉络有一个总体认知，那就是学术史并不是单线演进的。

第一代学人，其高度是后人难以企及的。他们正好处于西风东渐、社会动荡、思想变革的年代，他们一直在思考中国命运的大问题。这代学人学贯中西，如徐旭生、李济、梁思永先生（我把夏鼐先生往后归），属觉醒的一代。第一代学人从一开始就站在了世界学术界的最前沿，整个层次高度就不一样。20世纪10—20年代，徐旭生、李济等先生学成归国，也就是从那时起，到40年代可称之为第一代学人。

第二代学人，活跃或成长于新中国成立后的前30年（20世纪50年代初到70年代末），这30年整个学科当然有重大的收获和进展，但由于社会形势和国际关系，导致我国学界和外界基本没什么来往，相对封闭的氛围导致包括学界在内的很多领域都受到很大影响。民族主义、修国史成为主要路数，学者们更为关注自身的探索，甚至自说自话，缺少一个参照系。

▌ 1950年代中国科学院考古所建立时的主要成员，左起苏秉琦、徐旭生、黄文弼、夏鼐、许道龄、陈梦家

　　第三代学人，包括我在内的一些考古学者已开始呼吁中国考古学的转型，由以文化史为重心的研究转向全方位的社会考古。但更多的田野考古与研究的践行者是年轻人，他们有更多中外交流的机会，英语等外国语通达，有自身的一些思考，但他们还没有话语权。我认为这是一个过渡期，真正的学术高峰还要假以时日。现在我们这代学人更多的价值在于一种文化呼吁，呼吁中国考古学的转型。对于中国考古学的未来，我是充满信心的。

　　最后，套用一句老话吧：没有历史，就没有根；而没有根，就没有未来。考古学的一个重要意义，应该就是唤回我们失去的文化记忆。这使得我们这门"无用之学"还显得有点价值。"无用之用，方为大用"。满足好奇心、求真逐理是人类的本能。可以说，考古学是一门残酷的学问，考古发现在时时完善、订正甚至颠覆我们既有的认知，考古学能够不断给其他学科和公众提供灵感和给养。这也就是改革开放以来，考古学这门本来的冷门学科从象牙塔中走出，走近公众、走向社会的一个最根本的动因。考古学是一门研究人类过往的学科，但它又是一门全新的现代学科。就中国而言，要探寻面向未来的文明之路，绝不该是对源于农耕文明的传统文化的"泥古"，更不可能是完全无视自然人文大势的全盘西化。建基于固有文明之上，同时吸纳所有人类文明的优秀因子，才能创发出崭新的、现代意义的中国文明。作为一名资深考古人，在这一过程中，我坚信考古学会有突出的表现和优异的贡献。

2020年11月

▌从当下走进历史，从中国走向世界